Inhalt

Vorwort

Kein Buch zum Thema Familie wird heutzutage dringender benötigt als Bob Hamrins *Das Abenteuer, ein Vater zu sein,* und wahrscheinlich ist niemand qualifizierter, ein solches Buch zu schreiben, als der schon erwähnte Autor. Bob Hamrin ist das Thema Vaterschaft sowohl mit seinem hervorragenden Intellekt wie auch als überzeugter Christ angegangen. Sein Buch enthält zahlreiche praktische Ratschläge, wahre Begebenheiten, die verschiedene Situationen beleuchten, sowie eine erstaunliche Weisheit.

Obwohl ich inzwischen Urgroßvater bin, ist mir bewußt, daß ich nie aufhöre, Vater zu sein, solange ich einen Sohn habe. Dabei spielt es keine Rolle, wie alt der Sohn ist. Ich bin immer sein Vater. Aus diesem Grund gilt für dieses Buch kein Alterslimit. Ich kann viel daraus lernen. Sie auch. In der heutigen Welt ist sein Thema von überragender Wichtigkeit.

Gott segne uns alle durch das Lesen dieses Buches und in der Anwendung dessen, was wir daraus lernen.

Billy Graham

Ein Wort über meinen Vater

Es ist von trauriger Ironie, daß mein Vater starb, während ich dieses Buch schrieb. Diese Tatsache bewegte mich am meisten, als ich mich, nicht einmal einen Monat nach seinem Tod, hinsetzte, um das Schlußwort dieses Buches zu schreiben. Mein Vater war nicht mehr da, wie er es noch war, als ich die Einleitung schrieb. Er kam noch dazu, einige der ersten Kapitel meines Buches zu lesen, außerdem hörte er zu, als ich in unserer Gemeinde bei einem Kurs über die Freuden der Vaterschaft unterrichtete. Er war stolz darauf, daß sein Sohn sich trotz seiner Berufslaufbahn als Wirtschaftswissenschaftler Zeit für etwas nahm, was er für sehr wichtig hielt.

Mein Vater, Charles Edward Hamrin sen., starb sechs Wochen vor seinem 80. Geburtstag und neun Monate vor seinem 60. Hochzeitstag mit meiner Mutter Violet. Meine Mutter nimmt noch immer regen Anteil am Leben, und dies ist auch, was mich am meisten an ihr beeindruckt.

Ich bin sehr dankbar, daß mein Vater mir die Grundelemente erfolgreicher Elternschaft vorgelebt hat: bedingungslose Liebe, Hingabe, Anleitung durch das eigene Vorbild und Bereitschaft zur Zurechtweisung. Er hat mir auch gezeigt, wie unschätzbar wertvoll es ist, eine Ehe stabil zu halten. Am allerwichtigsten jedoch ist, daß er mir einen kurzen Satz hinterlassen hat, an dem ich mich von dem Tag an orientiert habe, seitdem ich ihn als Jugendlicher zum ersten Mal hörte: „Vertraue niemals in letzter Instanz auf Menschen, sondern nur auf Gott." Vater, ich danke dir für dieses schriftlich festgehaltene Vermächtnis, sowie für dein lebendiges Beispiel, wie man als Christ leben kann, sowie für deine bedingungslose Liebe zu Mutter, zu meinem Bruder Charles und zu mir.

Einführung: Freude erleben

WENN Sie den Eindruck haben, daß es das Größte, Wichtigste und Schwierigste auf der Welt ist, ein guter Vater zu sein, (und wahrscheinlich ist es das tatsächlich),

WENN Sie die Art von Stolz erleben möchten, wie sie General Douglas MacArthur beschrieb, als er sagte: „Von Beruf bin ich Soldat und bin stolz darauf. Aber ich bin stolzer, unendlich viel stolzer darauf, Vater zu sein.“,

Wenn Sie den Wunsch haben, die Freude zu erleben, die das Vatersein mit sich bringt,

DANN sollten Sie dieses Buch lesen.

Das Schlüsselwort ist der Wunsch. Wenn Sie dieses Buch mit dem starken Wunsch lesen, ein großartiger Vater zu sein – mit dem leidenschaftlichen Wunsch, in der Vaterschaft Erfolg zu haben – dann wird Ihnen dieses Buch dabei helfen. Und durch Ihr Bestreben, ein guter Vater zu sein, werden Sie die unglaubliche Freude erleben, die mit der Vaterschaft verbunden ist.

Ich möchte eine Warnung vorausschicken. Dieses Buch wird sie verblüffen, verärgern und wahrscheinlich dazu führen, daß Sie sich ein wenig schuldig fühlen, und ganz sicher wird es Sie herausfordern. Es wird Sie jedoch auch inspirieren, Ihnen Hoffnung geben, Sie zum Lachen bringen, Sie dazu ermutigen, ein großartiger Vater zu sein. Vor allem wird es Ihnen aber praktische Vorschläge geben, wie das zu bewerkstelligen ist.

Alles in allem ist dieses Buch ein Weckruf an alle Väter: *Macht Euch auf! Nehmt Eure Vaterrolle ernst und freut Euch daran. Dadurch beschenkt Ihr Eure Kinder mit dem, was sie sich am meisten wünschen, und Ihr selbst werdet unbeschreibliche Freude erleben.*

„Das hört sich gut an“, meinen Sie, „aber wie kommt ein Wirtschaftswissenschaftler dazu, ein Buch über Vaterschaft zu schreiben? Und was kann einem ein solches Buch bieten?“ Da diese Fragen wahrscheinlich bei Ihnen aufkommen, möchte ich sie auch beantworten:

Warum ich dieses Buch schreibe: Ich habe viele Gedanken und Überzeugungen im Hinblick auf die Pflichten und Freuden, die es mit sich bringt, heutzutage Vater zu sein. Diese möchte ich gerne weitergeben, nicht als Experte, sondern ganz einfach als Vater, der sich an andere Väter wendet. Außerdem habe ich zwei einfache und trotzdem zutiefst menschenbezogene Gründe, die mich zum Schreiben veranlaßt haben:

1. Ich möchte, daß jeder Vater Freude an der Vaterschaft erlebt, wie ich sie erlebt habe.
2. Ich möchte, daß jedes Kind die bedingungslose Liebe und aktive Zuwendung seines Vaters erlebt.

Ein weiterer Grund, der mich motiviert, bezieht sich auf die Gesellschaft: Ich bin zutiefst überzeugt, daß viele unserer gesellschaftlichen Probleme, denen wir heute in Amerika gegenüberstehen, auf die Tatsache zurückzuführen sind, daß Väter ihre grundlegenden Vaterpflichten nicht erfüllen. 1992 erschien in der Zeitschrift Newsweek ein Artikel, der es unverblümt zum Ausdruck brachte: „Es besteht ein enger Zusammenhang zwischen zerbrochenen Familien und so ziemlich allen erdenklichen gesellschaftlichen Problemen.“ Positiv ausgedrückt: Es steht in der Macht der amerikanischen Väter, zu ihren Kindern zu halten und ihre Vaterpflichten in vollem Umfang auszuüben. Wenn sie dies tun, können sie viele der schwierigen gesellschaftlichen Probleme der Nation mildern. Unsere Effektivität als Väter steht in einem engen Zusammenhang mit der gesellschaftlichen Stärke Amerikas und mit seiner längerfristigen Zukunft.

Was die Frage betrifft, was man aus diesem Buch lernen kann: Schauen wir zunächst auf das, was es Ihnen persönlich bringt. Sie können die Schritte lernen, die nötig sind, um ein großartiger Vater zu werden. Ihre Anwendung wird dazu führen, daß sie die Freuden der Vaterschaft entdecken und erleben.

In den vergangenen 15 Jahren habe ich in meinem Leben in meiner Rolle als Vater von meinen drei Kindern unglaublich viel Freude erlebt, eine Freude, die mir in meinem tiefsten Inneren Zufriedenheit gibt und die dauerhaft ist. Ich möchte, daß so viele andere Männer wie nur möglich von jetzt an die gleiche Art von Freude erleben. Geschieht das, so möchten sie sie nicht mehr missen und werden versuchen, soviel wie nur irgend möglich davon zu erleben, so lange ihnen das möglich ist. Freude, Fröhlichkeit, Zufriedenheit, Erfüllung – nennen Sie es, wie immer Sie mögen, aber bitte erkennen Sie die Tatsache an, daß Sie dies alles in größerer Fülle in Ihren Beziehungen zu Ihren Kindern erleben können als in Ihrem Beruf.

Auch Ihre Kinder können viel gewinnen. Alle Kinder brauchen bedingungslose Liebe und aktive Zuwendung von seiten des Vaters, nicht nur durch die Mutter. Sie mögen es nicht offen zeigen, noch es ausdrücklich sagen, und doch ist es eine überwältigende Tatsache, daß jedes Kind zutiefst nach Liebe und Zuwendung von seiten seines Vaters verlangt. Dieser „Vaterhunger", wie ihn die wachsende Männerbewegung nennt, ist universal, und er kann in der nächsten Generation nur durch die von uns gestillt werden, die heute Väter sind. Alles in allem ist der grundlegende Punkt, daß unsere Kinder uns Väter brauchen und uns als Väter haben möchten.

Unser gewaltiger Einfluß

Ob Sie schon Vater sind, oder ob Sie planen, einmal Vater zu werden, bitte bedenken Sie den gewaltigen Einfluß, den ein Vater hat. Es ist ein fast beängstigendes Maß an Einfluß, das wir als Väter haben und durch das wir grundlegend das Leben unserer Kinder prägen. An unserem Arbeitsplatz haben wir nicht soviel Macht. Auch unseren Frauen gegenüber haben wir (hoffentlich) nicht eine solche Macht. Noch haben wir sie irgendwelchen anderen Institutionen oder Individuen gegenüber.

Statt dieses Thema zu kommentieren, möchte ich jedoch zu dem übergehen, was in diesem Buch häufig vorkommen wird: Ich möchte Kinder zu Wort kommen lassen. Sie sind die Experten, denen ich die meiste Aufmerksamkeit geschenkt habe. Wollen wir wissen, was Kinder brauchen, und was sie von uns Vätern brauchen, wollen wir wissen, welchen Einfluß wir auf sie haben, dann müssen wir ihnen aufmerksam und sorgfältig zuhören. Aus diesem Grund sind alle direkten Bemerkungen von Kindern über ihre Väter hervorgehoben.

> *Ich mag meinen Vater nicht besonders. Nie hat er mich mal in den Arm genommen. Ganz selten hat er mir mal gesagt, daß er mich lieb hat. Ich fühle mich schrecklich, weil ich nie einfach zu meinem Vater laufen und ihn bitten kann, Dinge in Ordnung zu bringen.*

Nie kann ich mich an seiner Schulter ausweinen. Noch nie hat er zu mir gesagt: „Julie, es wird alles wieder gut." Ich möchte schreien, weil mir das so weh tut. Ich fühle mich sehr allein.

So kann der negative Einfluß unserer Vaterschaft aussehen. Nachfolgend eine positive Aussage:

Die Zeiten, an die ich mich am besten erinnern kann, sind die, die ich zusammen mit dir verbracht habe, lieber Vater. Sie sind meine schönsten Erinnerungen. Sie haben zu einem großen Teil dazu beigetragen, daß ich das geworden bin, was ich jetzt bin. Deswegen diese Briefe. Meine Kindheit ist vorbei, und ich werde nie wieder so mit dir zusammen sein können, wie ich das als kleiner Junge erlebt habe. Ich werde nie wieder so klein sein, und du wirst mir nie wieder so groß vorkommen. Was ich aber habe, sind meine Erinnerungen, und sie trösten mich, wenn ich niedergeschlagen bin, wenn ich mir plötzlich schrecklich alt vorkomme und das Staunen über das Leben verliere. Sie sind alles, was mir von meiner Kindheit geblieben ist. Ich wünschte, wir hätten mehr Zeit miteinander verbracht, so daß ich jetzt noch mehr solche Erinnerungen hätte. Nicht, daß du nicht genug für mich getan hättest; ich hätte sowieso nie genug von ihnen bekommen und immer noch mehr gewollt. Du warst der König in meiner damaligen Welt, der Gipfel dessen, was Spaß machte, der Mann, der die Antworten auf alle Fragen hatte und der immer reparieren konnte, was ich kaputt gemacht hatte. Du hast dafür gesorgt, daß mich das Leben fasziniert.

Diese Worte sind von einem 26jährigen Sohn geschrieben worden. Wollen wir nicht genau das von unseren Kindern hören, wenn sie einmal 26 Jahre alt sind? Möchten wir nicht, daß sie auf ihre Kindheit und Jugend zurückschauen und den Eindruck haben, daß sie einen Vater hatten, der „der König ihrer Welt" war und der ihnen dazu verhalf, das Staunen über das Leben zu entdecken?

Unsere grundlegende Entscheidung

Wie es die beiden eben erwähnten Aussagen deutlich machen, sprechen wir über Einfluß und Macht, jedoch auch über eine Entscheidung. Jeder von uns Vätern muß die Entscheidung treffen, was er mit der Macht anfängt, die er hat.

Unsere grundlegende Entscheidung ist folgende: *Investieren wir uns selbst für unsere Kinder, indem wir sie bedingungslos lieben und ihnen die Zuwendung geben, die sie brauchen und verdienen? Oder investieren wir unsere besten Kräfte in unser Berufsleben oder in etwas anderes, so daß wir unsere Kinder nur bedingt lieben und es ihrer Mutter überlassen, ihnen Zuwendung zu geben – oder gar niemandem?*

Eine alte Geschichte illustriert unsere Macht und unsere Verantwortung sehr gut:

> Ein vorwitziger zehnjähriger Junge kam zu einem alten Mann und versuchte, ihn hereinzulegen. Der Junge hatte einen kleinen Vogel in seiner Hand versteckt.
> Er schaute zu dem alten Mann auf, dessen Gesicht voller Falten war, Weisheit widerspiegelte und von grauem Haar gekrönt war, und fragte ihn: „Was meinen Sie: Ist der Vogel, den ich in der Hand habe, tot oder lebendig? Sagen Sie mir die richtige Antwort, wenn Sie wirklich so klug sind."
> Der alte Mann war sicher, daß der Vogel lebendig war, wußte aber, daß der Junge ihn totdrücken würde, bevor er seine Hand öffnete, wenn er das sagte. Wenn er aber antwortete, daß der Vogel tot sei, so würde der Junge seine Hand öffnen und ihn wegfliegen lassen. Danach würde er sich über den Irrtum des Alten lustig machen.
> So schaute der alte Mann dem Jungen unbeirrt in die Augen und antwortete: „Mein Sohn, der Vogel wird tot oder lebendig sein, es liegt an dir."

Genauso ist es auch mit der Vaterschaft. Sie können Ihr Kind erdrücken oder es beflügeln. Wie man Kinder beflügeln kann, darum geht es in diesem Buch. Jedes Kapitel enthält Prinzipien und Anregungen, die Ihre Kinder dazu ermutigen werden, sich zu entwickeln.

Die wesentliche Herausforderung

Dies ist die größte Herausforderung für alle Väter: *Die Väter müssen sich von ihrer Rolle als abwesender Vater abwenden, ganz gleich ob sie physisch, emotional oder moralisch abwesend gewesen sind. Sie müssen anfangen, den Einfluß, den sie als Väter haben, in positiver, konstruktiver Weise zu nutzen und so das Leben ihrer Kinder mitzugestalten.*

Die Tatsache der unterlassenen Vaterpflichten ist unbestreitbar:

* Lediglich 4 % aller Mädchen im Teenageralter haben den Eindruck, daß sie sich mit einem schwerwiegenden Problem an ihre Väter wenden könnten.
* Siebt- und Achtklässler verbringen durchschnittlich 7,5 Minuten pro Woche im Gespräch mit ihren Vätern.
* Teenager in Problemsituationen wurden befragt, an wen sie sich in einer Krise wenden würden, um Hilfe zu suchen. Die Väter rangierten erst auf Platz 48 auf dieser Liste.

Die Botschaft dieser Tatsachen ist ziemlich ernüchternd – die Väter in Amerika sind einfach kein bedeutender positiver Faktor im Leben ihrer Kinder. Die *Abwesenheit* des Vaters hat also einen starken negativen Einfluß.

Zur Zeit der Gründung Amerikas und noch einige Zeit danach waren es in erster Linie die Väter, die die Hauptverantwortung für die intellektuelle und moralische Erziehung von Kindern hatten. Noch vor 50 Jahren verbrachten Kinder drei bis vier Stunden pro Tag im Zusammenleben mit anderen Familienmitgliedern. Heute sind es vierzehneinhalb Minuten, von denen zwölf Minuten mit negativen Bemerkungen oder Tadeln ausgefüllt sind.

Wir können viel bessere Väter sein. Wir können unseren Kindern mit bedingungsloser Liebe begegnen. Wir können ihnen aktive Zuwendung schenken. Wir können sie dazu führen, daß sie das Leben faszinierend finden, und wir können zu ihrer Charakterbildung beitragen und ihnen moralische und geistliche Werte vermitteln.

Die Herausforderung ist groß. Aber gibt es eine Herausforderung, der sich zu stellen wichtiger wäre?

Zwölf Schlüssel zur Freude an der Vaterschaft

Wie ich schon sagte, der Hauptzweck dieses Buches ist, Ihnen zu der Erfahrung persönlicher Freude an der Vaterschaft zu verhelfen. Ich tue das, indem ich zwölf Schlüssel zur Freude an der Vaterschaft hervorhebe. Woher stammen diese zwölf Schlüssel – je einer pro Kapitel?

Sie stammen aus zwei Quellen. Die erste ist meine fünfzehnjährige Erfahrung als Vater von drei Kindern. Sie sollten wissen, daß ich mit Leidenschaft Vater bin. Wenn man etwas leidenschaftlich gern ist oder tut, möchte man viele Erfahrungen damit machen, viel darüber lernen und sehr gut darin sein. Der große Philosoph Friedrich Hegel hat einmal gesagt: „Wir können absolut behaupten, daß nichts Großes in der Welt ohne Leidenschaft erreicht worden ist." Diese Leidenschaft hat mich vor neun Jahren dazu motiviert, den mit interessanten Jobs und regelmäßigen Gehalt-Schecks gespickten Weg meines beruflichen Werdegangs zu verlassen und selbständig zu werden, vor allem, um in den entscheidenden Jahren ihres Heranwachsens mehr Zeit mit meinen Kindern verbringen zu können.

Die zweite Hauptquelle ist die Erfahrung von Hunderten von Leuten – von Leuten, die ich persönlich kenne und die über ihre Erfahrungen geschrieben haben. Ich habe mich eifrig über gute Ratschläge über Vaterschaft sachkundig gemacht, habe von meinen Freunden und anderen Erwachsenen gelernt, Artikel und Bücher gelesen und an Seminaren teilgenommen. Ich wollte wissen, was Kinder von ihren Vätern erwarten und was praktikabel ist. Es tat mir gut, in vielen Fällen zu sehen, daß die Erfahrungen anderer meine eigenen bestätigten.

Zum Wert und Nutzen dieser Schritte ist ein klares Wort zu sagen – sie sind *bewährtermaßen wirksam*. Ich habe ihre Wirkung in meiner Familie gesehen. Sie kommen in den Wünschen zum Ausdruck, die Kinder im Hinblick auf ihre Väter äußern, wenn sie beschreiben, wie ein großartiger Vater sein sollte. Sie werden von Vätern bestätigt, die ihren Arbeitsplatz in ihr eigenes Zuhause verlegt haben. Außerdem weisen Experten auf sie hin, die Interviews und Umfragen unter Vätern und Kindern durchführen.

Das stufenweise Vorgehen und die Vorschläge in diesem Buch legen die Grundlage dafür, ein großartiger Vater zu sein. Sie sind ziemlich umfassend. Trotzdem behaupte ich nicht, daß sie alle Schritte beinhalten, die dazu nötig sind, ein guter Vater zu sein. Ich stelle Sie ihnen vielmehr wie ein Menu vor, aus dem Sie das auswählen können, was auf Ihre Situation am besten zutrifft.

Man kann dieses Buch von Anfang bis Ende durchlesen, jedoch auch einzelne Kapitel lesen. Verschiedene Teile dieses Buches können Ihnen in verschiedenen Phasen Ihrer Vaterschaft als wichtig erscheinen. Wenn Ihre Kinder z. B. heute sechs und acht Jahre alt sind, so mag Sie das Kapitel fünf über Teenager heute nicht so sehr interessieren wie vielleicht in drei oder vier Jahren. Am Ende jedes Kapitels steht eine Liste mit Merkpunkten. Darin sind die Hauptgedanken und einige praktische Tips des vorhergehenden Kapitels festgehalten. Sie sind dazu gedacht, Ihnen einen sofortigen Überblick zu geben, wo und wie Sie beginnen können, ein besserer Vater zu werden.

Eine Garantie für Sie

Welche Garantie ist mit diesen Schritten verbunden? Es gibt keine Garantie, daß Ihre Kinder zu großartigen Menschen werden, wenn Sie alle diese Schritte gewissenhaft praktizieren. Es gibt zu viele andere Einflüsse, die Kinder irreleiten können. Jedoch ist es fair, folgendes zu behaupten: Je mehr dieser Schritte Sie gewissenhaft und wirksam ausführen, desto größer wird die Wahrscheinlichkeit, daß Ihre Kinder einen guten Weg einschlagen, eine positive Lebenseinstellung haben und gut vorbereitet werden, um mit den Herausforderungen des Lebens richtig umzugehen. In diesem Sinne kann ich Ihnen garantieren, daß Sie ein großartiger Vater sein werden in dem Maße, in dem Sie diese Schritte effektiv in Ihrem Leben praktizieren. Kurz gesagt: Sie werden Ihren Teil getan haben. Sie werden sich nicht im Alter von 60 Jahren vorwerfen müssen: „Hätte ich doch nur ..." wie es so viele Väter erleben. „Hätte ich meinen Kindern doch nur mehr Zeit und Aufmerksamkeit gewidmet ... ihnen öfter gesagt, daß ich sie lieb habe ... wäre ich doch nur öfter dagewesen, wenn sie mich gebraucht haben."

Fangen Sie sofort an und bleiben Sie am Ball

Ich will Ihnen sagen, weshalb es mir so wichtig ist, ein großartiger Vater zu sein. Das wurde unmittelbar von einer Tatsache ausgelöst, die mich erstaunt hat: *Wenn Sie eine Stunde pro Woche mit einem Kind verbringen, dann beträgt die gesamte Zeit, die Sie mit diesem Kind bis zu seinem 18. Geburtstag verbracht haben, nur 39 Tage.* Lesen Sie das bitte noch einmal: 39 Tage!

Wir müssen also sofort damit anfangen, gute Väter zu sein und die Freude der Vaterschaft zu erleben. Und wir müssen dabei durchhalten. Manchmal hängen Erfolg oder Mißerfolg davon ab, ob man fünf Minuten mehr Zeit hat oder nicht. Und es wird häufig Augenblicke geben, wo wir fünf Minuten mehr Zeit für unser Kind haben müssen.

Man muß kein guter Sprinter sein, um ein guter Vater zu sein; es geht vielmehr um einen Marathonlauf. Ein guter Vater zu sein erfordert Hingabe, Geduld während des Laufes und Ausharren bis zur Ziellinie.

Wie beim Marathon ist jeder ein Gewinner, der das Ziel erreicht.

Meine Familie

Es wäre unfair, Ihnen nicht meine Frau und meine Kinder vorzustellen, weil ich mich in diesem Buch immer wieder auf sie beziehen werde. Sie sind meine vorrangige Inspirationsquelle und mein „Labor", und somit für das Schreiben dieses Buches von großer Wichtigkeit.

Meine Frau Carol, mit der ich jetzt 23 Jahre verheiratet bin, liest gerne und denkt gerne nach. Man muß sie zu manchen Dingen immer noch überreden, aber wenn sie erst einmal auf den Geschmack gekommen ist, findet sie in der Regel Freude daran und macht begeistert mit – ganz gleich, ob es sich um das Ski-Fahren handelt, um Golfspielen, Wandern oder eine unserer spontanen Spritztouren. Ihr Einfühlungsvermögen, ihr Mitgefühl und ihre Fürsorge für andere sind offensichtlich. Von Beruf ist sie Chinaexpertin. Fast zwanzig Jahre lang hat sie – während der letzten zehn Jahre teilzeitlich – im Außenministerium der USA gearbeitet, wo sie heute eine der langjährigen Verantwortlichen für Chinaangelegenheiten ist. In den letzten zehn Jahren hat sie an der School of Advanced International Studies of John Hopkins University unterrichtet. Als Präsident ihres Fanclubs behaupte ich, daß sie das zeitgenössische China genausogut kennt, wie jemand, der dort lebt. Noch wichtiger ist jedoch, daß sie die Prioritäten in ihrem Leben richtig setzt und so eine großartige Mutter für unsere drei Kinder ist.

Eric, unser erstes Kind, ist fünfzehn Jahre alt. Er interessiert sich für sehr viele verschiedene Tätigkeiten: Sport, Klavierspielen, Mathematik, Lesen, Geographie, Militärgeschichte, Anthropologie, Design, Zeichnen und Achterbahnen – all dies ist irgendwann im Laufe der Jahre seine größte Leidenschaft gewesen. In der Regel macht er alles gut, was er anpackt und ist auch ein guter Lerner. Da er von Natur aus Perfektionist ist, findet er es manchmal schwierig, sich über seine beträchtlichen Leistungen zu freuen. Was mir allerdings zuerst einfällt, wenn ich an Eric denke, ist seine moralische Integrität. Er weiß, was richtig und was falsch ist, und er hat ein gutes Gespür für beides, sowohl in seinem eigenen Leben wie auch in seinem weiteren Umfeld.

Krista, eine unserer zwölfjährigen Zwillingstöchter, ist ruhig und strebsam und nimmt das Leben so, wie es auf sie zukommt. Sie macht ihre Schularbeiten gut organisiert und mit großer Aufmerksamkeit, was ihr viel Anerkennung von seiten ihrer Lehrer einbringt. Die Begabungen, die sich bei ihr (in diesem frühen Stadium des Lebens) am meisten hervortun, liegen in den Bereichen Zeichnen und Musik. Sie liest auch gerne Gedichte und kann sich ganz in ein Buch vergraben. Ihre tatsächliche Gabe ist es jedoch, mit Menschen umzugehen. Schon in sehr jungen Jahren hat sie ein sehr tiefes Einfühlungsvermögen für die Gefühle und Bedürfnisse anderer Menschen gezeigt.

Unsere zweite Tochter, Kira, kann man mit dem Wort *dynamisch* umschreiben. Nichts kann sie davon abhalten, ihren kreativen Eingebungen und dem, was sie neugierig macht, nachzugehen. Und das tut sie mit beträchtlicher Begeisterung und Energie. Das schlägt sich durch gute Leistungen in der Schule nieder. Trotzdem war dieses dynamische menschliche Energiebündel auch schon mit vier Jahren eine der süßesten Tänzerinnen, die es je gegeben hat. Noch heute ist Tanzen ihre größte Leidenschaft. Carol und ich haben oft zueinander gesagt: „Wenn man ihre Begabungen und Energien in die richtigen Wege leitet, dann kann niemand sie aufhalten."

Väterliches Vermächtnis

Kein Mann, dessen Kinder Versager sind, kann sich für groß halten.
Seneca

Ein väterliches Vermächtnis. Ihr väterliches Vermächtnis. Wenn Sie so sind, wie ich war, oder wie die meisten Männer sind, haben sie wahrscheinlich nur wenig über Ihr väterliches Vermächtnis nachgedacht. Trotzdem, was könnte im Leben eines Mannes wichtiger sein als das, was er an seine Kinder weitergibt? Was bleibt Ihnen von Ihrem Vater, wenn er nicht mehr da ist?

Ich rede hier nicht über Geld, Häuser, Autos oder andere materielle Besitztümer, sondern vor allem über Erinnerungen und Fähigkeiten, über Werte und Überzeugungen, die den Charakter grundlegend prägen und die Integrität von Kindern beeinflussen. Lassen Sie es mich einmal so darstellen: Ich liege auf meinem Totenbett und schaue auf mein Leben zurück. Was hinterlasse ich meinen Kindern? Was hat wirklich dauerhaften Wert für sie? Das ist mein väterliches Vermächtnis.

Wie soll Ihr väterliches Vermächtnis Ihren Wünschen nach aussehen? Ich möchte Sie dazu anregen, ernsthaft darüber nachzudenken. Ein anderer Ansatzpunkt ist folgender: Wenn ich die Macht hätte, jedem meiner Kinder ein Geschenk fürs Leben mitzugeben, was würde ich ihnen geben?

Der starke Einfluß des väterlichen Vermächtnisses

Lassen Sie uns zunächst den starken Einfluß betrachten, den ein väterliches Vermächtnis haben kann. Manche Männer mögen einwenden: „Ich habe doch nur ein Kind. Wie bedeutsam kann das sein, was ich ihm als

Vater hinterlasse, besonders außerhalb des Familienverbandes?" Das ist eine gute Frage, und ein kurzer Blick auf Jonathan Edwards beantwortet sie sehr gut.

Jonathan Edwards, geboren 1703, war Schriftsteller, Theologe, Pastor und Präsident der Princeton University. Seine bei weitem größte Hinterlassenschaft war jedoch seine Vaterschaft. Er widmete sich mit Nachdruck der Erziehung seiner elf Kinder. Jeden Abend vor dem Abendessen reservierte er eine ganze Stunde für sie. Er nahm auch immer eines seiner Kinder mit, wenn er außerhalb der Stadt zu tun hatte. Alles in allem: er investierte sich selbst in das Leben seiner Kinder. Mit welchem Erfolg?

Von seinen uns bekannten Nachkommen wurden

* mehr als 300 Pastoren, Missionare oder Theologieprofessoren
* 120 Professoren an verschiedenen Universitäten
* 110 Rechtsanwälte
* 60 bekannte Autoren
* 30 Richter
* 14 Präsidenten von Universitäten und Colleges
* 3 Kongreßabgeordnete
* 1 Vizepräsident der Vereinigten Staaten von Amerika

Durch seine Bemühungen, seinen Kindern ein positives väterliches Vermächtnis zu hinterlassen, half er nicht nur seinen Kindern, sondern übte auch auf Hunderte seiner Nachkommen einen positiven Einfluß aus, und durch diese auf die amerikanische Gesellschaft. Ein väterliches Vermächtnis kann in der Tat weitreichende Auswirkungen haben.

Vergleichen wir die Liste der Nachkommen Edwards mit den Nachkommen der Familie Juke, so waren unter den uns bekannten Nachkommen:

* 440 körperliche Wracks infolge ihrer eigenen Bosheit
* 310 Bettler
* 130 verurteilte Kriminelle
* 60 Gewohnheitsdiebe
* 55 Opfer von Sexualdelikten
* 7 Mörder.

Diese Art von negativen Hinterlassenschaften setzt sich bis heute fort. Ein Mann, der oft in Gefängnissen spricht, stellte fest, daß er dort nicht einen einzigen Mann getroffen hat, der seinem Vater gegenüber respektvolle oder liebevolle Gefühle hätte. Statt dessen bestimmten Haß, Verbitterung und Gleichgültigkeit die Gefühle den Vätern gegenüber.

Um die tatsächliche Macht des Eindrucks, den ein Vater hinterläßt, zu ermessen, müssen wir sehen lernen, wie ein Kind einen Vater sieht, der versagt hat und wie es auf ihn reagiert. Nachfolgend das persönliche Porträt dessen, was Robert Bly, einer der Gründer und Leitfiguren der modernen Männerbewegung, einen „Hunger in den Gefängniszellen nach etwas, das nur ein Vater geben kann", nennt:

> *Lieber Jim,*
> *Was deine Sorge um Vater betrifft, so ist das ein großes Thema, und ich weiß nicht, wo ich anfangen soll. Ich habe viel Zeit in der Therapie damit verbracht, um das alles aufzuarbeiten, und erst jetzt kann ich irgendwie einen Schlußstrich darunter ziehen. Ich weiß ganz sicher, daß mich das alles sehr tief betroffen hat ... Vater wird sich nicht ändern. Es war sehr schwer für mich, das einzusehen, und ich habe mich immer wieder vergeblich angestrengt, um auch nur ein bißchen Lob oder Anerkennung von ihm zu bekommen, nur um immer wieder enttäuscht zu werden. Irgendwann habe ich dann aufgehört, es zu versuchen. Trotzdem werde ich ihn immer vermissen. Es wird immer einen leeren Raum in mir geben, der durch die Liebe und Anerkennung ausgefüllt werden sollte, die er mir geben könnte. Das ist etwas, das ich niemals ändern kann ... Es gibt etwas, wovor er Angst hat: Sich mitteilen, Kommunikation, es anderen Menschen zu gestatten, in Ordnung zu sein und abweichende Meinungen zu respektieren. Durch andere Ansichten über das Leben als die seinen fühlt er sich bedroht. Liebt er uns? Ja, auf seine ihm eigene Weise. Ist das genug für mich? Nein, ich brauche es, daß er mich als die Person kennt und liebt, die ich bin.*
>
> *Ein Bruder zu einem anderen über ihren Vater.*

Diese Bemerkungen sind ein Echo dessen, was in den Herzen vieler amerikanischer Männer vor sich geht. Ein Reporter beschrieb bei einer der Arbeitsgemeinschaften, die Bly durchführt, was passierte, als Bly von diesem Hunger in den Gefängniszellen gesprochen hatte:

Nun, während mehr als ein Dutzend Männer Schlange stehen, um sich von Bly zu verabschieden, ist dieser Hunger fast greifbar. Bly wartet geduldig, umarmt diese Männer, die zwischen 30 und 40 Jahre alt sind, so liebevoll, wie sie es nie durch ihre eigenen Väter erlebt haben. Er umarmt jeden einzelnen Mann, küßt ihn auf die Wange und verabschiedet sich von ihm. Nun ist er der Vater.

„Gut", mögen Sie sagen, „Sie haben mich von dem starken Einfluß des väterliches Vermächtnisses überzeugt. Ich weiß, daß ich diese Macht habe. Wie kann ich sie aber einsetzen, um meinen Kindern und deren Nachkommen ein Erbe zu hinterlassen, das sich in ihrem Leben positiv auswirkt?"

Das Erbe, das Kinder sich von ihren Vätern wünschen

An dieser Stelle ist es gut, sich den Kindern zuzuwenden, um zu hören, welche Erwartungen sie an ihre Eltern haben. Sie sind es ja, die am besten wissen, was sie wirklich brauchen und wünschen.

Josh McDowell, der jene Umfrage angeregt hat und ein populärer Redner zu Themen des Bereichs Jugendprobleme ist, nimmt Bezug auf eine persönliche Geschichte, die den Wunsch nach Liebe und Zuneigung zeigt:

In einer nationalen Befragung von Teenagern zeichnete sich als beste Grundlage für das Leben deutlich ein tiefer Hunger nach Liebe, Zuneigung und guter Kommunikation zu Hause ab.

Während einer sehr langen Vortragsreise hielt ich mich in Phoenix, Arizona auf ... Ich hatte in jener Woche an verschiedenen Highschools zu sprechen, und eines Tages hielt ich eine Versammlung unter freiem Himmel zur Mittagszeit auf der Schulwiese für nötig. Diese Highschool wurde von etwa 1000 Schülern besucht, und mir kam es fast so vor, als seien alle von ihnen auf die Wiese gekommen und hätten sich ins Gras gesetzt, um jemandem zuzuhören, der zu ihnen über Sex sprechen wollte. Ich war derjenige. Ich stand auf einem großen Stein, damit man mich besser sehen und hören konnte und begann, darüber zu

> reden, weshalb so viele junge Menschen sich bei ihrer Suche nach wahrer Liebe und Zuneigung sexuell verkaufen. Als ich an dieser Stelle angelangt war, kam eine Gruppe Punker hinzu. Zweiundzwanzig Minuten später hatte ich meine Gedanken zu Ende geführt und den Unterschied zwischen wirklicher Liebe und ihrem billigen Ersatz beschrieben, den so viele Kinder durch sexuelle Praktiken auf dem Rücksitz eines Autos suchen. Als ich vom Stein hinuntersprang, kam der Leiter der Punker-Gruppe direkt auf mich zugelaufen.
>
> Vor beinahe der gesamten Schülerschaft von 1000 Personen blieb dieser kräftige junge Mann nur wenige Zentimeter vor meiner Nase stehen. Die meisten in der Menge konnten nicht sehen, was als nächstes passierte. Sie konnten die Tränen nicht sehen, die ihm die Wangen hinunterliefen, noch die bohrende Frage hören, die er mir stellte: „Herr McDowell, würden Sie mich umarmen?"
>
> Bevor ich ihn umarmen konnte, umfaßte mich dieser starke Punker wie ein Bär, legte seinen Kopf auf meine Schulter und fing an, wie ein Baby zu weinen. Ich umarmte ihn auch, und wir standen länger als eine Minute so da. Wahrscheinlich kommt einem jede Umarmung lange vor, wenn sie von einem kräftigen Punker stammt, dessen Goldketten sich gegen Ihre Brust drükken. Aber ich konnte sehen, daß der Junge es aufrichtig meinte. Er wollte weder mich noch die Menge zum Narren halten. Er wollte wirklich eine Umarmung.
>
> Schließlich ließ mich der Punker los und sagte etwas zu mir, was ich seitdem als typische Aussage aus dem Mund vieler Teenager gehört habe: „Herr McDowell, mein Vater hat mich nicht ein einziges Mal umarmt oder mir gesagt, daß er mich liebhat."

Ich werde noch oft darauf zu sprechen kommen, wie wichtig es ist, daß Sie Ihrem Kind alle Liebe und Zuneigung geben, die Ihnen nur möglich ist, denn damit beginnt das väterliche Vermächtnis.

Wenn der Grund einmal gelegt ist, hängt der Aufbau des Erbes im wesentlichen von der Kommunikation mit Ihren Kindern ab. Ein weiteres Mal hält Josh McDowell einige beunruhigende, deutliche Worte von Teenagern über die heutige Vater-Kind-Kommunikation in Amerika bereit, die er bei einer Konferenz von 600 Junior Highschool und Highschool-Studenten gesammelt hat.

Die häufigste Frage, die mir in dieser Woche gestellt wurde, war: „Josh, wie kann ich nur mit meinem Vater auskommen?"
„Was meinst du damit?" war meine Gegenfrage.
„Nun, er spricht mich nie an. Er nimmt mich nie irgendwohin mit. Er unternimmt einfach nichts mit mir."
Ich habe von Montagmittag bis Freitagmittag in dieser Woche 16 mal gesprochen und 42 halbstündige Beratungsgespräche geführt. Ich hätte 300 solcher Gespräche führen können, hätte ich nur die Zeit dazu gehabt. Ich habe getan, was ich konnte. In jedem dieser 42 Gespräche stellte ich die gleiche Frage: „Kannst du mit deinem Vater reden?"
Ein Student antwortete mit ja, 41 mit nein.

Ihren Kindern das zu hinterlassen, was diese am meisten wünschen – Liebe, Zuneigung und Kommunikation – bildet die Grundlage. Es ist zweifellos der Mühe wert, danach zu streben.

Ein weiteres Erbe von unschätzbarem Wert ist ein Lebensstil, der es verdient, daß Ihre Kinder ihn nachahmen. Möchten Sie, daß Ihre Kinder eine bestimmte Art von Charakter haben, daß sie integre Persönlichkeiten sind und klare Wertmaßstäbe besitzen, nach denen sie sich richten? Dann leben Sie entsprechend! Ihr persönlicher Lebensstil ist die größte Chance, Ihre Kinder zu lehren, damit sie sich so entwickeln, wie Sie es gerne haben möchten.

Chuck Swindoll, Autor von beinahe zwei Dutzend Büchern, schreibt, daß er von seinem Vater zwei sehr wertvolle Hinterlassenschaften erhalten hat. Eine davon war ein moralisch einwandfreier Lebensstil. „Es kam mir nie in den Sinn, daß mein Vater einen Gedanken der Untreue hegen könnte. Außerdem achtete er darauf, in seinem Reden wahrhaftig zu sein, obwohl er bei seiner Arbeit mit Menschen zu tun hatte, für die schmutzige und obszöne Redensarten normal waren."

Das zweite Erbe, das Swindoll erwähnt, ist ein integraler Bestandteil der Vorbildfunktion, die wir unseren Kindern so gerne vermitteln möchten – wie man angemessen mit der Ehefrau umgeht: „Er ehrte meine Mutter tatsächlich. An den Wochenenden konnte ich das beobachten. Zwar gerieten mein Vater und meine Mutter manchmal aneinander, aber ich kann mich nicht erinnern, daß er sie auch nur ein einziges Mal angeschrien, geschweige denn seine Hand gegen sie erhoben hätte. Durch diese intakte Beziehung meiner Eltern erfuhr ich Geborgenheit und Beständigkeit." Wie wichtig es für Kinder ist, daß der Mann seine Ehefrau korrekt behandelt, ist umfangreich dokumentiert worden. Wenn es mit der Harmonie zwischen den Eltern nicht stimmt, so fühlen sich fast 60 % aller Jugendlichen auf der Gefühlsebene wie Waisenkinder, selbst wenn sie bei ihren Eltern leben.

Die große Aufgabe, die vor uns liegt

Die Teilnehmer an der Nationalen Umfrage über Vatersein wurden gebeten, 116 mit dem Vatersein zusammenhängende Verhaltensweisen ihrer Wichtigkeit nach aufzulisten und ihre eigene Leistung im Hinblick auf jeden dieser Punkte zu bewerten. Vier Verhaltensweisen erhielten durchgehend die höchsten Bewertungen: (1) Zuneigung zeigen, (2) ein gutes Vorbild sein, (3) elterlichen Zusammenhalt praktizieren, (4) geistliche Reife. Traurig ist allerdings die Tatsache, daß genau dies die Punkte waren, bei denen die Väter die schlechtesten Noten hatten. Väter, vor uns liegt eine enorme Aufgabe!

> **Dieses väterliche Vermächtnis aufzubauen, erfordert eine wahre Befreiung vieler Männer der Mittelklasse im mittleren Alter.**

Sie müssen sich dazu durchringen, nicht weiterhin so hart zu arbeiten und so viel Zeit in ihren Beruf zu investieren. Sie müssen es sich zugestehen, Zeit in Beziehungen zu investieren, nicht in materielle Errungenschaften. Sie müssen es sich gestatten, ein weniger hektisches Leben zu führen, um so mehr für ihre Kinder zur Verfügung zu stehen und Zeit für deren Belange zu haben. Die nachfolgenden Worte zeugen von dem Wunsch, das ganze Leben nochmals von neuem leben zu können, man kann sie jedoch auch darauf beziehen, wie wir den Rest unseres Lebens gestalten möchten, indem wir uns bemühen, ein gutes väterliches Vermächtnis zu hinterlassen.

> Wenn ich mein Leben noch einmal von vorne beginnen könnte, würde ich versuchen, das nächste Mal weiniger Fehler zu machen.
> Ich würde mir Zeit zur Entspannung nehmen, würde manches lockerer angehen und alberner sein als beim ersten Mal.
> Es würde nur sehr wenige Dinge geben, die ich ernst nehmen würde.

Ich würde mehr Reisen machen, mir mehr Dummheiten erlauben.
Ich würde mehr Berge besteigen, mehr Flüsse durchschwimmen und mehr Sonnenuntergänge anschauen.
Ich würde viel mehr spazierengehen und mir die Landschaft anschauen.
Ich würde mehr Eis essen und weniger Bohnen.
Ich würde mehr echte Probleme haben und weniger eingebildete Probleme.
Wie Sie sehen, bin ich einer jener Menschen, die, einfühlsam Tag für Tag und Stunde um Stunde, ein prophylaktisches Leben führen.
Natürlich habe ich schöne Augenblicke erlebt, aber wenn ich nochmals von vorne beginnen könnte, würde ich mehr davon erleben.
In der Tat, ich würde mich nach nichts anderem ausstrecken als nur danach, einen Moment nach dem anderen zu erleben, anstatt jeden Tag so viele Jahre im voraus zu leben.
Ich bin einer der Menschen gewesen, die niemals irgendwohin gehen, ohne ein Fieberthermometer, eine Wärmeflasche, ein Mundwasser, einen Regenmantel, Aspirin und einen Fallschirm mitzunehmen.
Wenn ich alles nochmal wiederholen könnte, würde ich mit weniger Gepäck an viele Orte reisen und viele Dinge tun.
Wenn ich mein Leben nochmals von vorne beginnen könnte, würde ich im Frühling barfüßig eher loslaufen und bis später in den Herbst hinein ebenso weitermachen.
Ich würde öfter die Schule schwänzen.
Ich würde nicht so gute Noten haben, es sei denn rein zufällig.
Ich würde öfter Karussell fahren.
Ich würde öfter Gänseblümchen pflücken. Ich würde mich jeden Tag an meinen Söhnen freuen und etwas mit ihnen unternehmen.

Anonym

Es ist wichtig, sich zu lösen. Gleichzeitig müssen Sie sich jedoch konkrete Ziele für Ihr väterliches Vermächtnis stecken, das Sie Ihren Kindern gerne hinterlassen möchten. Eine Möglichkeit ist die, sich vorzustellen, wie jedes Ihrer Kinder in fünf Jahren sein wird. Und dann nehmen Sie

sich drei Dinge vor, die Sie im Hinblick auf jedes von ihnen erreichen möchten. Listen Sie die Schritte auf, die dazu nötig sind.
Eine andere Möglichkeit ist die, die fünf wichtigsten Wertmaßstäbe zu notieren, von denen Sie möchten, daß sie jedes Ihrer Kinder in sein Leben aufnimmt. Fragen Sie sich anschließend: „Was tue ich persönlich, um Aufrichtigkeit und Zuverlässigkeit (und andere Werte) in ihrem Leben zu fördern?“ Fragen Sie sich: „Was habe ich in der vergangenen Woche getan, um meinen Kindern einen dieser Wertmaßstäbe nahezubringen?“ Fahren Sie fort, sich solche Fragen zu stellen.
Die Ziele, die Sie sich für Ihr väterliches Vermächtnis stecken, haben es mit einem der wenigen Bereiche Ihres Lebens zu tun, die Sie nicht an andere delegieren können. Wie es das Wort schon besagt, unterliegt das väterliche Vermächtnis der alleinigen Verantwortung des Vaters.
Wenn ich an diese gewaltige Verpflichtung denke, ein väterliches Vermächtnis aufzubauen, so kommt mir eine bekannte Bemerkung Edmund Burkes in den Sinn:

Ich bin ein Mensch.
Ich bin nur ein Mensch,
aber ich bin ein Mensch.
Ich kann nicht alles tun,
aber ich kann einiges tun.
Ich werde tun, was ich kann,
denn ich bin ein Mensch.

Zusammenfassung

1. Wie sollte Ihrer Meinung nach Ihr väterliches Vermächtnis aussehen? Dies ist eine der wichtigsten Fragen, vor denen Sie als Vater stehen.
2. Ein väterliches Vermächtnis kann weitreichende Auswirkungen für die Gesellschaft haben und bis in die Generationen Ihrer Nachkommen hineinwirken.
3. Denken Sie an den Hunger in den Gefängniszellen nach der Zuwendung, wie sie nur ein Vater seinen Kindern geben kann.
4. Was Kinder sich am meisten wünschen, ist durch Liebe bestimmte Beziehungen, Zuwendung, Kommunikation in der Familie als Grundlage für ihr Leben – das ist im wesentlichen das wichtigste am väterlichen Vermächtnis.
5. „Mein Vater hat mich nicht einmal in den Arm genommen oder mir gesagt, daß er mich liebhat.“

6. Ein weiteres Erbe ist, einen Lebensstil zu pflegen, der es wert ist, daß Ihre Kinder ihn nachahmen.
7. Kinder möchten und brauchen Anleitung, wie man seine Frau angemessen behandelt und liebevoll mit ihr umgeht.
8. Ringen Sie sich dazu durch, nicht länger so hart zu arbeiten und so viel Zeit in Ihren Beruf zu investieren. Investieren Sie in Erlebnisse und Beziehungen, nicht in materiellen Besitz. So sind Sie ansprechbarer für Ihre Kinder.
9. Sie können die Ziele, die Sie sich für Ihr väterliches Vermächtnis gesteckt haben, nicht an andere delegieren.
10. „Ich bin nur ein Mensch, aber ich bin ein Mensch.“

Teil 1
Anwesend sein

In diesem Teil des Buches geht es um den Ausgangspunkt für uns alle, die wir Väter sind: anwesend sein. Sind wir das nicht, so können all die ausgezeichneten Schritte zur Charakterbildung, wie sie in Teil 2 beschrieben sind, nicht stattfinden. Jeder von ihnen erfordert, daß Sie mit jedem Ihrer Kinder Zeit verbringen. Charakterbildung kann nicht aus der Ferne geschehen. Sie kann ebenso wenig stattfinden, wenn wir nicht für unsere Kinder da sind, solange sie klein sind, denn sie werden nicht auf uns hören, noch unsere Meinungen respektieren, wenn sie erst einmal Jugendliche und Teenager sind.

Deswegen beginnt das erste Kapitel mit dem grundlegendsten Schritt: Liebe mit Z E I T zu buchstabieren. Alle Kinder sehnen sich nach Liebe, aber was sie möchten, ist mehr als Worte oder Prinzipien. Ein Vater sagte zu seinen Kindern, als sie das Elternhaus besuchten, in dem er aufgewachsen war: „Wißt ihr Kinder, an was ich mich im Blick auf die Ferien am besten erinnere? Das beste an den Ferien war, daß mein Vater dabei war. Nichts Besonderes. Er war einfach da."

1. Liebe mit Z E I T buchstabieren

Das größte aller Opfer ist, wenn man Zeit opfert.

Plutarch

Kinder buchstabieren Liebe mit Z E I T. Das ist so einfach wie tiefgründig. Um diese grundlegende Tatsache kommt man nicht herum. Es reicht nicht, ab und zu sporadisch kurze aber intensive Momente mit dem Kind zu verbringen – ein Prinzip, an das sich die nach Kaufkraft strebenden Yuppies der 1980er Jahre halten. Man kann solche intensiven Augenblicke nicht einfach so erzwingen und sagen: „Jetzt habe ich Zeit, jetzt werden wir eine schöne Zeit miteinander verbringen." Vielmehr ist es so, daß die intensiven Augenblicke dann entstehen, wenn man sich viel Zeit für die Kinder nimmt. In den 1990er Jahren entdeckt man erneut diese Wahrheit, die sich über die Jahrhunderte hin bewährt hat: Kinder möchten viel Zeit mit ihren Eltern verbringen, und genau das brauchen sie.

Ich mag die folgenden Aussagen über die kritische Wichtigkeit der Zeit, die ich in Büchern über Elternschaft gefunden habe:

* „Zeit ist sehr entscheidend für einen Vater."
* „Für ein intaktes Familienleben ist Zeit von höchster Bedeutung."
* „Zeit stellt den Rahmen für alle Elemente familiären Erfolgs dar – Kommunikation, Zurechtweisung, Wertmaßstäbe."

Ich schätze mich glücklich, daß ich diese grundlegenden Tatsachen für ein erfolgreiches Vatersein schon am Anfang gelernt habe. In der Tat, sie wurden mir so wichtig, daß sie mich dazu gebracht haben, im Alter von 36 Jahren einen verantwortungsvollen Posten im Präsidentschaftswahlkampf aufzugeben und selbständig zu werden. Ich wollte viel Zeit mit meinen Kindern verbringen, solange sie noch klein waren.

Wie kam es dazu, daß es mir so wichtig wurde, viel Zeit mit meinen Kindern zu verbringen, so daß ich mich dazu entschloß, einige gutbezahlte Jobs aufzugeben und selbständig zu werden, was mir Verluste an Einkommen, Sicherheit und Bekanntheit einbrachte? Zwei Gründe haben mich dazu motiviert:

Der eine war eine Aussage eines Mannes, den ich zutiefst schätze und bewundere. Sein Name ist Richard Halverson. Er ist seit 1981 Geistlicher des US-Senats. Vorher war er mein Pastor an der Fourth Presbyterian Church. Bei einer Freizeit für junge Ehepaare sagte er, daß er am meisten bereue, nicht mehr Zeit mit seinen Kindern verbracht zu haben, als diese noch klein waren. Wörtlich sagte er: „Ich werde nie die Worte meiner fünfjährigen Tochter vergessen: ‚Vati, wann bist du überhaupt einmal zu Hause?'" Vielleicht werde ich nie herausfinden, weshalb mir diese Worte so zu Herzen gingen, mich so beeindruckten und mir im Gedächtnis haften blieben. Aber so war es eben. Und ich entschloß mich damals, daß niemals eines meiner Kinder so etwas zu mir sagen müßte.

Der andere Beweggrund war das Lied „Cat's in the Cradle." Das ist nicht nur einfach ein Lied, es ist eine Art Nationalhymne für alle Väter. Man sollte dieses Lied mit dem Etikett versehen: „VORSICHT – wenn Sie dieses Lied hören, wird es Ihre Psyche strapazieren. Bereiten Sie sich auf einen ernsthaften Blick in Ihre Seele vor."

Ich zitiere die Worte dieses Liedes in dankbarer Anerkennung für Harry Chapin und Sandy Chapin in der Hoffnung, daß seine Botschaft auch andere so ansprechen möchte wie mich.

Nachfolgend die Übersetzung ins Deutsche:

Mein Kind ist gerade erst zur Welt gekommen,
auf ganz normale Weise.
Aber ich mußte mich beeilen, um nicht einen Flug zu verpassen,
und da waren Rechnungen zu bezahlen ...
Mein Sohn lernte laufen, als ich auf Reisen war.
Er konnte sprechen, bevor ich es wußte,
und als er größer wurde, sagte er: „Ich möchte einmal so werden
wie Du, Vati. Ich werde genauso werden wie Du."

Und die Katze ist in der Wiege und der Silberlöffel,
die kleine blaue Puppe und der Mann im Mond.
„Wann kommst du wieder nach Hause, Vati?"
„Ich weiß nicht wann, aber wenn ich wiederkomme, werde ich mir Zeit für dich nehmen.
Dann werden wir etwas ganz Schönes miteinander unternehmen."

Mein Sohn ist gerade 10 Jahre alt geworden.
Er hat zu mir gesagt: „Danke für den Ball, Vater. Laß uns damit spielen. Kannst du mir zeigen, wie ich am besten damit werfen kann?"
Ich antwortete: „Heute nicht. Ich habe sehr viel zu tun."
Er antwortete: „Schon gut." Und dann ging er weg.
Das Lachen hatte er noch nicht verlernt.
Er sagte mir: „Ich werde auch einmal so wie er.
Ja, eines Tages werde ich genau so sein wie er."

Und die Katze ist in der Wiege und der Silberlöffel,
die kleine blaue Puppe und der Mann im Mond.
„Wann kommst du wieder nach Hause, Vati?"
„Ich weiß nicht wann, aber wenn ich wiederkomme, werde ich mir Zeit für dich nehmen.
Dann werden wir etwas ganz Schönes miteinander unternehmen."

Gestern kam er vom College nach Hause
und sah schon so sehr wie ein erwachsener Mann aus, daß ich zu ihm sagte:
„Sohn, ich bin stolz auf dich. Hast du Zeit, dann setz dich her und unterhalte dich ein bißchen mit mir."
Er schüttelte den Kopf und sagte mit einem Lächeln:
„Was ich wirklich gerne tun würde ist, mir dein Auto ausleihen.
Bitte gib mir die Schlüssel. Bis später dann."

Und die Katze ist in der Wiege und der Silberlöffel,
die kleine blaue Puppe und der Mann im Mond.
„Wann kommst du wieder nach Hause, Sohn?"
„Ich weiß nicht wann, aber wenn ich wiederkomme, werde ich mir Zeit für dich nehmen.

Dann werden wir etwas ganz Schönes miteinander unternehmen."

Ich bin schon längst pensioniert. Mein Sohn ist in einen anderen Ort umgezogen.
Neulich habe ich ihn angerufen.
Ich sagte zu ihm: „Ich würde dich gerne mal besuchen, wenn du nichts dagegen hast."
Er antwortete mir: „Das wäre schön, aber ich habe keine Zeit. Weißt Du, mein neuer Job ist unheimlich stressig, und die Kinder haben die Grippe.
Aber es ist schön, mit dir zu reden, Vater.
Schön, daß du mich angerufen hast."
Und als ich den Hörer auflegte, wurde mir klar,
daß er genauso geworden war wie ich.
Mein Junge war genau wie ich.

Und die Katze ist in der Wiege und der Silberlöffel,
die kleine blaue Puppe und der Mann im Mond.
„Wann wirst du wieder nach Hause kommen, Sohn?"
„Ich weiß es nicht, aber wenn ich wiederkomme, werde ich mir Zeit für dich nehmen, Vater.
Dann werden wir eine gute Zeit miteinander verbringen."

Das englische Original heißt „Cat's in the Cradle" von Harry Chapin und Sandy Chapin, Copyright 1974 Story Songs Ltd.

Nachfolgend die Geschichte eines Sohnes über das Nachhausekommen des Vaters, die zeigt, was in den Herzen und Gedanken Tausender von Kindern vor sich geht:

Das Allerschönste war, wenn mein Vater nach Hause kam.
Von Howard Mann

Als ich ein kleiner Junge war, ging ich nie aus dem Haus, ohne meinen Eltern einen Abschiedskuß zu geben.
Ich liebte es, meine Mutter zu küssen, weil ihre Wangen weich und warm waren und weil sie so schön nach Pfefferminz duftete. Ich

mochte es auch, meinen Vater zu küssen, weil er sich rauh und haarig anfühlte und nach Zigarren und Zaubernuß roch.
Als ich ungefähr 10 Jahre alt war, kam ich zu dem Schluß, daß ich nun zu groß sei, um meinen Vater zu küssen. Meine Mutter, nun gut, aber dem Vater sollte ein großer Junge die Hand geben, wie ein Mann einem anderen Mann. Das ist doch klar.
Er schien den Unterschied nicht zu merken, noch sich etwas daraus zu machen. Er hatte sowieso noch nie etwas darüber gesagt. Aber danach sagte er nie viel über irgend etwas, abgesehen von seinen Geschäften.
Im Rückblick, denke ich, war so auch meine Art, mit ihm umzugehen. Bis dahin hatte ich immer den Eindruck gehabt, etwas Besonderes für ihn zu sein. Jeden Tag kam er nach Haus aus seiner geheimnisvollen Welt mit einer Besonderheit, die nur für mich gedacht war. Manchmal war es ein winziger Baseballschläger mit der Unterschrift von Babe Ruth. Manchmal eine Honigwaffel, oder etwas Exotisches, köstliche türkische Geleefrüchte, in Puderzucker vergraben, manchmal in einer kleinen Holzschachtel.
Wie freute ich mich jeden Abend auf sein Nachhausekommen! Die Tür ging auf, und er war da. Ich rannte auf ihn zu, umarmte ihn, während er mich auf den Arm nahm.
Ich erreichte den Gipfel meines 7. Geburtstags. Ich wachte vor allen anderen auf und schlich auf Zehenspitzen ins Eßzimmer. Dort lag auf dem schweren Mahagoni-Tisch eine kleine, eckige Armbanduhr mit einem braunen Lederarmband in einer schwarzen Samtschachtel. Sollte die wirklich für mich gedacht sein? Ich nahm sie in die Hand und hielt die Uhr an mein Ohr. Sie tickte. Es war keine billige Spielzeuguhr, sondern eine echte Uhr, wie sie Erwachsene tragen. Ich rannte in das Schlafzimmer meines Vaters, weckte ihn auf und küßte ihn wieder und wieder. Konnte es einen glücklicheren Jungen geben als mich?
Später wurde alles anders. Zuerst war mir nicht klar, was da passierte. Ich redete mir ein, ich hätte zuviel zu tun für die Schule, mit Spielen und mit der Suche nach immer neuen Freunden (denn wir zogen auf der Suche nach günstigeren Mietpreisen alle zwei Jahre um).
Vater hat aufgehört, mir besondere Dinge zu schenken. Keine Baseballschläger oder Honigwaffeln mehr. Allmählich ist mein Vater aus meinem Leben entschwunden. Er kam spät nach Hause, lange, nachdem ich zu Bett gegangen war. Und er kam mit leeren Hän-

den. Ich vermißte ihn sehr, fürchtete mich aber, irgend etwas zu sagen. Ich hoffte, daß er genauso unversehens wiederkommen würde, wie er aus meinem Leben entschwunden war. Und überhaupt, große Jungen müssen lernen, sich nicht nach dem Vater zu sehnen.

Jahre nachdem er gestorben war, sprach meine Mutter zu mir darüber, wie die Wirtschaftskrise „ihm das Leben ausgesaugt" hatte. Sie hatte seine Träume zerstört, „ein großer Mann zu sein." Er hatte kein Geld mehr gehabt, um mir etwas Besonderes zu schenken. Er hatte auch keine Zeit mehr für mich gehabt.

Das alles tut mir nun leid. Ich schaue mir sein Foto an, seine mit Falten umgebenen haselnußbraunen Augen, und wünsche mir, daß er heute hier bei uns wäre. Ich würde mit ihm darüber sprechen, wie es mir heute geht, und über Dinge, die ihn wahrscheinlich interessieren würden: Politik, Ereignisse im Weltgeschehen und Geschäftliches. Und ich würde ihn umarmen und zu ihm sagen: „Vati, du mußt mir nichts mitbringen. Hauptsache, du kommst früh nach Hause."

Und ich würde ihm einen Kuß geben.

Die abwesenden Väter von heute

Wie vielen Männern ergeht es zur Zeit so, wie es in Chapins Song beschrieben wird? Genaue Zahlen liegen nicht vor, aber es ist offenkundig, daß es viel zu viele sind. Bei einer Untersuchung gaben Väter an, schätzungsweise fünfzehn bis zwanzig Minuten pro Tag mit jedem ihrer Kinder zu verbringen. Mikrofone, mit denen man die Kinder versehen hatte, zeigten, daß es tatsächlich im Durchschnitt nur 37 Sekunden pro Tag waren. Eine weitere Untersuchung fand heraus, daß der amerikanische Durchschnittsvater jedem seiner Kinder pro Tag nur 35 Sekunden ungeteilte Aufmerksamkeit widmet. Dagegen verbringt das Kind 30 bis 50 Stunden pro Woche damit, Fernsehen zu schauen. Wenn man allgemein auf Väter eingeht, so verbringen amerikanische Kinder zehnmal so viele Stunden mit männlichen Fernsehdarstellern und Fernsehvätern wie mit ihren eigenen Vätern.

So sehen die Tatsachen aus. Erma Bombeck, die für ihren unbändigen (aber scharfsinnigen) Humor bekannt ist, zeichnet für uns ein nicht humorvolles Porträt über ihr Leben mit einem Vater, der nicht viel Zeit mit seinem Kind verbrachte:

Eines Morgens stand mein Vater nicht auf, um zur Arbeit zu gehen. Er wurde ins Krankenhaus eingeliefert und starb am nächsten Tag. Vorher hatte ich mir kaum Gedanken über ihn gemacht. Er war einfach jemand, der kam und ging und der abends froh zu sein schien, uns alle zu sehen. Er öffnete die Gurkengläser, die niemand sonst öffnen konnte. Er war der einzige im Haus, der keine Angst davor hatte, allein in den Keller zu gehen.
Er schnitt sich beim Rasieren, aber niemand küßte seine Wunde oder regte sich darüber auf. Es war klar, daß er das Auto herausfuhr und vor der Tür parkte, wenn es regnete. Wenn jemand von uns krank war, besorgte er die nötigen Rezepte für Arznei. Er fotografierte viel, aber er selbst war nie auf den Fotos.
Immer wenn ich mit meiner Puppenstube spielte, hatte die Puppenmutter viel zu tun. Ich wußte jedoch nie, was ich mit dem Puppenvater anfangen sollte. Deswegen ließ ich ihn sagen: „Ich gehe jetzt zur Arbeit", und dann steckte ich ihn unter das Bett.
Die Trauerfeier fand in unserem Wohnzimmer statt, und viele Leute kamen und brachten alle möglichen Speisen und Kuchen mit. Nie zuvor hatten uns so viele Menschen Gesellschaft geleistet. Ich ging in mein Zimmer und suchte unter meinem Bett nach dem Puppenvater. Als ich ihn gefunden hatte, staubte ich ihn ab und legte ihn auf mein Bett.
Er hatte doch nie etwas getan. Ich hatte nicht erwartet, daß er uns nach seinem Tod so sehr fehlen würde.

Weshalb können Väter nicht verstehen, daß Kinder ihre Zeit und Zuwendung brauchen? Eine große Rolle spielt, daß so viele von ihnen kein Vorbild hatten, an das sie sich halten konnten. Ihre Väter waren einfach nicht für sie da. Umfrage um Umfrage ergibt das gleiche Bild. Eine von ihnen wurde unter 370 Männern durchgeführt, die in der Mitte der 60er Jahre die Harvard Universität absolviert hatten und die es in unserer Gesellschaft zu viel gebracht haben. In der Zusammenfassung seiner Umfrageergebnisse heißt es: „Die Interviews, die ich mit Männern in den Dreißigern und Vierzigern führte, haben mich zu der Überzeugung gebracht, daß die psychische oder physische Abwesenheit der Väter von ihren Familien eine der am meisten unterschätzten Tragödien unserer Zeit ist."

Der Psychologe Jack Sternbach, der bei 71 seiner Patienten die Vater-Sohn-Beziehung untersuchte, fand heraus, daß für 23 % der Männer die Väter physisch abwesend gewesen waren, 29 % hatten psychologisch abwesende Väter gehabt, die zu sehr mit ihrem Berufsleben befaßt und zu wenig an ihren Söhnen interessiert gewesen waren, Väter, die zu Hause passiv waren. 18 % der Männer hatten psychologisch abwesende Väter, die streng, moralistisch und gefühlskalt waren, 15 % hatten gefährliche Väter, die ihre Söhne ängstigten und sich nicht beherrschen konnten. Nur 15 % der Fälle von Sternbach waren Männer, deren Väter sich ausreichend um ihre Söhne gekümmert hatten.

In einem Interview mit erfolgreichen Geschäftsleuten, Wissenschaftlern und Gelehrten, die allesamt Männer im Alter von 47 Jahren waren, fand man heraus, daß in mehr als 95 % der Fälle die Väter entweder als negative Beispiele erwähnt wurden oder ihnen kein Einfluß eingeräumt wurde.

Die schädlichen Auswirkungen, die es für Kinder hat, wenn der Vater abwesend ist, sind unverkennbar. In den 1980er Jahren schätzte man, daß zwischen acht und zehn Millionen Kinder an emotionalen Problemen oder Entwicklungsschwierigkeiten litten. E. Kent Hayes, der mehr als 25 Jahre lang mit Kindern aus nicht intakten Familien gearbeitet hat, stellte unter all seinen überraschenden Entdeckungen einen konstanten Faktor fest: „Die Vernachlässigung der elterlichen Pflichten ist die Hauptursache der Verhaltensstörungen der Kinder von heute."

Das Problem der Abwesenheit des Vaters hat verheerende Folgen für die betroffenen Kinder und bedeutet auch großen Schaden für die Gesellschaft. Die Verdreifachung der Scheidungsrate und die Vervierfachung der Zahl der unehelichen Kinder seit den 1950er Jahren hat dazu geführt, daß Männer, die zwischen 20 und 49 Jahre alt sind, im Durchschnitt nur sieben Jahre in einer Familie mit kleinen Kindern gelebt haben, was eine Minderung von fast 50 % in den vergangenen 50 Jahren bedeutet. Was sind die Folgen davon? Ein Kind einer alleinerziehenden Frau ist sechsmal eher ein armes Kind als das einer Familie mit beiden Elternteilen. Mehr als 70 % der Jugendlichen in Strafanstalten kommen aus vaterlosen Familien, ebenso wie mehr als 80 % der Jugendlichen in psychiatrischen Kliniken.

Einige grundlegende Prinzipien über den Umgang mit ZEIT

Gut. Genug der Probleme. Wie sieht es mit Lösungen aus?

Ich habe viele praktische Anregungen, die ich Ihnen mitteilen möchte. Bevor ich aber auf sie zu sprechen komme, möchte ich Ihnen einige wichtige Prinzipien vorstellen, die es mit Vaterschaft und Zeit zu tun haben.

1. Ein Kind schätzt die Anwesenheit des Vaters mehr als alles andere.
2. Sie haben nur eine kurze Zeit zur Verfügung, in der Sie einen starken Einfluß auf das Leben Ihrer Kinder ausüben können.
3. Wenig Zeit = geringer Einfluß.
4. Sie können verlorene Zeit nicht zurückkaufen.
5. Die Welt, Termine, Verträge, usw. wird es immer geben – Ihre Kinder nicht.
6. Sie können nie zuviel Zeit mit Ihrer Familie verbringen.
7. Überaktivität ist der größte Dieb in den Häusern des heutigen Amerika.
8. Jede Art von Vertrautheit, die zwischen Eltern und Teenagern herrscht, kommt fast ausnahmslos aus der Zeit, bevor die Kinder ein Alter von 12 Jahren erreicht haben – danach kommt sie nur selten zustande.
9. Wenn man sich viel Zeit nimmt, kommen Momente intensiver Kommunikation zustande.
10. Wenn Sie sich Zeit für Ihre Kinder nehmen, solange diese noch klein sind, wird es Gelegenheiten geben, Zeit mit ihnen zu verbringen, wenn sie älter werden. Sie werden Sie sogar darum bitten.
11. Wenn Sie etwas hören, vergessen Sie es. Wenn Sie etwas sehen, erinnern Sie sich daran. Wenn Sie etwas tun, verstehen Sie es.
12. Es kommt wirklich die Zeit, in der es „zu spät" heißt.

Ich hoffe, diese Prinzipien haben Sie dazu bewegt, sich vorzunehmen, mehr Zeit mit Ihren Kindern zu verbringen. Wie kann man das aber praktisch tun? Wie könnten erste Schritte aussehen?

Wie man Liebe in Zeit umsetzen kann

Der erste empfehlenswerte Schritt ist, die Zeit zu planen, die Sie zusammen mit Ihren Kindern verbringen können. Streichen Sie sie in Ihrem Terminkalender an. Halten Sie sie von anderen Aktivitäten frei. In Ihrem

Beruf kennen Sie sich mit Zeitmanagement aus. Weshalb nicht in Ihrer Familie? Vielleicht möchten Sie jeden Tag eine bestimmte Zeit für die Kinder freihalten, oder zwei bis vier Stunden an jedem Wochenende. Wie auch immer Sie sich entscheiden, planen Sie diese Zeit fest ein, sonst wird sie schnell von anderen Terminen verdrängt. Und vergessen Sie nicht, mit Ihrer Frau über diese eingeplante Zeit zu sprechen.

Eine Vorbereitung, die ich getroffen habe, ist das Bereithalten einer Liste mit kleinen Abenteuern. Das können ein- oder zweitägige Ausflüge sein (in der Regel an den Wochenenden) oder Ausflugsziele in der Nähe, die für die Kinder interessant sein können.

Diese Idee kam mir eines Tages in den Sinn, als ich einige Prospekte über Ausflugsziele in und um Washington, D.C. anschaute. Mir wurde bewußt, daß uns etwas entgehen würde, wenn wir sie nicht aufschrieben und jedes Jahr einige von ihnen besuchten. So entstand diese Liste. Ich versuchte, Dinge einzuplanen, die entweder wenig oder nichts kosteten – um unserer Kinder, unserer Wertvorstellungen und unseres Budgets willen, und um etwas gegen die wuchernde Kommerzialisierung in unserer Gesellschaft zu tun. Glücklicherweise hat das insgesamt gut funktioniert, da keines meiner Kinder Ansprüche stellt, Dinge kaufen zu wollen oder viel Geld in Vergnügungsparks auszugeben. In der Tat sind sie sogar in einer gesunden Weise stolz auf ihre Sparsamkeit.

Diese Liste stellte ich vor fast sieben Jahren zusammen. Vor kurzem habe ich einmal nachgeschaut, inwieweit wir uns danach gerichtet haben. Bei den Tagesausflügen haben wir zehn von den 16 aufgelisteten absolviert. Darunter Ausflüge zum inneren Hafen von Baltimore und zu den Jahrmärkten von Virginia und Bluemont.

Der Durchschnitt bei den Zweitagesausflügen ist bei weitem nicht so gut: fünf von zwanzig. Einer wurde jedoch zu einer großartigen Sache: das Blockhaus im Cacapon State Park, zu dem wir in jedem Herbst fahren. Um Ihnen eine Vorstellung von diesen Ausflügen zu geben, hier noch einige, die noch ausstehen: Wandern im George Washington Nationalpark; eine Fahrt in der Cass Scenic Eisenbahn (ein alter Zug mit Dampflokomotive, der durch die Berge Westvirginias fährt) und eine Fahrt auf einem Wildwasserfloß. Ich kann es kaum erwarten!

Wenn Sie sich die Zeit erst einmal reserviert und Ihre Prioritäten gesetzt haben, nehmen Sie sich vor: Nichts wird mich von dieser Unternehmung abhalten, nicht einmal ein Football-Spiel im Fernsehen oder ein Anruf des Präsidenten. Stellen Sie sicher, daß Ihre Kinder kein Programm haben, das so vollgestopft ist, daß es für Unternehmungen mit ihren Eltern keine Zeit läßt. Ohne diese Entschlossenheit werden andere wichtige Aktivitäten diese vorgesehene Zeit verschlingen. Im Leben verdrängt das Gute oft genug das Beste.

Ein weiterer wichtiger Schritt ist, sich Zeit zu nehmen, um zu entdekken, womit sich jedes Kind zur Zeit beschäftigt und dieses Interesse zu teilen. Im vergangenen Jahr hatte mein Sohn z. B. eine Vorliebe für Achterbahnen. Deswegen plante ich einen Wochenendausflug in einen Vergnügungspark bei Pittsburgh ein, wo es die höchsten und schnellsten Achterbahnen gibt. Ich muß gar nicht erwähnen, daß dieser Ausflug ein durchschlagender Erfolg war. Doch möchte ich auch betonen, daß es Freude macht – und dazu ganz kostenlos ist – Eric einfach zuzuhören, wenn er über Achterbahnen spricht, ihm beim Anfordern von Literatur darüber zu helfen und ihm Bücher darüber herauszusuchen, oder das Modell einer Achterbahn zu loben, das er auf unserem Tischtennistisch aufgebaut hat.

Was Sie vermeiden sollten, sind Situationen der Art, wie sie Josh McDowell beschreibt:

> „Ich bot meinem Kind an, etwas mit ihm zu unternehmen und eine schöne Zeit mit ihm zu verbringen. Aber mein Sohn hatte gar keinen Spaß daran. Es war alles ein großer Mißerfolg."
> „Was hast du denn mit ihm unternommen?" fragte ich erstaunt.
> „Nun, ich gehe gerne Golf spielen, deswegen habe ich ihn dorthin mitgenommen", antwortete der Vater. „Dabei ist herausgekommen, daß er Golfspielen haßt, und das war' s dann."

Wenn man von der Selbstbezogenheit ausgeht, wird man auf viele „und das war's dann"-Situationen stoßen. Denken Sie daran, von den Interessen und der Welt Ihrer Kinder auszugehen, nicht von Ihren eigenen Interessen. Ihre Kinder werden das zu schätzen wissen.

> *Meine Eltern, Gott segne sie, schienen immer Zeit für mich zu haben, Bereitschaft, sich von dem loszureißen, was sie gerade taten, um für mich und meine Interessen dazusein. Ich wünsche mir, ich hätte damals schon gewußt, was ich heute weiß, weil ich sie damals nicht so geschätzt habe, wie sie das verdient hätten. Meine Freunde taten mir leid, weil deren Eltern immer so geschäftig waren, viel zu viel zu tun hatten, als daß sie sich um ihre Interessen gekümmert hätten, wogegen ich sagen kann, daß ich zumindest immer zwei Fans bei meinen Sportveranstaltungen oder bei Vorführungen in der Schule dabeihatte.*

Väter, die viel reisen, haben es besonders schwer. Aber auch für sie gibt es einige kreative Lösungen. Eine davon ist, ein Kind mitzunehmen. Das geht nicht, meinen Sie. Dann hören Sie, was Tony Campolo, von Beruf Professor und Redner, sagt, der ständig unterwegs ist: „Ich würde allen Eltern wärmstens empfehlen, auch das zu tun, was wir getan haben, wenn sie in der Situation sind, daß sie einerseits viel reisen müssen und andererseits gerne viel Zeit mit ihren Kindern verbringen möchten. Indem ich dich (seinen Sohn) mit auf die Reise genommen habe, erlebten wir mit die besten Augenblicke von Austausch und Gemeinschaft, die wir je zusammen hatten."

Eine andere Idee für Väter, die viel auf Reisen sind, ist, mit den Kindern das zu tun, was ihnen Spaß macht, wenn sie bei der Familie zu Hause sind. Spielen Sie gerne Tennis? Dann spielen Sie mit Mitgliedern Ihrer Familie Tennis, oder zumindest mit einem von ihnen, das gerne Tennis spielt. Gehen Sie gerne Schwimmen? Dann nehmen Sie Ihre Familie dazu mit. Anders gesagt: Widmen Sie sich bei dem, was Sie zu Hause tun, so viel wie möglich Ihrer Familie. Und wenn Sie im Flugzeug oder im Auto auf dem Heimweg sind, denken Sie an Ihre Familie. Entschließen Sie sich dazu, die geschäftlichen Dinge hinter sich zu lassen. Befassen Sie sich mit dem, was Sie mit Ihrer Frau und den Kindern unternehmen könnten.

Möchten Sie es sich wirklich radikal vornehmen, genügend Zeit mit Ihren Kindern zu verbringen? Dann entschließen Sie sich fest, in den Hauptfamilienzeiten, z. B. abends oder an den Wochenenden, nicht zu arbeiten. Halten Sie sich an das Beispiel des folgenden Vaters, eines vielgefragten Fotografen, der oft auf Reisen war:

> Um ein gewisses Gleichgewicht zwischen den Anforderungen seiner Karriere und der Familie zu halten, die er zutiefst liebte, hielt sich dieser Mann strengstens an eine Regel: er lehnte es ab, an Wochenenden zu arbeiten. Ob er den Auftrag hatte, einen Rock-Star zu fotografieren, den Präsidenten oder die Königin von England, wenn der Auftrag auf ein Wochenende fallen sollte, lehnte er ihn einfach ab. Er hatte sich geschworen, daß die Wochenenden seiner Familie gehören sollten, und er lehnte es ab, Ausnahmen zu machen.

Es ist ein absolutes Muß, Zeit mit jedem einzelnen Kind allein zu verbringen. Wenn Sie das einmal pro Woche schafften, das wäre großartig. Einmal pro Monat wäre schon mehr, als die meisten Väter fertigbringen. Zeit mit einem Kind allein, ganz gleich, was man dabei tut, zeigt dem Kind: „Du bist etwas Besonderes für mich. Ich möchte Zeit mit dir verbringen.“ Im allgemeinen sind die Augenblicke, die man allein mit dem Kind verbringt, diejenigen, in denen Kinder uns wirklich mitteilen können, was sie auf dem Herzen haben.

Hier ist eine neue Idee, die eine begeisterte Antwort Ihrer Kinder zur Folge haben wird. Sagen Sie jedem Kind: „Ich werde dir heute (oder diese Woche) 30 (60 oder 90) Minuten von meiner Zeit schenken. Du darfst bestimmen, was wir damit tun sollen.“ Das ist wahrscheinlich eines der größten Geschenke, die Sie Kindern machen können, dazu ist es ein Geschenk von bleibendem Wert.

Eine großartige Geschichte zeigt, wie Kinder ein solch wertvolles Geschenk leicht erkennen können, selbst wenn der Vater dessen Wert nicht sieht:

> Von Boswell, dem berühmten Biographen Samuel Johnsons, sagt man, daß er oft von einem besonderen Tag in seiner Kindheit erzählte, an dem ihn sein Vater zum Fischen mitnahm. Selbst im Kopf des erwachsenen Mannes hatte dieser Tag einen festen Platz, und er dachte oft an die vielen Dinge, die ihm sein Vater bei dem gemeinsamen Angelausflug beigebracht hatte. Nachdem er so oft von diesem besonderen Ausflug gehört hatte, kam es viel später jemandem in den Sinn, in dem Tagebuch nachzuschlagen, das Boswells Vater geführt hatte, um herauszufinden, was dort aus elterlicher Sicht über besagten Angelausflug stand. Unter diesem Datum fand der Leser nur einen Satz eingetragen: „Bin mit meinem Sohn zum Fischen gegangen. Ein verschwendeter Tag.“

Mir hat es Spaß gemacht, jedes meiner Kinder in ein Restaurant mitzunehmen. Wir fingen damit an, als Eric und ich eines Tages zufällig um die Mittagszeit in der Nähe seines Lieblingsrestaurants waren. Ich überraschte ihn damit, ihn dorthin einzuladen. Ein Essen allein mit dem Vater, das gefiel ihm. So schlug er vor, das öfters zu machen. Ich antwortete: „Du meinst also wieder ein Essen allein für uns Männer?“ Das gefiel ihm wirklich, und wir gingen verschiedene Male zusammen essen oder frühstücken.

So wie ich mich erinnere, war die Reaktion einer meiner Töchter auf dieses Essengehen mit Eric etwa so: „Das ist nicht fair. Ich möchte auch zum Essen ausgeführt werden." Nachdem ich etwas gespottet hatte, daß ich mit ihr zusammen wohl kaum zu einem Essen „nur für Männer" gehen könne, versprach ich ihr und ihrer Schwester, daß ich statt dessen Verabredungen mit meinen Töchtern einplanen würde. Diese Idee gefiel ihnen.

Hier ist nicht die Rede von eleganten Restaurants oder von großen Ausgaben. Man kann nur einmal im Leben risikolos ein extravagantes Versprechen machen. „Du darfst aussuchen. Ich führe dich dorthin aus." Und wenn Sie dann im McDonald sind, können Sie Ihre Großherzigkeit fortsetzen: „Du darfst dir alles aussuchen, was du haben möchtest." Es ist einfach wunderbar, wenn man ihr Gesicht aufstrahlen sieht und sie sagt: „Wirklich. Sogar einen Milch-Shake?"

Ich sollte an dieser Stelle hinzufügen, daß meine Frau Carol und unsere Töchter auch Abende unter sich verbringen. Sie und Ihre Frau können sich auf so etwas spezialisieren. Zum Beispiel kann ich zusammen mit unserem Sohn Eric Sport treiben und mich um Achterbahnen kümmern, während meine Frau Carol bei Diskussionen über Marathon, Geschichte oder Weltereignisse sein Gesprächspartner ist. Und beim Minigolf auf unserem Hinterhof schlägt sie ihn immer noch.

Nachfolgend eine hilfreiche Liste über Aktivitäten mit einem Kind allein, die von hundert ausgewählten Familien genannt wurden:

* Immer wenn ein kleines Kind Ihnen stolz zeigt, was es gemacht hat – ein Puzzle, ein Bild, das es gemalt hat, ein Haus aus Bauklötzen – dann bitten Sie es darum, es noch einmal zu tun, damit Sie zuschauen können.
* Wenn Sie ein Hobby haben – im Garten arbeiten, Holzarbeiten, handwerkliche Tätigkeiten, Zeichnen – laden Sie das Kind ein, ihnen dabei zuzuschauen und bringen Sie ihm die Grundzüge bei.
* Nehmen Sie einen Kassettenrecorder und stellen Sie ein Tontagebuch für jedes Kind her. Zeichnen Sie seine ersten Laute auf, sein Lachen, Plappern und Weinen. Nehmen Sie später seine ersten Worte auf, die Lieder, die es singt, das erste Zählen. Legen Sie so ein dauerhaftes Zeittagebuch seiner Entwicklung im sprachlichen Bereich an.
* Nehmen Sie Ihr Kind mit an Ihren Arbeitsplatz. Wenn das möglich ist, lassen Sie es dabei sein, während Sie einen

Arbeitstag verbringen. Die Gelegenheit, zu sehen, wo Vater oder Mutter arbeiten, stand an der Spitze oder oben auf der Wunschliste der Lieblingsaktivitäten von Kindern mit ihren Eltern.

Wenn Sie manchmal entmutigt sind und denken, daß es einfach zu schwierig ist, Zeit herauszuschlagen, die Sie mit einem Kind allein verbringen könnten, denken Sie an Susanna Wesley, die, außer daß sie die Mutter von John und Charles Wesley war, (einer war der Gründer der Methodistenkirche, der andere ein bekannter Schreiber von Kirchenliedern), noch weitere 17 Kinder hatte. Sie widmete jedem Kind zumindest eine Stunde persönliche Zeit pro Woche. So sieht es in der Praxis aus, Liebe mit Z E I T zu buchstabieren.

Zusammenfassung

1. Kinder möchten viel Zeit mit den Eltern verbringen und brauchen das auch.
2. Denken Sie an die Fünfjährige, die gesagt hat: „Vati, wann bist du überhaupt einmal zu Hause?"
3. Eine Umfrage nach der andern hat ergeben, daß Väter scheinbar keine Zeit finden, die sie mit ihren Kindern verbringen könnten.
4. Ein Kind schätzt die Anwesenheit des Vaters mehr als alles andere.
5. Die Welt, Termine und Verträge werden immer da sein, nicht so Ihre Kinder.
6. Der erste Schritt ist vor allem das feste Einplanen von Zeit, die Sie zusammen mit Ihren Kindern verbringen möchten. Tragen Sie diese Zeit in Ihren Terminkalender ein.
7. Nehmen Sie sich die Zeit, zu entdecken, womit sich jedes Ihrer Kinder zur Zeit beschäftigt und nehmen Sie Anteil daran.
8. Für Väter, die viel reisen: Nehmen Sie ein Kind mit auf die Reise. Stellen Sie auf dem Nachhauseweg von Reisen Familienaktivitäten in den Mittelpunkt Ihrer Gedanken.
9. Verbringen Sie mit jedem Ihrer Kinder Zeit allein. Das signalisiert dem Kind: „Du bist etwas Besonderes für mich. Ich möchte Zeit mit dir verbringen."
10. Nehmen Sie sich fest vor, nicht während der Hauptfamilienzeiten zu arbeiten, z. B. abends oder an den Wochenenden.

2. Nutzen Sie den Augenblick

Das Leben ist entweder ein wagemutiges Abenteuer
oder überhaupt nichts.

Helen Keller

Dieses Kapitel befaßt sich schwerpunktmäßig mit einem Thema, das mein Leben bestimmt – der Lebensfreude. Ein Großteil der Freuden, die die Vaterschaft mit sich bringt, steckt in jenen kurzen Momenten, die zu jedem Tag gehören, nicht notwendigerweise in den großen geplanten Ereignissen oder in den alljährlichen Familienferien. Alles, was wir Väter tun müssen, ist, uns an Helen Kellers Lebensperspektive auszurichten, die jeden Tag als eine Gelegenheit für kreative neue Abenteuer angesehen hat. Wir können diese Abenteuer mit unseren Kindern erleben, und das wird ihnen Lebensfreude und Begeisterung einflößen. Nutzen Sie den Augenblick!

Ein Markenzeichen des Vaters, der es fertigbringt, viele Augenblicke zu nutzen, um mit seinen Kindern zusammenzusein, ist die Spontaneität. Solche Augenblicke kann man kaum planen. Ich mag eine Zeile aus einem Lied von Jackson Browne, wo es heißt: „Die schönsten Zeiten waren die, die wir nicht geplant hatten." So sind Augenblicke, die man ergreift – Augenblicke, die einfach so geschehen, oft aus heiterem Himmel heraus. Wir wissen wahrscheinlich nicht, was auf uns zukommt. Aber das ist schon der halbe Spaß.

Spontaneität spricht auch unsere Kinder stark an. Ein Mädchen im Teenager-Alter sagte, wie sehr es ihr gefiel, wenn die Eltern ihre Pläne für den Abend änderten, wenn sie ihre Traurigkeit über einige Probleme mit Schulfreunden bemerkten – einfach, um in der Nähe zu sein, wenn sie mit ihnen sprechen wollte.

Seien Sie spontan. Richten Sie sich an der Gegenwart aus. Es ist unmöglich, den gegenwärtigen Augenblick zu ergreifen, wenn Sie ständig für die Zukunft planen oder sich Sorgen machen. Paul Tournier drückt es so aus: „Die meisten Leute verbringen ihr Leben damit, sich beständig auf das Leben vorzubereiten."

Sehen Sie jedem neuen Tag mit gespannter Aufmerksamkeit im Hinblick auf die Überraschungen entgegen, die er Ihnen bringen könnte.

Wenn Sie gegenwartsorientiert leben lernen, können Sie leicht die Momente entdecken, die Sie auf kreative Weise mit Ihren Kindern verbringen können. Viele Ideen, die in diesem Kapitel vorgestellt werden, benötigen weniger als fünf Minuten, einige sogar weniger als eine Minute. Wenn Sie all diese Momente mit Aktivitäten füllen, die Spaß machen, oder mit liebevollen Worten, zeigen Sie Ihren Kindern deutlich, daß Sie sie lieben. Selbst sehr kleine Kinder können diese Botschaft vernehmen, wie die folgende Erinnerung eines Jungen an einen Spaziergang mit seinem Vater zeigt, den er mit ihm machte, als er vier Jahre alt war.

Die englische Feuchtigkeit erwärmte sich auf wunderbare Weise, als wir Hand in Hand durch seinen Lieblingswald gingen. Er griff ab und zu nach meiner Hand und zeigte auf ein Kaninchen oder einen Vogel, den er gesehen hatte, und ich staunte in atemloser Aufregung, wenn ich sie auch entdeckt hatte. Das größte Wunder jedoch war eine Eichel. Er zeigte mir, wie man sie aus ihrer Hülle nehmen und wieder hineinstecken konnte. Seine Hand war groß, und die Eichel war klein.
Weshalb ist diese Erinnerung so lebendig geblieben? Weswegen rührt ein so alltägliches Geschehen mich so stark an? Das weiß ich nicht. Ich weiß nur, daß selbst seine zeitweise Ungeduld mit mir in den folgenden Jahren sie nicht ausgelöscht hat. Wenn ich mich an eine spezielle Situation erinnern möchte, in der er ungeduldig mit mir war, fällt mir nichts ein. Aber die Freude über jenen Spaziergang ist immer präsent.

Zu Hause

In den vergangenen 27 Stunden habe ich auf dreierlei Weise den Augenblick genutzt. Zuerst gestern Abend, als Kira und Krista vierhändig auf dem Klavier spielten. Als sie zum großen Finale kamen, brandete plötzlich in der Ferne mein donnernder Applaus auf, begleitet von Bravo, Bravo-Rufen. Damit brachte ich auf einfache Weise zum Ausdruck, daß ich es mag, wenn sie Klavier spielen.

Die zweite Gelegenheit bot sich mir an diesem Morgen, als Kira sich auf meinen Schoß fallen ließ. Oft passiert das in einem ungelegenen Moment, oder wenn es mir gerade nicht paßt – zum Beispiel, wenn ich mich bei einer Tasse Kaffee entspanne oder wenn ich noch meinen Obstsalat esse. Die natürliche Reaktion ist: „Warte. Kannst du nicht sehen, daß ich noch nicht fertig bin?“ Aber ich sage das nie, denn ich weiß, wie wichtig die Beziehung zu einer Tochter ist, die an der Schwelle zum Erwachsenwerden steht. Nächstes Jahr wird es ihr wahrscheinlich schon nicht mehr in den Sinn kommen, sich mir auf den Schoß fallen zu lassen. So nehme ich die Unbequemlichkeit in Kauf und genieße diese besonderen Momente mit meiner Tochter.

Der dritte Augenblick hatte es mit Kira zu tun und erinnerte mich daran, daß diese Momente in der Regel zyklisch auftreten und in ihrer Art und Intensität bei jedem Kind entsprechend seinem Entwicklungsstadium variieren. Gerade jetzt scheine ich bei Kira im Trend zu liegen. Irgendwo habe ich gelesen, daß es besondere Momente sind, in denen man sein Kind verabschiedet, bevor es in die Schule geht und wenn man es nach der Schule willkommen heißt. Ich versuche, jedes Kind vor dem Schulweg mit einem „Ich wünsch dir einen wunderbaren Tag“ zu verabschieden. Dann folgt ein Kuß für jede Tochter. Kira und ich fügen noch ein kleines Ritual hinzu. Sobald sie an der Ausfahrt ist, schaut sie zu mir zurück und wir beide winken einander zu. Damit fahren wir solange fort, bis sie auf der Straße und am Briefkasten angelangt ist. Dort winken wir einander nochmals kräftig zu, dann geht jeder von uns seinen Weg. Ich weiß, daß das Bild meiner Tochter, wie sie mir zuwinkt, während sie langsam unser Grundstück verläßt, immer in mein Gedächtnis eingeprägt bleiben wird. Und ich nehme an, sie wird auch eine ganze Weile an ihren Vater denken, wie er vor der Eingangstür gestanden und ihr nachgewinkt hat.

Das sind zugegebenermaßen keine großartigen Sachen. Aber es ist wunderbar, solche kleinen Elemente der Freude und Liebe zu haben, die jedem Tag etwas Besonderes geben.

Nun folgt ein brauchbarer Tip, wie Sie den Augenblick nutzen können, wenn Sie müde oder mürrisch sind und sich gar nicht danach fühlen. Wenn Ihr Kind Sie in einem solchen Augenblick darum bittet, etwas zu tun, schauen Sie fünf Sekunden lang in das Gesicht Ihres Kindes, bevor Sie „nein“ oder „später“ sagen. Das ist alles – fünf Sekunden – und achten Sie auf das Ergebnis. Ein Vater beschreibt, was passierte, als er das „Nein“ unterdrückte, das er schon auf der Zunge hatte:

> Ich hatte mich gerade in meine Zeitung vergraben, als Aaron ins Haus stürmte und laut rief: „Vati ist zu Hause! Vati ist zu Hause!“ Er sprang mir auf den Schoß, schob die Zeitung beiseite, nahm mein Gesicht in seine Händchen, so daß ich ihn anschauen mußte und sagte: „Hallo, Kamerad. Wollen wir etwas spielen?“
> Ich wollte nicht. Mir fiel aber auch nicht ein, wann ich mir zum letzen Mal Zeit genommen hatte, um mit ihm zu spielen. Also legte ich die Zeitung beiseite, und wir zogen los. Ein Stapel Kinderbücher wurde herausgenommen und wir hatten zum 937. Mal unseren Spaß an *Pit und seine Freunde*.
> Aaron ist zu klein, um zu verstehen, wie anstrengend das Berufsleben sein kann. Er versteht noch nicht einmal, mit welchen Dingen sich ein Pastor zu befassen hat. Aber er versteht sehr gut, daß, wenn ein Vater seinen Sohn liebhat, dieser bereit ist, ihm aus Büchern vorzulesen.
> Später aß ich schnell einen Bissen, dann eilte ich zur Tür hinaus zu meiner Versammlung. „Tschüß, Vati“, rief er mir zu. „Ich habe dich sehr, sehr lieb.“
> Ich fühlte mich sehr erfrischt.

Besonders schätze ich zwei Augenblicke, die ich in der Vergangenheit genutzt habe. Einer war damit ausgefüllt, daß ich mit Krista oder Kira in meinen Armen tanzte, als sie vier oder fünf Jahre alt waren. Wenn ich eine hübsche Melodie hörte, nahm ich eine von ihnen in den Arm und tanzte eine Minute lang oder zwei mit ihnen, wobei ich meine liebe kleine Tochter in den Armen hielt und diese ihren Kopf auf Vatis Schulter legte.

Der andere Augenblick faßt viele, viele Augenblicke zusammen, die ich mit Eric und seinen verschiedenen Interessensgebieten verbracht habe. Als es im Alter von sechs Jahren die Geographie war, ließ ich mich oft von ihm ausfragen, wo die eine oder andere weit entfernte Stadt auf dem Globus liegt, oder ich hörte ihm zu, wenn er die 126 Länder herunterrasselte, die er auswendig aufzusagen wußte. Als er sich mit neun Jahren für G.I. Joe interessierte, hörte ich ihm oft zu, wenn er mir im Detail die jüngsten Schlachten zwischen den Cobras und den Joes beschrieb, oder besuchte eines seiner Forts in unserem Wald. Als er sich mit zwölf für Militärgeschichte interessierte, schaute ich auf seine Liste aller Schlachten, die zwischen 700 und 1300 v.Chr. stattgefunden haben. Und als er sich mit 14 Jahren für Achterbahnen begeisterte, hörte ich mir seine Statistiken darüber an, wie oft er in seinem Leben schon Achterbahn gefahren sei und beantwortete seine Fragen, wie z.B „Welches sind die fünf hölzernen Achterbahnen, die du am liebsten magst?"

Wenn ich auf all diese Augenblicke zurückschaue, so ist mein tiefster Eindruck, daß etwa 70 % von ihnen erfreulich waren, wogegen etwa 30 % eher mühsam waren und man sich wirklich dazu durchringen mußte, Interesse aufzubringen. Der wichtige Punkt ist jedoch: Ich habe Augenblicke mit all diesen Dingen verbracht, weil ich erkannt hatte, daß sie dauerhafte Punkte echter Verbindung und Beziehungsbildung mit meinem Sohn waren, der dazu tendiert, sich in zwölf bis achtzehn Monate dauernden Phasen seines Lebens für ein einziges Thema mit ganzer Leidenschaft zu begeistern.

Ich habe wirklich von Eric interessante Dinge über Geographie, Fossilien, Militärgeschichte und Achterbahnen gelernt (im Blick auf G.I. Joe ist das nicht ganz so).

All dies bedeutet, an der Welt Ihrer Kinder teilzunehmen, die oft unerwartet angenehm sein kann, wenn Sie es mit einem offenen Sinn und Herzen tun.

Sie können alle möglichen kreativen Tätigkeiten mit Ihren Kindern durchführen, ganz wilde und auch ernsthafte und bedeutsame. In der Folge einige, von denen ich gehört oder gelesen habe:

Wilde und verrückte Aktivitäten mit Kindern

1. Ein Abendessen im Schlafzimmer – mit Tischdecke und allem drum und dran.
2. Ein „Tom Jones" Abendessen, wobei man kein Besteck und

Geschirr benutzen darf (das macht man am besten in der Küche).
3. Ein Essen, bei dem jeder mit der Hand essen muß, mit der er am ungeschicktesten ist.
4. Toben Sie sich in einem Ringkampf mit Ihren Kindern auf dem Fußboden Ihres Wohnzimmers aus.
5. Geben Sie eine „Montagsparty“ mit besonderem Essen und Nachtisch, nur um Ihren Kindern zu zeigen, daß sie Ihnen wertvoll sind.
6. Lassen Sie Ihre Kinder beim Essen Vater oder Mutter spielen.
7. Sagen Sie zu einem Kind: „Heute abend gehöre ich dir. Wir tun, was du willst.“

Ernsthaftere, bedeutsame Augenblicke mit Kindern

1. Laden Sie Ihre Kinder dazu ein, eine besondere Überraschung für Mutti zu planen – ein tolles Essen, einen Dankeschön-Mutti-Abend, usw.
2. Schreiben Sie jedem Kind einen Brief und schicken Sie ihn mit der Post zu.
3. Nehmen Sie ein Familienalbum zur Hand und erzählen Sie Ihren Kindern über Ihre Kindheit oder über die Zeit, in der sie Babys oder Krabbelkinder waren.
4. Lassen Sie Ihre Familienmitglieder in hundert Worten oder weniger aufschreiben, was ihre Familie ausmacht – so als ob sie einem neuen Freund zum ersten Mal über ihre Familie erzählten.
5. Bitten Sie jedes Familienmitglied, bei einem Abendessen über eine gute Sache zu erzählen, die es erlebt hat.
6. Zeigen Sie Ihren Kindern besondere Liebe und Fürsorge, wenn diese krank sind.

Zum Schluß ein Vorschlag: Versuchen Sie immer, auf die Initiative eines Kindes einzugehen. Denken Sie daran, daß Beziehungen wichtiger sind als klümpchenfreie Saucen.

Eines abends war Marilyn gerade dabei, Sauce für das Abendessen vorzubereiten, als ihr Sohn im Teenageralter in die Küche

gerannt kam und rief: „Mutti, komm schnell nach draußen. Da ist etwas, was ich dir unbedingt zeigen muß."
Bei der Zubereitung von Sauce gibt es einen kritischen Punkt, wo sie gerührt werden muß, wenn sie eine glatte Konsistenz haben soll. Marilyn, die eine vorzügliche Köchin ist und gerne perfekt zubereitete Mahlzeiten serviert, war gerade dabei, die Sauce glattzurühren. Sie hatte schon auf der Zunge: „Kannst du nicht eine Minute warten? Ich muß zuerst die Sauce rühren." Aber ein inneres Gefühl sagte ihr: „Geh nach draußen." Immerhin war es schon Wochen her, daß ihr Sohn sie um irgend etwas gebeten hatte oder den Wunsch geäußert hatte, mit der Familie zusammenzusein. So stellte sie den Ofen ab, nahm die Sauce von der Kochplatte und ging nach draußen. Ihr Sohn zeigte auf den Sonnenuntergang. „Ist das nicht das Schönste, was wir je gesehen haben?" Sie schauten beide zu, bis die letzten Strahlen versunken waren.

Verschwendete Zeit? Das mag so scheinen, wenn klumpenfreie Sauce das ist, was Sie in Ihrem Leben am meisten schätzen. Diese Mutter sagte jedoch: „Lieber esse ich jeden Abend in der Woche klumpige Sauce, wenn ich dafür täglich ein solches Erlebnis mit meinem Teenager haben kann. Die Sauce ist schließlich schnell gegessen, aber die Beziehung, die ich zu meinem Sohn aufbaue, kann ein ganzes Leben dauern."

Aktivitäten im Freien

Ich bin ein regelrechter Freiluftfanatiker, deswegen unternehme ich so viel wie nur möglich zusammen mit meinen Kindern draußen an der frischen Luft. Drei besondere Augenblicke, die ich auf diese Weise genutzt habe, kommen mir sofort in den Sinn.

An Montagnachmittagen stehen Unternehmungen draußen an erster Stelle. In unserem Land endet montags der Unterricht in den Grundschulen schon um 13.15 Uhr. So haben Väter mit flexiblen Arbeitszeiten gute Gelegenheiten, mit ihren Kindern Dinge zu unternehmen, die Spaß machen, wenn nicht, wie an den Wochenenden, viele andere Leute unterwegs sind. In der Regel machte ich mit meinen Kindern eine Wanderung in den Wäldern und fuhr mit ihnen zum nahegelegenen Burke See, um dort einen Spielplatz zu besuchen und mit dem Football werfen zu üben.

An Schneetagen haben die Kinder schulfrei; und auch das nutzen wir in vollem Umfang. Da solche Tage, an denen die Schule wegen Schnee ausfällt, im Gebiet um Washington, D.C. sehr selten sind, nimmt sich meine Frau Carol an solchen Tagen oft frei. Wir versuchen, ganz früh morgens den frischen Schnee zu nutzen, indem wir die Hügel in unserem Garten und in der Umgebung herunterrodeln. Carol hat den Kindern beigebracht, wie man aus Schnee Eiscreme machen kann, und das tun sie mit Vorliebe.

Als unsere Töchter fünf Jahre alt waren, nahm ich mir an einem sonnigen Sommernachmittag Zeit, um mit ihnen zur Junioren-Olympiade zu fahren. Kira machte bei den Wettläufen mit; Krista beim Softball-Werfen und beim „Hang". Kira verpasste knapp die Medaillen, aber Krista schaffte es, in beiden Wettbewerben eine Goldmedaille zu bekommen. Nicht einmal der Vater eines Gewinners einer wirklichen olympischen Medaille hätte stolzer sein können als ich es in dem Augenblick war, als Krista aufgerufen wurde und diese Medaillen um den Hals gehängt bekam. Es war ein ganz besonderer Moment. (Fast kam es mir so vor, als würde in der Ferne die Nationalhymne gespielt). Das alles wurde aber noch übertroffen, als Krista fünf Minuten später eine ihrer Medaillen nahm und sie Kira um den Hals hängte, damit sie auch eine hätte. Das ist eine Riesenfreude, wenn man als Vater so etwas erleben darf.

Etwas, was ich noch nicht getan habe, ist, zu einem meiner Kinder kurz vor dem Zubettgehen zu sagen: „Komm, geh mit mir nach draußen." Und dann soll im Garten hinter dem Haus ein Lagerfeuer vorbereitet sein, an dem das Kind zusammen mit seinem Vater einen Abend unter dem Sternenhimmel verbringen darf. Ich habe etwas über die Bedeutung solcher Erlebnisse für Kinder gelesen. Das erste Beispiel handelt von einem Vater und seinem siebenjährigen Sohn:

> An einem Augustabend nahm der Vater das schlafende Kind auf den Arm und trug es in die Dunkelheit hinaus. Als die verschlafenen Augen des Jungen die neue Umgebung in Augenschein zu nehmen begannen, rief der Vater ihm zu: „Schau dort!" Dann sah der kleine Junge eine Sternschnuppe vom Himmel fallen. Und dann passierte das Unglaubliche, daß noch eine Sternschnuppe zur Erde fiel, und dann noch eine dritte und eine vierte. Das war alles. Dieser kleine Junge vergaß nie diese Nacht, in der sein Vater ihm dieses unerwartete Erlebnis verschafft hatte und nahm sich vor, daß er mit seinem eigenen Sohn einmal

an einem Augustabend das gleiche tun würde, wenn dieser sieben Jahre alt wäre.

Die zweite Begebenheit berichtet Joni Eareckson Tada, eine Frau, die sich als Teenager bei einem Tauchunfall den Nackenwirbel brach und dadurch von den Schultern abwärts gelähmt wurde. Sie berichtet, daß sie sich im Alter von fünf Jahren mit Vorliebe an ihren Vater kuschelte und auf der Veranda hinter dem Haus zusah, wie der Mond aufging. Und dann zählte sie alle Sternbilder am Sommerhimmel auf. In diesen Augenblicken der Kindheit lernte sie, was Begeisterung und Staunen bedeutet.

Meine Lieblingsgeschichte ist jedoch die nächste, die Bruce Larson festgehalten hat. Sie hat es mit den wilden und verrückten Streichen eines Vaters zu tun, der genau begriffen hatte, was es bedeutet, den Augenblick zu nutzen:

> Ich habe einen großartigen Freund in Montgomery, Alabama. Vor einigen Jahren erzählte er mir eine unvergeßliche Geschichte über einen Sommerurlaub, den er für seine Frau und seine Kinder geplant hatte. Ihm selbst war es aus geschäftlichen Gründen unmöglich, an diesem Urlaub teilzunehmen, aber er half seiner Familie dabei, jeden Tag des Campingurlaubs und der Reise im Wohnmobil von Montgomery bis hin nach Kalifornien zu planen, die Westküste hinauf und hinunter, und dann zurück nach Montgomery.
>
> Er kannte die Strecke genau und wußte die genaue Zeit, zu der sie den Great Divide überqueren würden. Deswegen buchte mein Freund einen Flug bis zum nächstgelegenen Flughafen, mietete dort ein Auto und einen Fahrer und ließ sich an den Platz bringen, wo am Great Divide jedes Auto passieren muß. Einige Stunden lang saß er dort am Straßenrand und wartete auf den vertrauten Anblick des Wohnmobils seiner Familie. Als es in Sicht kam, stellte er sich an den Straßenrand und machte das übliche Zeichen von Anhaltern, die mitfahren möchten. So überraschte er seine Familie, die annahm, er sei über 3000 Meilen von ihr entfernt.
>
> Ich sagte zu ihm: „Coleman, deine Familie hätte doch vor Schreck von der Straße abkommen können, als sie dich dort sahen, oder jemand von ihnen hätte vor Schreck einen Herzanfall bekommen können, deine Geschichte klingt unglaublich. Weshalb hast du dir all diese Mühe gemacht?“

„Nun, Bruce“, antwortete er mir, „eines Tages werde ich tot sein. Und wenn das passiert, möchte ich, daß meine Kinder und meine Frau sagen können: Mit Vati haben wir immer viel Spaß gehabt.“

Ich war beeindruckt. Vor mir saß ein Mann,dem es sehr wichtig war, andere Menschen glücklich und froh zu machen.

Ich fragte mich, welche Erinnerung ich meiner Familie hinterlassen werde. Ich war sicher, daß sie sagen würden: „Vater war zweifellos ein feiner Kerl, aber er hat sich zuviel damit beschäftigt, Lichter im Haus zu löschen, Fenster zu schließen, den Garten sauberzuhalten und den Rasen zu mähen.“ Dabei würde ich es doch auch gerne hören, daß sie über mich sagen, daß ihr Vater viel Freude in ihr Leben gebracht hat.

Genau darum geht es. Ich möchte, daß jedes meiner drei Kinder einmal sagen kann: „Mein Vater hat viel Freude in mein Leben gebracht.“

In der Schule

Ich habe viele besondere Augenblicke mit meinen Kindern in ihren Schulen verbracht. Die besonderen Ereignisse waren Überlandausflüge, die auch einige Übernachtungen miteinschlossen, Sportveranstaltungen, wo ich ihnen bei verschiedenen Wettläufen, Wettbewerben und Spielen zujubelte.

Wenn es um das Thema Schule geht, kommen mir zwei Eindrücke in den Sinn, die für mich unschätzbar wertvolle Erinnerungen sind. Der eine betrifft unseren Sohn Eric, wie er an dem Tag, an dem die Kinder ihre Lieblingsfigur aus der Literatur darstellen sollten, als kleiner Mose kostümiert (mit langem weißem Bart) zur Schule ging. Nach der Schule erzählte er uns, daß einer seiner Klassenkameraden auf ihn zugekommen sei und ihn gefragt hätte. „Bist du Gott?“ Der zweite Eindruck ist eine Zusammenschau strahlender Gesichter, die dadurch zustande kam, daß ich die Kinder von der Schule abholte, als sie noch kleiner waren. Ich bin glücklich, daß sie aus diesem Grunde während jener kurzen Spanne ihres Lebens stolz auf ihren Vater sein konnten.

Wenige Worte, die Wunder bewirken können

Ich kann dieses Kapitel über das Nutzen des Augenblicks nicht abschließen, ohne etwas über die Macht von Wörtern zu sagen. Die Liste wird angeführt von „Ich habe dich lieb." Besonders vor dem Schlafengehen sind diese Worte sehr wichtig. Ein sehr einflußreicher kurzer Satz ist „Es tut mir leid." Wenn ein Vater das zu seinem Kind sagt, so schmilzt aller Groll im Herzen dahin, Schranken fallen, der Charakter des Kindes wird geprägt, und es wird ihm später im Leben leichter fallen, selbst diese Worte zu sagen. Ein anderer Satz, der nur fünf Sekunden oder weniger in Anspruch nimmt, lautet: „Danke, das hast du gut gemacht." Und noch ein anderer: „Du siehst heute wirklich gut aus."

Ist es nicht wunderbar, daß wir in so kurzer Zeit so viel für unsere Kinder tun können!

Zusammenfassung

1. Ein Großteil der Freuden der Vaterschaft steckt in den kleinen Momenten des alltäglichen Lebens.
2. Das Markenzeichen eines Vaters, der es gelernt hat, viele Augenblicke mit seinen Kindern zu nutzen, ist Spontaneität.
3. Wenn Sie gegenwartsbezogen leben lernen, fällt es Ihnen leichter, die Augenblicke zu entdecken, die Sie mit Ihren Kindern verbringen und kreativ nutzen können.
4. Wenn Sie Ihr Kind darum bittet, etwas zu tun, wenn Sie sich müde oder mürrisch fühlen, schauen Sie Ihr Kind fünf Sekunden lang an, bevor Sie „später" oder „nein" sagen.
5. Gehen Sie immer auf die Interessen des Kindes ein und denken Sie daran, daß eine Beziehung wichtiger ist als eine Bratensauce ohne Klümpchen.
6. Ich möchte, daß meine Kinder von mir als Vater sagen können, daß er viel Freude in ihr Leben gebracht hat.
7. Holen Sie Ihr Kind von der Schule ab und freuen Sie sich über sein strahlendes Gesicht.
8. Die beiden kurzen Sätze „Es tut mir leid" oder „Danke, das hast du gut gemacht" bewirken Wunder, und kosten weniger als eine halbe Minute.

3. Erinnerungen schaffen

Was soll eine Familie sein? Ich persönlich finde,
daß sie unter anderem ein Museum der Erinnerungen sein sollte –
eine Sammlung von Erinnerungen,
die sorgfältig gepflegt und erhalten wird.

Edith Schaeffer

Dieses Kapitel ist ausschließlich ein Kapitel aus erster Hand, in dem es um Erfahrungen der Familie Hamrin geht, die verdeutlichen sollen, wie wichtig es ist und wieviel Freude es macht, Kindern besondere Erinnerungen mitzugeben. Mir ist bewußt, daß nicht jede dieser Erfahrungen auf Ihre Situation anwendbar sein wird, bin jedoch zuversichtlich, daß – selbst wenn Sie nur eine der Anregungen in die Praxis umsetzen sollten – eine neue Art besonderer Erinnerungen für Ihre Kinder daraus resultieren wird. Sie und Ihre Kinder werden reicher sein, und ich werde den Eindruck haben, daß es sich gelohnt hat, unsere Familienerfahrungen preiszugeben.

Von dem Augenblick an, als ich die Formulierung hörte „Erinnerungen schaffen", war ich schon in sie verliebt. Sie faszinierte mich sofort, weil sie genau das beschrieb, was ich mich schon seit Jahren bemühte, für meine Kinder zu tun. Ich hatte mich dafür eingesetzt, ihnen hier und dort Erinnerungen mitzugeben, damit sie, wenn sie einmal erwachsen sein würden, auf ihre Kindheit zurückblicken und sie wie einen herrlichen bunten Strauß schöner Erinnerungen sehen könnten.

Das entspricht meiner Einstellung zu Gefühlen. Ich hatte eine relativ unbeschwerte Kindheit, die ziemlich gleichmäßig verlief, aber von besonderen Dingen durchzogen war, die die Kindheit zu der faszinierenden Lebenszeit machen, die sie sein sollte und sein kann.

Was kommt Ihnen zuerst in den Sinn, wenn das Wort *Kindheit* erwähnt wird? Ich habe mich dies auch gefragt. Die ersten drei Dinge, die mir einfielen, waren das Weihnachtsfest, ein Picknick am 4. Juli und die Familienferien (besonders die, die wir einmal in Florida verbrachten). In der zweiten Reihe der Erinnerungen, die in der nächsten halben Minute auftauchten, sind ein Sommerzeltlager und ein Essen im Phil Johnson Restaurant nach dem sonntäglichen Gottesdienstbesuch zu nennen. Schließlich fielen mir in den nächsten Minuten tieferen Nachdenkens Sonntagabende bei Elsie und Elmers ein (die ich mit meinem Cousin Beverly verbracht hatte), die Erlebnisparks von Kiddieland und Riverview, Baseballspiele (the Cubs, the White Sox, oder all die unbedeutenderen Spiele im Thillens Stadion), sowie Sonntagschulpicknicks.

All diese Höhepunkte fielen mir in den ersten drei Minuten ein. Ich bin sicher, die Liste würde drei- bis fünfmal länger sein, wenn ich länger nachgedacht hätte. Die Erinnerungen, die ich aufgeschrieben habe, sind jedoch die wirklich besonderen Zeiten, die meine Kindheit geprägt und ihr ihren Glanz gegeben haben. Und die Lebensfreude, die sie mir gebracht haben, versuche ich nun auch meinen Kindern zu vermitteln.

Diese erste Liste scheinbar alltäglicher und weitgestreuter Ereignisse ist ziemlich aufschlußreich: sie hat ein Thema, das alle Punkte durchzieht. Was ich meine, ist das Thema, das ich all diese Jahre unbewußt meinen Kindern zu vermitteln versucht habe: Kindheitserinnerungen haben Familienerlebnisse zum Mittelpunkt. Ich finde diese Tatsache faszinierend, denn die Mehrzahl der im Wachzustand verbrachten Stunden der Kindheit verbringt das Kind in der Regel fern von den Eltern – vor allem in der Schule, bei Sportveranstaltungen und mit Freunden. Trotzdem waren nur das Sommerzeltlager und die Fahrt nach Riverview (ähnlich wie Disney World, in der Nähe von Chicago in den 1950er Jahren) Aktivitäten, die ich nur mit Freunden unternahm. Alle übrigen machten meine Eltern und ich.

Ein weiteres Thema ist, daß *alle* diese Erinnerungen es mit einer Fahrt irgendwo hin zu tun haben. Jetzt wird meine Frau Carol sicher schmunzeln, denn sie zieht mich immer damit auf, daß die Hamrins immer unterwegs sein müssen, immer etwas tun wollen und daß es sie immer irgendwohinzieht. Vielleicht sind in Ihrer Familie die besten Erinnerungen mit ruhigeren Zeiten zu Hause verbunden.

Ich habe den Kindheitserinnerungen aus folgenden drei Gründen soviel Platz eingeräumt: (1) Um die Wichtigkeit hervorragender Kindheitserinnerungen zu betonen, (2) um zu zeigen, daß sie ziemlich sicher mit Familienaktivitäten verbunden sind, und (3) um zu unterstreichen, daß Sie von Ihren eigenen Erfahrungen zehren können, wenn Sie daran interessiert sind, Ihren Kindern ebenfalls gute Kindheitserinnerungen zu hinterlassen. Beinahe jeder hat seine Lieblingserinnerungen. Was Sie als Kind erfreut hat, wird Ihnen wahrscheinlich auch jetzt noch Freude bereiten. Wenn Sie etwas gerne tun, ist anzunehmen, daß es auch Ihren Kindern Spaß machen wird. Gerade erst letzte Woche konnte meine Frau Carol nochmal ihr Lieblingserlebnis im Vergnügungspark genießen, nämlich eine Fahrt im „Rocko-plane“, als sie unseren Sohn Eric dorthin mitnahm.

Wie kommen bleibende Erinnerungen zustande? Können sie wirklich aus etwas so Natürlichem und Ungezwungenen entstehen? Kann man so etwas strukturieren? Ich denke, daß man daraus eine Struktur aufbauen kann und daß die Struktur nützlich ist, um bleibende Erinnerungen zu schaffen.

In meinem Fall besteht diese Struktur aus Kategorien, in die die besonderen Erinnerungen eingepaßt sind. Alle Kategorien haben sich natürlich entwickelt, sich irgendwann institutionalisiert und sind so zu Ereignissen geworden, die man beibehalten und wiederholen sollte: alljährliche Unternehmungen, gemeinsame Lesezeiten für die Familie, Zeiten bei Großvater und Großmutter.

Jährliche Traditionen

„Tradition, Tradition“ – ich mag jene großen aufgeplusterten Wörter von Tevye in dem Musical *Anatevka*. Ich mag sie, weil ich Traditionen mag. Was sonst hält uns so natürlich mit der Vergangenheit in Kontakt, während es uns gleichzeitig mit der Zukunft in Verbindung setzt?

Traditionen können viele Formen haben und einen verschieden großen Umfang. Sie können viel oder wenig Zeit beanspruchen. Meine Lieblingstraditionen sind die jährlich wiederkehrenden. Ich bin sicher, der Quell dieser Eindrücke ist die regelmäßig wiederkehrende Weihnachtszeit (und der 4. Juli, weil dieser Tag an zweiter Stelle meiner Kindheitserinnerungen rangiert).

Etwas Jahr um Jahr zu tun, vermittelt Gewißheit und Sicherheit in einer Welt, in der sich alles schnell verändert.

Was können Sie tun, damit Ferien und Feiertage für Ihre Kinder unvergeßlich bleiben? Zuerst würde ich empfehlen, sich auf die in Ihrer Familie wichtigen kirchlichen Feiertage zu konzentrieren.

Eine wichtige Tradition, die ich von der Familie meines älteren Bruders übernommen habe, sind die Adventsgottesdienste an den Sonntagabenden vor Weihnachten. An jedem der vier Sonntage vor Weihnachten versammeln wir uns im Wohnzimmer um den Adventskranz herum und halten eine kurze Familienandacht, die Carol den jeweiligen Altersstufen der Kinder entsprechend gestaltet – mit Weihnachtsliedern, Gedichten, Bibelversen. Diese Andachten erreichen am Weihnachtsabend mit dem Anzünden der großen Weihnachtskerze ihren Höhepunkt. In der Regel laden wir an jedem dieser Sonntage Freunde dazu ein, an der Andacht teilzunehmen.

Das Beisammensein im Schein der Lichter des Adventskranzes schafft eine festliche Atmosphäre. Jedes Kind kommt einmal mit dem Anstekken einer Kerze an die Reihe (oder darf sie auspusten). Wie so oft, bezweifle ich, daß sich die Kinder an einzelne Worte erinnern können, die bei diesen Andachten gesagt worden sind, ihr visueller Eindruck und das, was die Kinder empfanden, als sie in dem von Kerzen erhellten Raum saßen, Weihnachtslieder sangen und darauf warteten, bis sie an der Reihe waren, einen Vers oder ein Gedicht aufzusagen, wird ihnen in Erinnerung bleiben. Jene Kerzen können in Gedanken sogar immer heller werden, wenn die Kinder 19, 39 oder gar 79 Jahre alt sind.

Eine weitere Tradition ist die Suche nach dem Weihnachtsbaum und das Schmücken dieses Baumes. Als die Kinder kleiner waren, durchkämmten Carol und ich die Bäume in unserem Garten nach dem geeignetsten, und die Kinder durften dann unter zwei oder drei Bäumen einen aussuchen. Als sie ein wenig älter waren, zeigten wir ihnen, wieviel Freude es macht, unseren eigenen Weihnachtsbaum zu fällen. Es macht immer Spaß, die Kinder ihre Meinung sagen zu hören: „Nein, die Form dieses Baumes ist nicht gut." „Dieser dort muß es sein." Interessanterweise ist dies eine der wenigen Gelegenheiten, bei der sich alle Kinder bemerkenswert schnell einig werden.

Es macht den Kindern wirklich Spaß, den Baum zu schmücken. Sie freuen sich an dem Christbaumschmuck, den sie als kleine Kinder gebastelt hatten, an dem Hochzeitsschmuck (den Papa und Mama traditionell gemeinsam aufhängen und sich dabei küssen), an den zerbrechlichen Glaskugeln von Oma Lee. Wenn der Baum fertig geschmückt ist, wird im ganzen Haus das Licht ausgeschaltet, und wir stellen uns um den Baum auf und singen „Oh Tannenbaum“, wobei das alljährliche Foto des festlich geschmückten Weihnachtsbaums gemacht wird.

Dieser Abend endet immer mit Vatis privater Tradition. Nach der ganzen Arbeit und Aufregung, die es mit sich bringt, den Weihnachtsbaum zu schmücken, setze ich mich hin, wenn die Kinder im Bett sind, um die Stille, den sanften Kerzenschein und vor allem die Erinnerungen an vergangene Weihnachtsfeste und die Hoffnung auf zukünftige zu genießen.

Zudem haben wir uns, um das Weihnachtsfest wirklich zu etwas Besonderem zu machen, dazu entschlossen, als die Kinder noch klein waren, uns auf die wirkliche Bedeutung dieses Festes zu konzentrieren und uns nicht von jenem krassen Kommerzialismus einfangen zu lassen. Wir feierten einfach eine Geburtstagsparty für Jesus mit Kuchen und Eis. Wir luden einige wenige gute Freunde, die Kinder im gleichen Alter wie unsere haben, ein, mit uns zu feiern.

So entstand die jährliche Weihnachts-Geburtstagsparty bei den Hamrins. Vor einigen Jahren hatte Carol die großartige Idee, daß jeder ein Geburtstagsgeschenk mitbringen sollte. Das Geschenk soll etwas sein, was man selbst vorträgt: ein Klavierstück, ein Geigenstück, eine auf dem Cello gespielte Melodie, ein Lied, das man auf Kassette aufgenommen hatte, ein Lied mit Gitarrenbegleitung, ein Gedicht oder ein Sketch. Alles ist bei uns schon vorgetragen worden. Die Kinder hatten ihren Spaß daran und wir Erwachsenen auch.

Wenn in zwanzig oder dreißig Jahren jemand meine Kinder fragen sollte, an welche Feiertage ihrer Kindheit sie sich am besten erinnern, so ist es ziemlich wahrscheinlich, daß sie die Geburtstagsparties an den Weihnachtsabenden nennen werden, wo so viele frohe Lieder gesungen wurden, wo wir lachten und miteinander froh waren.

Die meisten anderen großen Feiertage haben ebenfalls ihre besonderen Traditionen.

Als die Kinder klein waren, besuchten wir abwechselnd die große Parade, das Konzert und das Feuerwerk in Washington, D.C. oder schauten uns statt dessen die Umzüge in der Nähe an, nahmen am Grillfest in der Grünanlage des Ortes teil und schauten uns das örtliche Feuerwerk an. In den letzten Jahren wollten die Kinder lieber die großen Feierlichkeiten in Washington sehen.

Zu Ostern freuten sich die Kinder nach dem Gottesdienst nach Sonnenaufgang am nahegelegenen See über das frühmorgendliche Suchen nach Geleefrüchten, wobei die von Vati versteckten wie immer „nicht zu finden“ waren.

Am Tag der Arbeit machen wir uns vormittags zu einem Frühstückspicknick zusammen mit etwa 30 Freunden und Bekannten auf. Bei einem engagierten Volleyballspiel zusammen mit den Kindern arbeiten wir uns dann das Frühstück wieder ab.

Das Thanksgiving-Fest verbringen wir traditionell bei Familie Bernbaum, also mit John und Marge, ihren sieben Kindern und in der Regel mindestens einer Großmutter. Oft sind auch einige College-Schüler dabei, deren Eltern weit entfernt wohnen. Eine große Schar von Leuten um den Tisch versammelt – das ist meine Vorstellung eines guten Thanksgiving-Festes. Um diese Zeit des Jahres fangen wir alle damit an, oft miteinander zu spielen: Football, Basketball, Tischtennis, Pool und viele Brettspiele.

Geburtstage

Meiner Erfahrung nach sind Kinder für Geburtstagsfeiern zu begeistern und erinnern sich gut daran, besonders an die Feiern zwischen ihrem fünften und elften Geburtstag. Das sind nur sieben Feiern, also wenig genug, und die Eltern können wirklich etwas Besonderes daraus machen. (Übrigens, in meinem Buch ist die Vorführung eines Videofilms nichts Besonderes).

Um sicherzugehen, daß diese Geburtstagsparties wirklich etwas Besonderes werden, fragen Sie Ihre Kinder, was sie gerne tun würden. Wenn Sie nicht gerade verlangen, mit einem halben Dutzend Freunden nach Disney World zu fahren, versuchen Sie, auf ihre Wünsche einzugehen. Und allen Vätern möchte ich sagen: Versuchen Sie, mit von der Partie zu sein. Ich denke, ich war bei jeder Geburtstagsfeier meiner drei Kinder dabei. Und jedesmal war es eine großartige Feier, auch für mich. Vielleicht fragen Sie sich: „Was tut man nur als Vater auf einem Kindergeburtstag?“

Auf Geburtstagsfeiern für Mädchen werden Sie wahrscheinlich eine andere Rolle spielen als bei solchen von Jungen. Unser Sohn Eric wünschte sich Spiele, die sportlichen Wettbewerben glichen. So organisierte ich eine Kinderolympiade mit zehn Disziplinen und legte fest, daß die besten fünf jeweils 10, 7, 5, 3 und 1 Punkt bekamen. Wenn man jeweils den fünf Besten Punkte gibt, obwohl nur acht bis zehn Teilnehmer mitmachen, so kann man ziemlich sicher sein, daß am Ende jeder Junge eine stattliche Anzahl von Punkten gesammelt hat.

Bei Kristas und Kiras Geburtstagsparties spiele ich eher eine untergeordnete Rolle. Mir fällt es z. B. zu, die Feier zu filmen. Das Erfreulichste an diesen Feiern ist es, die Ankunft der Gäste zu beobachten: Wenn das erste Mädchen angekommen ist, läuft es zusammen mit meinen beiden Töchtern jedesmal bis zur Einfahrt, um das nächste Mädchen zu begrüßen, das ankommt, noch bevor es aus dem Auto ausgestiegen ist. Dann laufen alle wieder zum Haus, nur um gleich anschließend wieder zur Einfahrt zu rennen, wobei sie kreischen und rufen, wenn das nächste Auto um die Ecke kommt. Und so geht das munter weiter, bis auch das 15. Mädchen eingetroffen ist. Das Ganze ist ein bunter Wirbel von Gekreische und herumkreisenden Mädchen. Kein Rockstar hat je einen begeisterteren oder wilderen Empfang bereitet bekommen.

Viele dieser Geburtstagsparties finden notwendigerweise an einem Wochentag statt. Dabeisein zu können, ist ein Vorteil, den man als Selbständiger hat. Ich würde jedoch auch jedem nicht selbständigen Vater raten, sich zu den Geburtstagen seiner Kinder ein oder zweimal pro Jahr einige Stunden freizunehmen. Denken Sie daran, daß es nur etwa sieben Geburtstage gibt, an die das Kind sich später erinnern wird. Und wenn Vati auf dem Geburtstagsfoto dabei ist, so ist das für das Kind auch eine besondere Erinnerung.

In den letzten Jahren haben wir eine weitere Geburtstagstradition eingeführt, die unsere Kinder wirklich lieben: Frühstück im Bett. Derjenige, der Geburtstag hat (Eltern oder Kinder) sitzt im Bett und wartet darauf, daß ihm sein Lieblingsfrühstück serviert wird. Nach dem Frühstück werden die Geburtstagspost und die Geschenke geöffnet. Das ist auch noch schön für Kinder, die über Kindergeburtstage hinausgewachsen sind.

Besondere Ereignisse

Andere Traditionen haben es mit dem zu tun, was wir besondere Ereignisse nennen. Das fing vor 17 Jahren mit einer kurzen Parade an, die sich Scottish Christmas Walk nennt und am ersten Samstag im Dezember jedes Jahr in den Straßen der Altstadt von Alexandria stattfindet. Dabei sieht man viele Dudelsackspieler und Wolfshunde, Bernhardiner, schottische Terrier, alte Autos und die schottischen Sippen, die am Umzug teilnehmen. Carol und ich sahen uns diese Parade schon an, lange bevor wir Kinder hatten, und als wir Kinder hatten, nahmen wir sie dorthin mit. Sowohl Carol wie auch ich mögen es, jedes Jahr zur gleichen Zeit an den gleichen Ort zu fahren und vom gleichen Platz auf dem Bürgersteig aus der Parade zuzusehen. Dieser Augenblick markiert für uns, zusammen mit unseren abendlichen Adventsandachten, den Beginn der Vorweihnachtszeit.

Irgendwann in den 1980er Jahren fiel mir auf, daß es weitere Ereignisse gibt, die wir als ganze Familie gerne erleben. Damit sie nicht in Vergessenheit geraten konnten, entschied ich mich, sie am 1. Januar jeden Jahres in den Kalender einzutragen. Das ist keine umwerfende Idee, aber sie ist praktisch. Mir ist aufgefallen, daß erstaunlich viele meiner Freunde oft sagen: „Oh, das hab ich doch glatt vergessen." Es ist nützlich, einen Kalender zu haben, in den man alle Familienaktivitäten einträgt. So kann man sich vor dem Vergessen und vor Interessenskonflikten schützen.

Also schlage ich jedes Jahr, sobald der neue Kalender eintrifft, zuerst den April auf und markiere den zweiten Samstag, an dem unser alljährlicher „Bluebell walk along Bull Run" stattfindet. Das ist unsere Art, als Familie den Frühling zu begrüßen. Dann schlage ich den Kalender beim letzten Mai-Wochenende auf und trage dort Cedar Point Farm ein. Das ist ein wunderbares Fleckchen Erde am Ostufer der Chesapeake Bay. Carol und ich fahren zum geistlichen Auftanken dorthin (wenn am C.S. Lewis Institute das alljährliche Memorial Day Wochenendseminar stattfindet). Die Kinder können in dieser Zeit am Strand nach Krebsen und Muscheln suchen und andere geheimnisvolle (manchmal auch übelriechende) Schätze aufspüren.

Auch im Herbst gibt es zwei besondere Ereignisse. Der Jahrmarkt von Bluemont wird am dritten Wochenende im September durchgeführt. Früher unter dem Namen Snickersville bekannt, ist Bluemont heute ein kleiner Ort an den Ausläufern der Shenandoah Berge im Nordwesten Virginias. Die Fahrt durch die hügelige Prärie, zumeist auf schmalen Straßen, ist schon allein der halbe Spaß. Ein Wochenende lang verändert sich der ganze Ort Bluemont und verwandelt sich zu einem Jahrmarkt, wie er um die Jahrhundertwende üblich war: Folklore, Banjo-Spiel, Holzschuhtanz, Handwerkliches, Grillhähnchen, Antiquitäten, Kinderspiele und Streicheltiere.

Das besondere Oktoberereignis ist ein Lieblingsereignis für die ganze Familie geworden. Vor vier Jahren begannen wir, ein rustikales Holzhaus im Cacapon Nationalpark in Westvirginia zu mieten. Es liegt nur etwa zwei Stunden von unserem Wohnort entfernt. Das Blockhaus war ideal. Es besteht aus zwei riesigen Räumen, die durch einen großen steinernen Kamin getrennt sind. An beiden Wänden befinden sich Schlafgelegenheiten. Wir rösten am Samstagabend Marshmallow und machen Graham Cracker, Schokoladenkekse und Marshmallow-Sandwiches. Wir wandern, sehen sehr viele Rehe und essen köstliche einfache Mahlzeiten.

Den Kindern haben die rustikale Schönheit dieser Hütte und der Park so sehr gefallen, als wir zum ersten Mal dort waren, daß wir gleich beschlossen, den Ausflug dorthin auf die Liste unserer besonderen Unternehmungen zu setzen. Auch das geht nicht einfach so. Man muß langfristig planen. Um genau 8.00 Uhr morgens am 1. Oktober muß ich im Park anrufen, um das Blockhaus für das gleiche Datum im nächsten Jahr zu mieten. Deswegen ist auch der 1. Oktober jedes Jahr in unserem Kalender markiert. Es ist nicht so, als wenn man selbst ein Blockhaus besitzt, aber jedes Jahr in das gleiche Blockhaus zurückzukehren, vermittelt unseren Kindern dauerhafte Erinnerungen an gemeinsam verbrachte Herbsttage.

Der Dezember bringt das letzte jährliche Ereignis: Am Wochenende nach dem Scottish Christmas Walk versuchen wir unseren Kindern, ein wenig Einblick in ihr skandinavisches Erbe zu vermitteln, indem wir sie zum Santa Lucia Fest mitnehmen. Wer könnte den Anblick und die Geräusche der Lucia Prozession vergessen, bei der das Mädchen, das Lucia darstellt, mit einem Lichterkranz auf ihrem Kopf eine Gruppe von Kindern anführt, die „Santa Lucia" singen. Die ganze übrige Kirche ist dunkel. Die Kerzen hinterlassen bei jedem Zuschauer einen unauslöschlichen Eindruck.

Familienlesezeiten

Nun zu etwas anderem. Die meisten jährlichen Traditionen, die ich bisher beschrieben habe, hatten alle etwas damit zu tun, irgendwo hinzufahren.

Es gibt jedoch auch andere Arten von Erinnerungen, die für Ihre Kinder gleichermaßen wichtig sind: Stille Zeiten. Unsere Familie mag es, auf der Terrasse zu sitzen und im Sommer den Glühwürmchen zuzuschauen, Sonnenuntergänge im Herbst zu beobachten und im Winter die Schneeflocken fallen zu sehen. Und es gibt keine bessere stille Zeit als die Familienlesezeit.

Ich muß etwas gestehen. Wir sind auf diesem Gebiet nicht so erfolgreich gewesen wie in den aktiveren Bereichen der gemeinsamen Familienunternehmungen. Da ich sehr gerne etwas unternehme, und kleine Kinder ebenso, lag es uns näher, aktiv zu sein. Trotzdem lese ich gerne, meine Frau noch mehr, und wir alle haben viel Freude an Familienlesezeiten gehabt.

Disziplin ist dabei unerläßlich. Fast alle übrigen in diesem Kapitel beschriebenen Unternehmungen, die Erinnerungen produzieren, sind Ereignisse, die man im Kalender markieren kann. Wenn die Zeit kommt, zieht man los. So muß es auch mit den Familienlesezeiten sein. Auf der „Wenn es sich ergibt"-Ebene funktioniert es nicht. Die Lesezeiten werden dann Opfer der Vergeßlichkeit oder werden von aufregenderen Alternativen verdrängt. Wir haben uns täglich oder wöchentlich zusammengesetzt, um ein Buch zu lesen, oder wir haben dickere Bücher oder eine Buchserie gelesen, indem wir uns monatelang einmal wöchentlich dazu trafen.

Unser bei weitem größter Erfolg war unser erster: Wir lasen *Die Chroniken von Narnia* von C.S. Lewis. Carol hatte diese sieben Bücher als junge Erwachsene gelesen. Sie mochte sie sehr. Ich hatte genügend über sie gehört und andere von schönen Momenten mit ihren Kindern beim Lesen dieser Bücher erzählen hören, so daß ich dazu bereit war. Ich mußte mich sogar zwei Jahre zurückhalten, bevor wir damit begannen, um unseren Töchtern Zeit zu geben, bis sie das richtige Alter (sechs bis acht Jahre) für diese Geschichten hatten.

Im Oktober 1986 kündigten Carol und ich an, daß es nun an der Zeit sei, das wunderbare Familienabenteuer zu beginnen, einige Wochen in Narnia zu leben. Jeden Abend nach dem Abendbrot trafen wir uns im Wohnzimmer und reisten nach Narnia. Krista und Kira kuschelten sich auf dem Sofa, jede auf einer Seite an den, der vorlas, und Eric schmiegte sich an den anderen Elternteil, der auf dem anderen Sofa saß. Das Zusammensein als Familie war ein besonderes Extra dieser Familienleseabende.

Carol und ich wechselten uns beim Vorlesen der Bücher ab. Ich war froh, daß ich anfangen durfte, denn so kam ich dazu, vier Bücher vorzulesen. Ehrlich gesagt, hätte ich gerne alle sieben vorgelesen, aber ich wußte, daß ich dieses Vergnügen mit Carol teilen mußte.

Ich möchte Ihnen gerne sagen, was mir beim Schreiben dieses Abschnitts in den Sinn kommt. Ich habe das überwältigende Gefühl, die ganzen *Chroniken von Narnia*-Büchern noch einmal lesen zu müssen – und zwar noch heute abend! Außerdem ist das Vorlesen zusammen mit Weihnachtsmorgen und besonderen Familienferien eine der kostbarsten Erinnerungen an die frühe Kindheit meiner Kinder.

Das ist sehr aufschlußreich für mich, denn es zeigt, was Carol, die Kinder und ich dadurch verpaßt haben, daß wir diesen Leseabenden nicht früher eine hohe Priorität eingeräumt haben. Hier haben wir einen Fehler gemacht.

Familienleseabende können familiäre Identität vermitteln, Familienwurzeln und Familienstolz wachsen lassen.

Als die Kinder sieben bis zehn Jahre alt waren, machten wir einen Ausflug im Auto nach South Dakota, um den Weg abzufahren, den die Vorfahren von Carol durch Wisconsin und Minnesota auf ihrem Weg nach South Dakota genommen hatten, nachdem sie 1854 von Norwegen aus über die Großen Seen nach Amerika eingewandert waren. Ihr Weg war dem bemerkenswert ähnlich, den die Familie Ingall zurückgelegt hatte und von Laura Ingall in der Wilder Buchserie beschrieben wird. Deswegen lasen wir einige dieser Bücher im Auto, während wir genau durch die Orte reisten, die in ihnen erwähnt werden und durch die auch Carols Vorfahren ungefähr gleichzeitig mit den Ingalls gezogen waren. Die ganze Reise, zusammen mit dem Vorlesen der Bücher, half Eric überraschenderweise, sich mit South Dakota verbunden zu fühlen.

Es kommt die Zeit, wo man die Inhalte der ruhigen Familienabende den sich verändernden Verhältnissen in der Familie anpassen muß. Irgendwann im Teenageralter kommt es leicht zu dem Punkt, wo die Familienleseabende zu Langweilern werden, wo die Kinder, die inzwischen Jugendliche sind, meinen, daß märchenhafte Orte wie Narnia nur für kleine Kinder (und natürlich für deren Eltern) sind.

Ich weiß von meinem Verstand her, daß jedes Kind sich von seiner kindlichen Unschuld lösen muß, um mit den harten Realitäten dieser Welt umgehen zu können. Ich weiß das. Aber das heißt nicht, daß ich es gut finden muß, wenn das auf meine Kinder zukommt.

Ich möchte gerne alle Kuschelzeiten mit meinen Kindern in mich hineinsaugen, die ich nur aufnehmen kann, weil die Kuschelzeit nur allzu schnell vorübergeht. Und ich möchte gerne noch einmal die drei erregten Stimmen meiner Kinder hören, die mir sagen: „Bitte lies weiter, du kannst doch hier nicht einfach aufhören. Nur noch ein Kapitel. Bitte, Vati."

Zeiten mit Oma und Opa

Bis zu diesem Punkt ging es um Erinnerungen, die aus dem engsten Familienkreis kommen. Bis jetzt haben wir Oma und Opa außen vor gelassen, die zweifellos im ganzen Zusammenhang zwei eher wichtige Personen sind.

In unserer heutigen Gesellschaft geraten Großväter und Großmütter zu leicht in Vergessenheit. Man vergißt sie zwar nicht im Sinne von „aus den Augen, aus dem Sinn“, aber sie sind auch kein praktischer, aktiver und wesentlicher Bestandteil im Leben ihrer Enkelkinder. Viele Großeltern leben weit entfernt. Sie würden gerne häufiger mit ihren Enkelkindern zusammensein, möchten sich aber auch nicht ins Familienleben einmischen oder darum bitten, daß die Kinder sie besuchen dürfen. Andere Großeltern haben so viel zu tun, daß sie kaum Zeit für ihre Enkelkinder haben. Große Teile dieses Buches könnte man auch auf Großväter anwenden. Es ist nie zu spät, damit anzufangen, ein guter Großvater zu werden.

Ist es also Zeit, die Initiative zu ergreifen? Wie kann das geschehen? Wie können Kinder ihre Großeltern kennenlernen, sich an ihnen freuen und von ihnen profitieren?

Zunächst und vor allem anderen müssen sie mit ihnen zusammensein. Halten Sie im Gedächtnis, daß es im ersten Teil dieses Buches um das „Anwesendsein“ geht. Es gibt keinen Ersatz für das Beisammensein von Enkelkindern und Großeltern. Also muß man entweder die Großeltern ins eigene Haus einladen, oder sie in ihrem Haus besuchen, ein Kind (oder einige) zu ihnen schicken, oder sich in den Ferien irgendwo mit ihnen treffen. Eine Mischung aus all diesen Vorschlägen während der ganzen Kindheit Ihrer Kinder wäre ideal.

Es erfordert einige Opfer, diese Zusammentreffen zu organisieren. In den vergangenen Jahren, als meine Eltern zu krank waren, um zu verreisen, sind wir die 1500 Meilen nach Chicago und zurück gefahren, um mit ihnen zusammensein zu können. Dafür blieben aufregendere oder mehr Entspannung verheißende Ferienpläne auf der Strecke. Aber das wirklich Wichtige sollte getan werden.

In der Praxis ist die erste Möglichkeit wahrscheinlich immer die, daß die Großeltern zu Ihnen zu Besuch kommen, besonders, wenn die Kinder in einem Alter sind, wo Möbel und Einrichtung herumtobende Kinder aushalten können müssen. Zudem können die Großeltern sich entspannen und ihren Aufenthalt genießen, wenn sie Gäste und nicht Gastgeber sind.

Großeltern können Freude machen. Einige der Zeiten, die unseren Kindern am meisten Spaß gemacht haben, waren die, die sie mit ihren Großeltern verbrachten. Meine lebhafteste Erinnerung an unsere Oma Lee (Carols Mutter) basiert auf einem Ausflug nach Wild World, einem mittelgroßen Erlebnispark ein bißchen außerhalb von Maryland. Sie war damals etwa 63 Jahre alt und litt an Krebs. Trotzdem kletterte sie die langen gewundenen Treppen zu den Rutschbahnen hinauf und rutschte mit einem ihrer Enkelkinder auf dem Schoß hinunter ins Wasser, und das nicht nur einmal. Am meisten erinnere ich mich jedoch an die Fahrt auf dem Piratenschiff. Es schwankt hin und her, immer höher und höher hinauf, bis man schließlich aus einer Höhe von 50 Fuß steil hinunterschaut.

Carol konnte ich nicht dazu überreden, mit mir auf diesem Schiff zu fahren, ebensowenig meine beiden Töchter. Nicht einmal mein sechsjähriger Sohn wollte mit. Aber Oma Lee hatte keine Hemmungen. Carol und ich schauten uns fragend an, ob wir es ihr wirklich erlauben sollten, das zu tun, zuckten ratlos mit den Schultern, dann sagte ich: „Los, gehen wir."

Die Fahrt auf diesem Schiff war holperiger und anstrengender als ich es vermutet hatte. Ich machte mir Sorgen um die Oma und hoffte, durch diese Fahrt nicht einen ansonsten sehr schönen Tag verdorben zu haben. Als wir ausstiegen, fragte ich sie: „Nun, wie fandest du es?" „Einfach toll", war ihre Antwort. „Möchtest du noch einmal mitfahren?" fragte ich im Spaß. „Na klar", sagte sie.

„Das meinst du nicht im Ernst", wandte ich ein. Aber sie meinte es ernst. Wir fuhren nochmal mit. Und wieder machte es ihr Spaß. Ich wünschte, ich könnte das gleiche sagen.

Wie sie das Leben mit seinen verschiedenen Aspekten zu schätzen wußte – von aufregenden Ausflügen bis hin zum ruhigen Pflücken eines Wiesenblumenstraußes, lange bevor das in Mode kam – dies ist eine Erinnerung, die sie unseren Kindern hinterläßt und die ich immer schätzen werde.

Oma und Opa Hamrin hatten auch immer Lebensfreude. Sie liebten es, Dinge zu unternehmen. Sie machten gerne Ausflüge und waren gerne mit anderen Menschen zusammen.

Immer, wenn sie uns besuchten, machten wir eine große Sache daraus. Wir fuhren alle fünf zum Flughafen, um sie abzuholen, gleich am Flugsteig, und das ganz gleich, ob sie um zwei Uhr nachmittags ankamen (und wir dazu die Kinder vorzeitig aus der Schule abholen mußten) oder ob sie um Mitternacht ankamen (und wir die Kinder aus dem Bett holen mußten). So unglaublich es auch klingen mag, ich bin immer noch der Ansicht, daß Kinder Fahrten zum Flughafen aufregend finden und daß sie ihnen deswegen in Erinnerung bleiben. (Ich wünsche mir nur, ich könnte die meisten meiner letzten Fahrten zum Flughafen vergessen).

Solange die Großeltern in unserem Haus sind, folgen wir den Traditionen der Familie Hamrin mit drei Generationen und besuchen viele Ausflugsorte. Erst als sie Endsiebziger waren, mußten sie langsam etwas kürzertreten. Das hat meine Mutter jedoch nicht davon abhalten können, auf dem Fußboden herumzukriechen, um mit ihren Enkelkindern zu spielen. Und sowohl sie wie auch mein Vater haben Brett- und Kartenspiele mit den Kindern gespielt.

Abgesehen von den gewöhnlichen Besuchen haben wir unseren Kindern zu zwei besonderen Zeiten mit Oma und Opa verholfen. Im Februar 1987 verabredeten wir mit meinen Eltern, daß wir uns auf ihrer Reise in den Süden für ein paar Tage mit ihnen treffen würden, während wir zum ersten Mal unterwegs nach Disney World waren. Diesen besonderen Ort zusammen mit Oma und Opa zu besuchen, wurde zu einem ganz besonderen Erlebnisspaß.

Die andere Gelegenheit, bei der sie sich wirklich gut kennenlernen konnten, ergab sich nur vier Monate später, als meine Eltern zu uns kamen, um auf die Kinder aufzupassen, während wir eine Art zweite Hochzeitsreise machten. Zwei volle Wochen lang spielten sie mit den Kindern, lasen ihnen vor und lachten zusammen mit ihnen. Sie brachten Krista zum Arzt, als sie ihr Handgelenk brach und so eines der Dinge vorkam, vor denen sie sich gefürchtet hatten. Trotzdem waren alle Beteiligten begeistert, als wir zurückkamen.

Zusammenfassung

1. Die Haupterinnerungen der Kindheit basieren auf Familienunternehmungen.
2. Zehren Sie von Ihren Kindheitserinnerungen, wenn es darum geht, Ihren eigenen Kindern solche Erinnerungen zu vermitteln.
3. Mögliche Rahmenbedingungen, unter denen besondere Erinnerungen wachsen können, sind alljährliche Traditionen, Familienlesezeiten, Zeiten mit Oma und Opa.
4. Feiertagsgewohnheiten wie das Anzünden von Kerzen und wöchentliche Andachten sind möglich. Ermutigen Sie Ihre Kinder, daran teilzunehmen.
5. Weil Kinder wirklich für Geburtstagsfeiern zu begeistern sind und sich daran erinnern, machen Sie etwas Besonderes daraus. Das Wichtigste: Seien Sie anwesend.
6. Ein Frühstück im Bett am Geburtstag kann für jedes Kind eine jährliche Tradition sein, die es mag.
7. Schauen Sie sich nach besonderen Ereignissen oder Ausflugszielen

um, die Ihren Kindern Freude bereiten könnten und tragen Sie diese jedes Jahr in Ihren Kalender ein.

8. Familienlesezeiten können zu ganz besonderen Erinnerungen werden.
9. Ergreifen Sie die Initiative und ermutigen Sie Oma und Opa dazu, einen aktiven und wichtigen Beitrag im Leben ihrer Enkelkinder zu leisten.
10. Denken Sie daran: Großeltern können Freude machen.

4. Freude über das Baby

Will ein Vater mit seinen Kindern vertraut werden, so sollte er sich voll und ganz an der Versorgung des ersten Babys beteiligen, und zwar von dem Moment an, wenn es nach Hause kommt und von da an ständig.

Dr. Benjamin Spock

Es ist einer jener vollkommen schönen Junitage. Der Himmel ist leuchtend blau, die Sonne wärmt, die Luft ist frisch. Der 19. Juni 1977 ist für mich Vatertag. Ich hole mein neugeborenes Baby, meinen Sohn Eric vom Krankenhaus ab und bringe ihn nach Hause. Es gibt nichts Größeres als dies. Ich verspüre eine Faszination, die alles übertrifft, was ich bisher erlebt habe.

Zwei Wochen später: Ich gehe, Eric an meine Brust gedrückt haltend, im Wohnzimmer auf und ab. Er schreit aus voller Kehle, und das schon seit 20 Minuten. Meine Aufregung nimmt zu. Ich verlasse das Haus, gehe die Straße hinunter und sage immer lauter zu ihm: „Sei doch endlich still. Halt den Mund. Was ist nur mit dir los?“ Meine Frustration ist so groß, daß ich zu explodieren drohe. Ich verspüre ein Elend, das alles übertrifft, was ich bisher erlebt habe.

Die Faszination des Sieges und die Agonie der Niederlage

„Die Faszination des Sieges – die Agonie der Niederlage.“ Ich kenne keine bessere Zusammenfassung dessen, was man empfindet, wenn man es mit einem Baby zu tun hat. Ich würde sogar so weit gehen, zu sagen, daß dieser Ausdruck aus der Sportwelt besser auf den Alltag der Eltern eines neugeborenen Babys zutrifft als auf irgendeinen Sportler bei einem Wettbewerb.

Wenn Sie also der Vater eines Babys sind, oder es bald sein werden, denken Sie an das Thema Nummer eins, nämlich, daß Sie sowohl die Faszination des Sieges wie auch die Agonie der Niederlage erleben werden. Man kann die Erfahrungen, besonders die der ersten Wochen nach der Geburt des Babys, mit einer gefühlsmäßigen Achterbahnfahrt vergleichen. In ihrem Buch *The Birth of a Father (Die Geburt eines Vaters)* beschreibt Cecilia Worth das weite Feld der Reaktionen und Gefühle, die Männer als frischgebackener Vater eines Babys erleben können: Isolation, Zorn, Distanz, Aufregung, Staunen, Fürsorge. Ich erinnere mich auch an drei Aussagen von Robert Samuelson, einem meiner Lieblingskolumnisten, der für *Newsweek* schreibt: „Meine Kinder bringen mich zur Verzweiflung und zur Erschöpfung, sie entzücken mich aber auch. Sie sind der beste Teil von mir, und ich möchte ihr Heranwachsen nicht verpassen."

Ich hoffe, daß Sie als Vater eines Babys diese Einstellung haben. Ich hatte sie vom allerersten Tag an und habe sie nie bereut, trotz der Zeiten, die mich zur Verzweiflung oder zur Erschöpfung brachten. Lassen Sie uns die verschiedenen Arten von Faszination und Frustration ein wenig näher anschauen, die Ihnen noch bevorstehen, oder die Sie schon erlebt haben.

Die Faszination, die es mit sich bringt, Vater zu werden, beginnt schon vor der Geburt. Dazu gehören jene Momente der Zärtlichkeit, in denen Sie und Ihre Frau über das Wunder sprechen, das in ihr stattfindet, und die Anzeichen werdenden Lebens beobachten. Ihre Frau spürt seine ersten Tritte. Sie können seinen Herzschlag hören. Und dann kommt die Aufregung der Zeit, daß es jeden Augenblick passieren könnte und es zur Welt kommt.

Dann kommt der große Tag. Während der Wehen beraten und ermutigen Sie Ihre Frau so gut Sie es nur können, dann rennen Sie erregt in den hell erleuchteten Kreißsaal. Und schließlich kommt der zauberhafte, magische Augenblick: ein kleines zerbrechliches neues Menschenkind wird Ihnen in die Arme gelegt. Zum ersten Mal. „Das ist es. Das ist wahr. Das ist tatsächlich mein Baby." Das ist schon eine riesige Faszination. Aber was kommt dann?

Wenn Sie die richtige Haltung einnehmen – nämlich, daß es Spaß machen kann, ein Baby zu haben – werden Sie bald entdecken, wieviel Spaß Babys Ihnen machen.

Sie werden lachen, wie Sie schon Jahre nicht gelacht haben über all die Einfälle, Bewegungen und ständigen Überraschungen. Der Schlüssel ist die richtige Einstellung. Sie müssen locker sein, um Spaß zu haben, die Maske fallen zu lassen, um gewisse Dinge nicht für „unter Ihrer Würde" zu halten. Ich mag es, wie Jim Sanderson über Väter spricht, die „sich einmal aus ihrer Würde herausschälen und es sich selbst gestatten müssen, ihren Verstand einmal für ein paar Minuten hintenanzustellen und nicht nur das zu tun, was real und nützlich ist." In einer Welt, in der es so ernst zugeht, sollte es uns da nicht großes Vergnügen bereiten, öfter mal unsere „Würde" abzulegen?

Unbändigen Spaß machte es auch, Eric überall dorthin mitzunehmen, wohin wir ihn mitnehmen wollten. Nach acht Jahren Ehe ohne Kinder und mit einem zufriedenstellenden Einkommen hatten wir einen Lebensstil angenommen, der uns viele Freiheiten gestattete. Logischerweise kam ich zu der Schlußfolgerung, daß mit der Geburt von Eric dies alles plötzlich vorbei sein würde.

Es war eine freudige Überraschung, zu entdecken, daß wir Eric mitnehmen konnten. Wir fuhren nach Aspen, Colorado, um an einer zweiwöchigen Konferenz teilzunehmen, als er erst zwei Wochen alt war. Fast jeden Abend in diesen zwei Wochen gingen wir abends in ein anderes Restaurant essen, und der winzige Eric lag einfach neben uns und schlief. In seinen ersten beiden Lebensjahren nahmen wir ihn weiter auf unsere Reisen mit. Der Höhepunkt dabei war eine Weltreise mit einem viermonatigen Chinaaufenthalt, als er zwei Jahre alt wurde. Es war eine wunderbare Zeit, in der unser Blondschopf in China schnell ein „Star" wurde, da die meisten Leute dort noch nie ein blondes Kind gesehen hatten. Im Herbst jenes Jahres kehrten wir in die USA zurück. Eric war 21 Monate alt,und er hatte schon seinen 56. Flug hinter sich. Das zeigt deutlich, daß ein Baby Sie nicht einschränkt oder Ihre Beweglichkeit wesentlich beeinflußt, wenn Sie ein bißchen wagemutig sind.

Wenden wir uns nun der Agonie der Niederlage zu, um das Bild der Versorgung von Babys abzurunden. Von einer Agonie habe ich Ihnen schon berichtet – als Eric zwanzig bis dreißig Minuten lang ununterbrochen schrie. Ich verspürte Frustration, Zorn und schließlich auch Schuldgefühle, als wir herausfanden, daß er schrie, weil er beim Stillen nicht genug Milch bekam. Der Übergang zu Zusatznahrung führte zu einem sofortigen Ende der Schreianfälle.

Eine andere Art von Agonie, von der ich sicher bin, daß sie viele Väter durchmachen, sind Momente der Panik. Eine solche Erfahrung war, als unser 18 Monate alter Eric von zu Hause ausriß. Ich hatte den Müll nach draußen gebracht und die Eingangstür einen Moment lang offengelassen. Das genügt für ein 18 Monate altes Kind, um zu entwischen. Im Nu war er weg. Da ich zunächst nicht wußte, wo er war, schaute ich ruhig im ganzen Haus nach und rief seinen Namen. Dann beschleunigte ich meinen Schritt und lief draußen um das Haus herum, während ich laut nach ihm rief. Er war jedoch nirgends zu sehen. Da überfiel mich Panik, während ich die Straßen in der Nachbarschaft hinauf und hinunterlief und ständig nach ihm rief. Dabei stellte ich mir die schlimmsten Dinge vor. Er muß in den Bach gefallen sein, vielleicht ist er auch in die Kanalöffnung vor unserem Haus gefallen.

Es gibt keine Panik, die mit der zu vergleichen ist, die Sie befällt, wenn Sie den Eindruck haben, daß Ihr Baby oder Kleinkind – in diesem Fall unser erstes und einziges – in ernstlicher Gefahr ist. Und es gibt keine Erleichterung, die so groß ist wie die, die Sie empfinden, wenn Sie nach 45 Minuten Panik sehen, wie ein Nachbar Ihr Kind im Arm sicher nach Hause bringt. (In unserem Fall hatte ein Nachbar unseren Eric zwei Straßen weiter friedlich mitten auf der Straße entlangspazieren sehen).

Ein weiteres Mal geriet ich in Panik, als Kira ein Jahr als war. Sie war gerade dabei, laut zu weinen, was selten vorkam, aber wenn, dann sehr heftig (später haben wir oft bemerkt, daß dies einfach ein früher Ausdruck ihrer Tendenz dazu war, alles, was sie tut, gerne tun zu wollen). Sie wurde bei diesem Weinkrampf ganz steif, verdrehte die Augen und brach auf dem Fußboden zusammen. Ich dachte, das sei das Ende. Ich war total beunruhigt. Ich kann mich nicht einmal entsinnen, was ich genau getan habe, außer daß ich sie schüttelte und ein Stoßgebet zu Gott schickte, daß er sie wieder lebendig machen möchte. Glücklicherweise dauerte diese „Totenstarre" nur etwa zwanzig bis fünfundzwanzig Sekunden. Aber das waren Sekunden purer Agonie. Später, als ich wieder ruhig und vernünftig denken konnte, erfuhr ich, daß solche beängstigenden Zustände durch momentanen Sauerstoffmangel verursacht werden können, der Folge heftigen Weinens ist.

Später verursachte mir etwas Schmerz, worunter meiner Ansicht nach heute viele Ehepaare leiden, nämlich das Schuldgefühl, das auftritt, wenn man ein Baby bei einer Tagesmutter oder Krippe abgibt. In den Jahren 1977 und 1978 widmeten Carol und ich uns wirklich unseren Berufen in Washington. Wie liebten unsere Arbeitsplätze, und es waren gutbezahlte Arbeitsplätze. Ich erinnere mich daran, darüber nachgedacht zu haben, ob es nicht dumm wäre, eine gutbezahlte Arbeit aufzugeben, wenn wir doch, wie in unserem Fall, eine gute Tagesbetreuung für unser Baby hatten. Als wirtschaftlich denkender Wirtschaftswissenschaftler sah ich es laut Kosten-Nutzen-Rechnung als positiv an, Eric tagsüber in der Kinderkrippe abzugeben. Außerdem taten wir alles, was uns möglich war, um dafür zu sorgen, daß Eric so wenig Zeit wie nur möglich dort verbringen mußte, indem wir unsere flexiblen Arbeitszeiten nutzten und ich donnerstags zu Hause arbeitete. Erst als unsere beiden Mädchen zur Welt kamen, wurde mir schlagartig bewußt: „Du hast drei wunderbare Kinder zu Hause, von denen zwei noch Babys sind und deine Umarmungen und Liebe mehr als sonst etwas brauchen, und zwar jetzt. Du solltest sie nicht den ganzen Tag in der Kinderkrippe abgeben, nicht einmal annähernd einen ganzen Tag. "

Zorn. Panik. Schuld. Das sind die Hauptbereiche von Agonie, die ich erlebt habe, während unsere Kinder Babys waren. Trotzdem lüge ich nicht, wenn ich sage, daß ich diese Jahre gegen nichts eintauschen möchte. Diese Erfahrungen haben mich vieles gelehrt – besonders Geduld, was nicht meine stärkste Seite war, bevor wir Kinder hatten. Ich lernte auch andere Lektionen von unschätzbarer Wichtigkeit: flexibel zu sein, einen Sinn für Humor zu haben, sofortige Entscheidungen zu treffen. All dies kam mir in den Jahren des Heranwachsens meiner Kinder zugute.

Wenn Sie also gerade ein neugeborenes Baby im Haus haben oder bald Vater werden, denken Sie daran, daß alle Männer, die zum ersten Mal Vater werden, diese Erfahrung auf einer gemeinsamen Ebene machen: sie haben keine Vorerfahrung und in der Regel wenig Vorbereitung. Trotzdem schaffen es die meisten recht gut und werden wirklich gute Väter (und oft auch bessere Männer).

Von einem jungen Vizepräsidenten erzählt man, daß er hereinkam, um mit dem barschen Präsidenten zu sprechen, der aus dem Amt scheiden wollte. Er fragte den alten Mann nach seinem Erfolgsgeheimnis.

> Der Präsident antwortete: „Junger Mann, meine Antwort besteht aus zwei Wörtern: Gute Entscheidungen!"
> „Vielen Dank. Aber wie kann man gute Entscheidungen treffen?" wollte der junge Vizepräsident wissen.
> „Ein Wort zur Antwort, junger Mann: Erfahrung!"
> „Ja, aber wie kann man Erfahrungen machen?"
> „Zwei Wörter zur Antwort: Schlechte Entscheidungen!"

Unbegrenzte Liebe

Thema Nummer zwei, das man behalten sollte, ist die Liebe. Dazu muß man nicht viel sagen, außer, daß Babys gar nicht genug Liebe bekommen können. Sie gedeihen durch Liebe.

Möchten Sie Ihrem Baby einen guten Start ins Leben geben? Dann lieben Sie es! Halten Sie Ihr Baby oft im Arm. Spielen Sie mit ihm. Lachen Sie es an. Buchstabieren Sie Liebe mit Z E I T.

Ich kann mich nicht genau daran erinnern, wie viele Monate alt Eric war (und später Kira und Krista), als ich ihnen jeden Abend vor dem Schlafengehen sagte: „Ich habe dich lieb."

Seien Sie ein fürsorglicher Vater

Mein drittes Thema ist Zuwendung oder Fürsorge. Seien Sie ein fürsorglicher Vater. Freuen Sie sich auf die Momente, in denen Sie Ihr Baby hegen und pflegen können. Überlassen Sie es nicht nur der Mutter, das Baby an sich zu drücken und mit ihm zu schmusen.

Aber es geht um viel mehr als nur das. Sie sollen die Entwicklung des Kindes fördern, es erziehen, ihm aufwachsen helfen, es prägen. Jeder Vater sollte ein fürsorglicher Vater sein.

Wie wichtig und aufregend ist es, für jedes Kind ein fürsorglicher Vater zu sein? Wenn es um Kindererziehung geht, so ist jede Gesellschaft nur 20 Jahre von der Barbarei entfernt. Zwanzig Jahre ist alles, was wir haben, um die Aufgabe zu vollbringen, die Kinder zu zivilisierten Menschen zu machen, und zwar die Kinder, die jedes Jahr als Babys unter uns geboren werden.

Gut. Das ist wichtig. Aber ist es nicht in erster Linie die Mutter, die ein Kind prägt? Ich ging von dieser Annahme aus, als das Abenteuer der Vaterschaft für mich begann. Seitdem habe ich aus Erfahrung und aus Studien gelernt, das das nicht stimmt. Zahlreiche Studien haben ergeben, daß Kinder im Alter von zwanzig Monaten ebenso enge Bande zu ihren Vätern entwickelt haben wie zu ihren Müttern. Und das ist eine ermutigende Nachricht: Wenn es um das Spielen geht, sind die Kinder sogar lieber mit dem Vater als mit der Mutter zusammen. Die entsprechenden Umfragen wurden unter Kindern beider Geschlechter durchgeführt, und es kam heraus, daß sie besser mitmachten, begeisterter und interessierter waren, wenn sie mit ihrem Vater spielten. Kinder möchten, daß wir Väter in ihrem Leben eine Rolle spielen, ganz gleich ob im Alter von sechzehn Monaten oder von sechzehn Jahren.

„Gut“, sagen Sie. „Das hört sich gut an. Ich möchte ein fürsorglicher Vater sein. Wie kann ich damit anfangen? Was gehört dazu? Gibt es Vorbilder? Wie sehen diese aus?“

Der Anfang liegt dort, wo ein Mann beginnt, über sich selbst als Vater nachzudenken, – während der Schwangerschaft. Wirken Sie mit bei der Auswahl des Gynäkologen und bei der Vorbereitung auf die Geburt. Beteiligen Sie sich an den Träumereien Ihrer Frau und an der Namenssuche für das Kind, so daß in Ihrem Herzen und Sinn die Beziehung zu ihm wachsen kann. Einige meiner jüngeren Freunde praktizieren etwas, das sie „Babydusche“ nennen, d. h. sie duschen zusammen mit ihrer Frau, während das Baby unterwegs ist. Spielen Sie während der Geburt eine aktive Rolle.

Eine hilfreiche Einsicht ist, daß Männer zwar Kinder hegen und pflegen, sich um sie kümmern und in kompetenter Weise aufziehen können, jedoch tun sie vieles, was damit verbunden ist, *anders* als Frauen. Nicht besser oder schlechter, sondern einfach anders. So sollte es nicht heißen „Vater weiß es am besten“, sondern „Vater macht es anders.“

Wie sehen fürsorgliche Väter aus? Auf der Suche nach konstanten Faktoren, die fürsorgliche Väter auszeichnen, gibt es nur wenige. Es läßt sich jedoch eine vorherrschende, hingebungsvolle Väterlichkeit bei allen Männern entdecken, die man dieser Kategorie zuordnen konnte. Es geht also, kurz gesagt, um eine Einstellungs- und Willenssache.

Jeder Mann kann ein fürsorglicher Vater werden.

Ein fürsorglicher Vater versteht es und findet es gut, daß das Kind in der Lage ist, sein Leben zu beeinflussen. Er entwickelt seine Fähigkeiten, sich von seinem Kind beeinflussen zu lassen. Dabei ist wichtig, daß der Einfluß wechselseitig ist. Das ist wirklich ein faszinierender Gedanke, denn er zeigt die Quelle, die fürsorgliche Väter schafft: das Baby. Das Baby liefert einen enormen Beitrag zur Entwicklung eines fürsorglichen Vaters, indem es ihn herausfordert, provoziert, erfreut, fördert und den Vater im Mann weckt.

Wenn Sie ein junger Vater sind, passen Sie also auf. Sie können zu einem fürsorglichen Vater werden, wenn Sie es am wenigsten erwarten. Lassen Sie es geschehen. Seien Sie offen dafür. Wehren Sie sich nicht. Nicht alle Männer müssen sich vollzeitlich um ihre Kinder kümmern, um wirklich fürsorgende Menschen zu werden, jedoch müssen Männer ihr Leben so gestalten und zulassen, daß es so gestaltet wird, daß sie ihre eigenen kreativen Talente als fürsorgliche Männer entdecken und entwickeln können.

Wenn Sie dafür offen sind, können bemerkenswerte Dinge geschehen durch den kaum bemerkbaren Einfluß des Babys. Beobachten Sie diese Umwandlung im Leben eines 22jährigen wohlhabenden Computerfachmannes, der zum ersten Mal Vater wurde, als er ins Krankenhaus ging, nachdem sein sechs Monate alter Sohn von einer lebensbedrohlichen Atemwegserkrankung geheilt war:

„Nie wieder wird für mich alles wie sonst sein. Ich habe immer gedacht: Mit meinem Intellekt und meinem Geld kann mir nichts passieren – und ich dachte, daß das stimmt. Ich wußte gar nicht, daß ich weinen konnte. Nun mache ich mir Sorgen, daß ich zu viele Gefühle habe. Ich kriege alle Dinge einfach nicht mehr zusammen. Ich werde wieder klarkommen, aber ich hoffe, daß ich das alles nicht vergesse. Ich habe das Gefühl, daß ich meinen Sohn jetzt sehr gut kenne. Vier Tage und Nächte lang habe ich bei jedem Atemzug um ihn gebangt."

Ich habe den Prozeß des Vaterseins immer mit den Bemühungen eines Gärtners verglichen. Ein guter Gärtner kümmert sich intensiv um seine Pflanzen. Er weiß, was jede von ihnen braucht. Er weiß, wie man den Boden richtig vorbereitet, die Umgebung, in der die Pflanzen wachsen. Er weiß, wann sie wieviel Wasser brauchen. Er weiß, wann er sie beschneiden muß. Er hält sie von Ungeziefer und Unkraut frei. Sein umfassender Plan ist das gesunde Wachstum der Pflanzen zu etwas Schönem.

Zusammenfassung

1. „Die Faszination des Sieges und die Agonie der Niederlage. „Es gibt keine bessere Zusammenfassung dessen, was es bedeutet, ein Baby zu haben.
2. Wenn Sie die richtige Einstellung haben – nämlich die, daß es Spaß machen kann, ein Baby zu haben – werden Sie bald entdecken, wieviel Spaß es wirklich macht.
3. Lassen Sie sich aus Ihrer Würde herausschälen und denken Sie ein paar Augenblicke nicht nur an das, was real und nützlich ist.
4. Ein Baby muß keine wesentliche Einschränkung bedeuten, wenn Sie ein bißchen wagemutig sind.

5. Zorn. Panik. Schuldgefühle. Das sind einige Aspekte der Agonie, die Sie erleben könnten, solange Ihre Kinder Säuglinge sind.
6. Babys können nicht zuviel Liebe bekommen. Sie gedeihen durch Liebe.
7. Im Alter von zwanzig Monaten sind Kinder ebenso eng mit ihren Vätern verbunden wie mit ihren Müttern, und kleine Kinder ziehen sogar den Vater der Mutter vor, wenn es ums Spielen geht.
8. Fürsorgliche Väter zeigen eine alles durchdringende, umfassende und hingegebene Vaterschaft.
9. Das Baby trägt enorm viel zu der Entwicklung eines fürsorglichen Vaters bei, indem es ihn herausfordert, provoziert, begeistert, fördert und das Vatersein im Mann weckt.
10. Wie ein Gärtner sich sorgfältig um seine Pflanzen kümmert, damit sie gesund heranwachsen und zu voller Schönheit und Reife gelangen, so sollte sich ein Vater um seine Kinder kümmern.

5. Wie man auf die emotionalen Bedürfnisse von Teenagern eingeht

Als ich ein vierzehnjähriger Junge war, empfand ich meinen Vater als so verständnislos, daß ich es kaum ertragen konnte, diesen alten Mann um mich zu haben. Als ich aber 21 war, erstaunte mich, wie viel er in den dazwischenliegenden sieben Jahren gelernt hatte.

Mark Twain

In anderen Worten: Ziehen Sie nicht in der Halbzeit Bilanz. Dies ist vielleicht der ermutigendste und hilfreichste Satz dieses ganzen Buches. Wenn wir Väter ihn nur wirklich erfassen und glauben und danach leben könnten.

Die Teenagerzeit. Dieses Wort versetzt Sie fast automatisch in Panik, weil es Sie an die vielen Horrorgeschichten erinnert, die Sie schon über diese verrückte und chaotische Zeit gehört haben. Sie können damit rechnen, daß Streß und Schwierigkeiten auf Sie zukommen in der Zeit, in der jedes Ihrer Kinder zwischen dreizehn und neunzehn Jahre alt ist. Und irgendwann in dieser Zeit werden Sie einem weiteren Aphorismus Mark Twains zustimmen, bei dem es darum geht, wie man einen Teenager erziehen soll:

> Die Dinge laufen ziemlich unkompliziert, bis daß Ihr Kind dreizehn Jahre alt wird. Dann kommt die Zeit, wo Sie es in ein Faß stecken sollten, den Deckel sorgfältig zunageln und es durch ein

Loch füttern. Wenn es dann etwa sechzehn ist, sollten Sie auch noch das Loch verstopfen.

James Dobson weist auf eine Analogie zwischen Heranwachsenden und den ersten Raumfahrtunternehmungen hin, die von Cape Canaveral in Florida aus unternommen wurden. Ich möchte sie die Abschuß- und Wiedereintrittsanalogie nennen. Ich erwähne sie nicht nur wegen ihres guten Humors (den wir vor allem brauchen, wenn wir Teenager zu erziehen haben), sondern auch deswegen, weil sie die Universalität der Jahre des Erwachsenwerdens so gut beschreiben und wie wir Eltern sie überleben können:

Nach dem Training und den Vorbereitungen der Kindheit marschiert der pubertierende Jugendliche auf die Startrampe. Seine Eltern schauen atemlos zu, während er in die Raumkapsel steigt, die Erwachsenwerden heißt, und darauf wartet, daß seine Rakete abgeschossen wird. Sein Vater und seine Mutter wünschten, sie könnten bei ihm sein, die Raumkapsel bietet jedoch nur Platz für eine Person. Zudem hat ihnen niemand gestattet, ihn zu begleiten. Ohne Vorwarnung beginnt der gewaltige Antrieb der Rakete zu dröhnen, und die „Nabelschnur" wird gelöst. „Start, das ist der Start!" ruft der Vater des Jungen aus.
Unser Sohn, der gestern noch ein Baby war, ist auf dem Weg in den Weltraum. Einige Wochen später machen seine Eltern die schmerzlichste Erfahrung ihres Lebens durch. Negative Einflüsse haben die Kommunikation genau in dem Moment unterbrochen, in dem sie sich die meisten Gedanken um die Sicherheit ihres Sohnes machten. Weshalb spricht er nicht mit ihnen? Diese Schweigeperiode dauert nicht nur wenige Minuten, wie das bei dem Astronauten Glenn und seinen Freunden der Fall war. Sie kann Jahre dauern. Das gleiche Kind, das früher unablässig redete und Sie mit endlosen Fragen bestürmte, hat nun sein Vokabular auf neun meist einsilbige Bemerkungen reduziert: „Weiß nicht", „Kann sein", „Hab' ich vergessen", „Was?", „Nein!", „Nee!" „Ja", „Wer – ich?" und „Er war' s." Ansonsten besteht alles, was über den Empfänger zu hören ist, nur aus Stöhnen, Murren, Knurren und Gemecker. Welch eine beängstigende Zeit für die, die auf der Erde auf Nachricht warten! Jahre später, als das Kontrollzentrum schon davon ausgeht, daß

das Raumschiff verloren ist, kommen einige wenige undeutliche Signale von einem entfernten Sender. Die Eltern, die neben ihrem Empfänger hocken, beginnen zu jubeln. War das *wirklich* seine Stimme? Sie ist tiefer und reifer als früher. Da, jetzt hört man sie wieder. Diesmal unmißverständlich klar. Ihr Sohn im All hat einen bewußten Versuch unternommen, mit ihnen in Verbindung zu treten. Er war vierzehn Jahre alt, als er in den Weltraum geschossen wurde, jetzt ist er fast zwanzig. Kann es tatsächlich sein, daß all die negativen Einflüsse hinweggefegt worden sind und daß Kommunikation jetzt wieder möglich ist? Ja. Bei den meisten Familien läuft das genau so ab. Nach Jahren stiller Befürchtungen erfahren die Eltern zu ihrer großen Erleichterung, daß an Bord des Raumschiffes alles in bester Ordnung ist. Und der Wiedereintritt in die Erdatmosphäre und Landung in den frühen zwanziger Jahren kann für beide Generationen eine wunderbare Erfahrung sein.

Was tun die Jugendlichen, während sie in der Umlaufbahn und außer Reichweite sind? Väter müssen verstehen, was ihre Teenager durchmachen, und aus diesem Verstehen sollte mehr Geduld und Bereitschaft resultieren, ihrerseits all das zu tun, was nötig ist, um sie (und sich selbst) durch diese qualvollen und verwirrenden Jahre zu bringen.

Verwirrung. Das ist ein Markenzeichen der Teenagerzeit. Gefangen zwischen Kindheit und Erwachsenwerden – wobei sie sich in beiden nicht völlig wohlfuhlen – sind dic Teens verwirrt im Hinblick auf ihre Identität, ihre Vorstellung von sich selbst, ihre Sexualität und ihre Wertmaßstäbe. Sie sind beunruhigt im Blick auf das, was die Zukunft ihnen bringen könnte und handeln deshalb manchmal noch wie Kinder. Diese Verwirrung führt zu starken Gefühlsäußerungen von Zorn, Feindschaft, Rückzug und totaler Frustration. Sie lassen ihre Gefühle an den Personen aus, die ihnen gerade über den Weg laufen und die wahrscheinlich nicht zurückschlagen – an ihren Eltern.

Ist das fair? Ncin. Aber ich erzähle meinen Kindern immer wieder: „Das Leben ist nicht fair." Wir Väter sind also dazu aufgerufen, unseren Teil an Unfairneß einzustecken (und unseren Frauen dabei zu helfen, ihren Teil zu tragen), und zwar in den kritischen Zeiten, in denen unsere Kinder Teenager sind. Man kommt nicht darum herum, liebe Mitväter! Diesen Preis müssen wir zahlen. Denken Sie stets daran, daß auch unsere Eltern ihn zahlen mußten, und deren Eltern auch. Konflikt zwischen

Eltern und ihren Kindern im Teenageralter sind eine feste Tatsache in der Geschichte.

Das ist eine harte Sache, weil wir in der Regel genau dann Teenager zu erziehen haben, wenn wir ins mittlere Alter kommen (als Enddreißiger und in den Vierzigern) und möglicherweise eine Midlife-crisis durchmachen – sozusagen das Heranwachsen der Erwachsenen, da dies eine Zeit ist, in der wir viele Gebiete unseres Lebens neu bewerten und manchmal sogar eine neue Lebensphilosophie entwickeln.

Welchen Preis wir als Väter auch bezahlen müssen, es ist der Mühe wert, ihn zu zahlen.

Die Möglichkeit, daß wir es verpassen, diesen Preis zu zahlen, ist zu hoch. Ich denke an die beunruhigende Aussage: „Highschool-Mädchen sind die einsamsten Leute in Amerika", und mir wird bewußt, daß das bei Highschool-Jungen auch nicht viel anders ist. Mich beschäftigen die Statistiken über die gegenwärtig enorm hohe Selbstmordrate von Teenagern, und mich beunruhigt die Tatsache, daß sich in einem Bezirk von Michigan in einem Jahr acht von hundert Teenagern zu töten versuchten. Und mich bewegt die Frage: „Was wollten diese Jugendlichen ihren Eltern dadurch zu verstehen geben?" Ein Jugendlicher antwortete: „Das war kein Bluff. Wir brauchen wirklich Hilfe."

„Wir brauchen Hilfe." Das sollte reichen, um bei uns die Bereitschaft zu wecken, den nötigen Preis zu zahlen.

Unsere wesentlichste Aufgabe

Wie gehen wir auf diesen Hilferuf ein? In den hunderten von Seiten über den Umgang von Eltern mit Teenagern, die ich gelesen habe, tat sich ein Gedanke hervor. Dr. Ross Campbell gibt folgenden Rat: „Nur dann, wenn seine seelische Batterie gefüllt ist, kann man es von einem Teenager erwarten, sich gut zu verhalten und sein Bestes zu geben."[1] Dr. Campbell fährt fort zu erklären, weshalb es so wichtig ist, den Gefühlstank von Teenagern aufzufüllen:

> Das Kind muß wiederholt zur Mutter oder zum Vater zurückkehren, damit sie ihm seine Seelenbatterie neu laden, um seinen Kampf um Unabhängigkeit fortsetzen zu können. Genau das gleiche geschieht mit dem Teenager, insbesondere am Anfang der Pubertät. Er versucht vielleicht mit verschiedenen Mitteln, seine Bemühungen um Unabhängigkeit anzuwenden (und manchmal auf störende und ärgerliche Weise). Er braucht die Energie aus seiner Seelenbatterie, damit er es schafft. Und wo bekommt er seine Batterie geladen? Richtig, bei seinen Eltern. Der Teenager versucht, seine Unabhängigkeit zu erlangen auf typisch jugendliche Art – indem er alles selbst schaffen will, ohne seine Familie weggehen, elterliche Vorschriften auf ihre Gültigkeit untersuchen usw. Aber letzten Endes wird er doch keine Energie mehr haben – seelisch, und er wird zurückkommen zu den Eltern, zur seelischen Wartung – zum Aufladen. Und das ist es ja auch, was wir uns als Eltern von unseren Kindern wünschen. Wir möchten, daß unsere heranwachsenden Kinder zu uns kommen können, wenn sie seelische Bedürfnisse haben.[2]

Je voller die Batterie ist, desto positiver sind die Gefühle, und desto besser ist das Benehmen. Stehen Sie für das Auftanken zur Verfügung.

Was Teenager sich von ihren Eltern wünschen

Ich denke, wir sollten uns an die wirklichen Experten wenden: an die Teenager. Was wünschen sie sich von ihren Eltern? Erscheint Ihnen diese Methode etwas riskant, so möchte ich Ihnen versichern, daß das, was Teenager in der Regel dazu sagen, mit den Ansichten von Eltern und Experten übereinstimmt, die sich mit Jugendlichen und Teenagern befassen.

Eine große Umfrage unter Teenagern schloß mit einer Möglichkeit, Erwachsenen etwas zu raten. Nachfolgend eine Liste der am häufigsten erteilten Ratschläge:

> Versucht, uns zu verstehen. Hört zu, wenn wir reden und versucht, mit uns zu kommunizieren. Gebt uns mehr Freiheit. Vertraut uns und respektiert uns. Geht nicht davon aus, daß alle Teenager schlecht sind. Setzt uns Grenzen und korrigiert uns in

fairer Weise, wenn wir nicht gehorchen. Begegnet uns mit beständiger und konsequenter Liebe. Predigt uns nicht an – das stößt uns nur ab. Ermutigt uns und bestätigt uns, wenn ihr den Eindruck habt, daß wir Dinge richtig machen. Verdammt uns nicht und weckt keine Schuldgefühle in uns. Verbringt Zeit mit uns. Betet für uns und mit uns. Seid gute Beispiele für uns. Führt uns (nicht mit Gewalt!) auf den richtigen Weg. Schreit uns nicht an und droht uns nicht, das hat nur Rebellion zur Folge. Erklärt uns Dinge so, daß wir neugierig werden und sie auf andere Weise herausfinden.

Die Anfrage an die Quelle ergab fünf klar umrissene Bedürfnisse, von denen Teenager erwarten, daß ihre Eltern sie erfüllen: (1) Liebe, Zuneigung und ein frohes Familienleben, (2) Regeln/Grenzen, (3) Unabhängigkeit/Vertrauen, (4) Geduld und Verständnis, (5) Bestätigung. Wenn wir nun Wege anschauen, wie man auf jedes dieser Bedürfnisse eingehen kann, denken Sie daran, daß wir als Väter in unseren Bemühungen vor allem Weisheit brauchen.

Weisheit hilft uns zu wissen, wann es Zeit ist, Dinge kritisch anzusprechen, wann eine Umarmung, ein Gespräch oder ein Vorgehen angebracht ist, wann wir zuhören oder bestätigen müssen.

Bitten Sie Gott um Weisheit, so auf Ihr Kind im Teenageralter einzugehen, wie es gut ist, oder halten Sie sich eventuell auch einmal zurück und überlassen Sie Gott die Sache.

1. Liebe, Zuneigung und ein frohes Familienleben

Was mögen Heranwachsende und Teenager am meisten? Was suchen sie wirklich hinter all ihrer Rebellion, ihrem Zorn oder ihrem Sich-gelangweilt-Geben? Etwas wirklich Grundlegendes: sie wollen Liebe. Und sie möchten ein frohes Familienleben.

Diese fundamentalen Wünsche werden von zahlreichen Experten hervorgehoben, die mit Jugendlichen arbeiten. Das größte Vertrauen habe ich zu Josh McDowell, der jedes Jahr zu Hunderttausenden von Teenagern spricht und persönliche Gespräche mit Hunderten von ihnen führt. Er faßt seine jahrelangen Erfahrungen wie folgt zusammen:

> Bei dem, was ich auf meinen 150.000 Meilen sehe, die ich jedes Jahr reise, um zu Jugendlichen auf Highschools und Colleges zu sprechen, komme ich zu dem Schluß, daß das, was sie wirklich suchen, Führung, Charakter, Integrität und vor allem Liebe ist. Wissen Sie, was die heutigen Teenager der unteren Altersstufen (13 bis 15 Jahre) wirklich möchten? Ihr erster Wunsch ist ein froheres Familienleben ... Engere Familienbande wünschen sich 86 % aller Teenager, wobei junge Frauen (90 %) nur geringfügig mehr Wert darauf legen als junge Männer (82 %) ... Die Studie eines Forschungsinstituts hat ergeben, daß auf einer Liste mit 24 Werten die beiden folgenden für junge Erwachsene der fünften bis neunten Klasse am wichtigsten waren: Ein frohes Familienleben und ein guter Beruf nach der Ausbildung.

Liebe. Das zu hören, ist gut, denn natürlich lieben Eltern ihre Kinder. Aber Moment mal. Josh McDowell weist auch auf ein sehr beunruhigendes Ergebnis einer Umfrage unter einigen tausend Highschool-Studenten hin, die man bat, eine einzige Frage zu nennen, die sie ihren Eltern gerne stellen möchten. 50 % sagten, daß sie gerne wissen möchten, ob ihre Eltern sie lieben.

Ich versuche, meinen Kindern auf vielerlei Weise Liebe zu erweisen. Auf diesem Gebiet habe ich mich sehr bemüht. Vom ersten Tag ihres Lebens an, wollte ich, daß meine Kinder ohne einen Schatten von Zweifel spürten, daß ihr Vater sie sehr lieb hat. Deswegen sage ich jedem von ihnen jeden Tag vor dem Schlafengehen: „Ich habe dich lieb."

Und das ist wirklich gut. Meine Kinder sagen mir, daß sie wissen, daß ich sie liebe. Meine Tochter Kira hat das so ausgedrückt:

> *Von meinem Vater habe ich seine Abenteuerlust geerbt. Er hat mir Lebensfreude gegeben. Und Freude ist genau das, was ich brauche. Ich brauche auch Liebe. Auch die hat er mir gegeben. Nie ist ein Tag vergangen, an dem er mir nicht gesagt hätte: „Ich habe dich lieb." Und mein Vater hat immer dafür gesorgt, daß ich wußte, wie sehr er mich liebt.*

Im Gegensatz dazu die Gefühle eines anderen Mädchens im Teenageralter:

Als ich acht Jahre alt war, verkehrte ich zum ersten Mal sexuell mit einem 15jährigen Jungen. Ich tat es, weil meine Eltern mich nicht liebhatten und sich nicht um mich kümmerten. Ich brauche Liebe, und meine Eltern zeigen mir nie, daß sie mich liebhaben. Zu Hause hat sich nichts geändert. Mit fünfzehn wurde ich schwanger. Mein Freund gab mir die Schuld und ließ mich sitzen. Ich konnte mich an niemanden wenden und sah keinen Ausweg. Deswegen trieb ich mein Kind ab. Jetzt habe ich Angst, mich mit irgendwelchen jungen Männern zu treffen und weine mich jeden Abend in den Schlaf.

Zeigen Sie Ihren Teenagern also, daß Sie sie lieben. Zeigen Sie es ihnen, indem Sie sie umarmen, Zeit mit ihnen verbringen und ihnen zuhören.

Sorgen Sie für ein frohes Familienleben. Dies ist die Fortsetzung der schon zuvor erwähnten Vorschläge, wie man als Familie zusammen Dinge unternehmen kann, die Spaß machen und bleibende Erinnerungen hinterlassen. Dazu ist eine glückliche, solide, stabile, liebevolle und frohmachende Beziehung zu Ihrer Ehefrau nötig. Ein frohes Familienleben für Kinder ist nicht möglich, wenn sie sehen, daß ihre Eltern nicht miteinander auskommen.

Das Leben in einer von Liebe bestimmten Umgebung tut schon sehr viel für die Charakterbildung und für die Wertvorstellungen, von denen Sie gerne möchten, daß sich Ihre Kinder daran halten. In einer Studie über Heranwachsende und deren Eltern ergab sich:

Heranwachsende aus intakten Familien sind die, die es am besten schaffen, Drogenkonsum abzulehnen, vorehelichen Geschlechtsverkehr und gesellschaftsschädigendes und zerstörerisches Betragen zu vermeiden. Sie sind auch diejenigen, die sich selbst an die höchsten moralischen Standards halten, die Fähigkeit entwickeln, Freundschaften zu schließen und zu pflegen, eine Glaubensüberzeugung haben und hilfsbereit sind. Alle diese Eigenschaften weisen Jugendliche aus intakten Familien auf.

Die Frage, die sich an dieser Stelle erhebt, ist: Wie steht es aber mit den Freunden meiner Kinder? Und mit anderen starken gesellschaftlichen Einflüssen? Zweifellos haben der Einfluß von Freunden, das Fernsehen und Filme, sowie die Rockmusik einen starken Einfluß auf Teenager. Die gute Nachricht ist jedoch, daß das Zuhause nach wie vor den größten

Einfluß hat und am entscheidendsten bestimmt, wie glücklich, geborgen und stabil Teenager sind. Teenager verstehen das gut. Aus diesem Grund steht auch das Liebesbedürfnis ganz oben auf der Liste in jeder Umfrage.

Jüngste Umfragen ergeben, daß Teenager mehr von ihren Eltern geprägt werden als von ihren Kameraden und daß sie die Wertvorstellungen und Meinungen ihrer Eltern in viel größerem Umfang übernehmen, als man das bisher gemerkt hat.

Erinnern Sie sich an die Aussage, die wir früher in diesem Kapitel gemacht haben? „Highschool-Mädchen sind die einsamsten Leute in Amerika." Wir Väter können viel dazu beitragen, um diese Einsamkeit zu lindern. Gehen Sie mal mit Ihrer Teenager-Tochter aus, und zwar so richtig schön. Ziehen Sie sich gut an, fahren Sie sie mit dem Auto herum, gehen Sie mit ihr in ein hübsches Restaurant, rücken Sie ihr den Stuhl zurecht und beginnen Sie mit ihr ein Tischgespräch über Dinge, die sie interessieren. Solch ein Abend wird ihr zeigen, wie viel sie Ihnen wert ist und wie ein junger Mann eine junge Dame bei einem solchen Anlaß behandeln sollte. Und weil Ausgehen mit dem Vater etwas so Überraschendes und Neues ist, wird es wahrscheinlich Ihnen beiden großen Spaß machen.

2. Regeln/Grenzen

Teenager möchten Regeln haben. Diese Behauptung klingt wahrscheinlich in Ihren Ohren genau so überraschend, wie sie für mich überraschend war. Ich kann Ihnen mit Bestimmtheit sagen, daß ich diese Idee nicht von meinen Kindern habe. Ich könnte nicht behaupten, daß eines meiner Kinder mir gesagt hätte: „Vati, ich mag, daß du mir Vorschriften machst", oder „Vati, ich möchte, daß du mir etwas engere Grenzen steckst." Vielmehr verlasse ich mich auf Beobachtungen von Menschen, die mit Teenagern arbeiten. Dr. Ross Campbell schreibt in *Teenager brauchen mehr Liebe*:

> Aber lassen Sie mich auf eine entscheidende Tatsache hinweisen: Alle Teenager erkennen irgendwie in ihrem Bewußtsein, daß sie der Führung und Kontrolle ihrer Eltern bedürfen. Sie wünschen sie. Ich habe so viele Teenager sagen hören, ihre Eltern liebten sie nicht, weil sie nicht streng oder fest genug seien. Und so viele Jugendliche drücken ihren Eltern ihre Dankbarkeit und Liebe aus, die ihre Fürsorge und ihr Interesse durch Führung und Kontrolle bewiesen haben.[3]

Weshalb möchten Teenager Regeln haben? Weil die Teenagerzeit so voll ist von Versuchen, Fehlschlägen und Beschämung, daß Teenager Familienstandards brauchen, die Grenzen abstecken, an die man sich halten kann – sozusagen eine Zone, in der sie sich bewegen können und die dabei Sicherheit und Schutz bietet.

Die besondere Frage, welche Regeln man aufstellen sollte und wie man sie den Teens vorstellt, wird in Kapitel 10 unter der Überschrift „Konstruktive Disziplin“ angesprochen. Der wichtigste Punkt im Umgang mit Teenagern ist, daß bei der Aufstellung von Regeln und dem Abstecken von Grenzen eher flexibel als starr vorzugehen ist. Das bedeutet nicht, daß Sie die Regeln nicht ernstnehmen oder nicht durchsetzen. Vielmehr bedeutet es, daß Sie die sich verändernden Umstände miteinkalkulieren, besonders wenn Ihre Kinder älter werden. Seien Sie, abgesehen von ein paar Absoluta, nicht unbeugsam, wenn es um Regeln geht. Wenn Sie sich wirklich auf Erfolg bei den Grundregeln konzentrieren, werden sich die Teens von selbst an die meisten der weniger wichtigen Regeln halten.

Nur ein Vorschlag im Hinblick auf die Art von Regeln, die Teenager mögen. Anstatt verallgemeinernde „Du-darfst-nicht-Regeln“ aufzustellen, diskutieren Sie lieber ein paar praktische Situationen mit Ihren Teens, auf die diese selbst stoßen könnten und zeigen Sie ihnen den Ausweg. Reden Sie z. B. mit ihnen darüber, was sie tun sollen, wenn ihnen Drogen angeboten werden, wie sie sich verhalten sollen, wenn sie sich sexuell entwickeln. Bieten Sie ihnen an, zu Hause anzurufen, wenn sie möchten, daß Sie sie abholen sollen. Manche Kinder möchten die Ausrede zur Hand haben: „Meine Eltern gestatten das nicht.“ Es wird nicht immer stimmen, wenn sie das sagen und auch nicht immer helfen, aber geben Sie ihnen zumindest die Möglichkeit dieser Auswege an die Hand, damit sie sich im Bedarfsfall daran halten können.

Unabhängigkeit. Das ist ein Hauptthema der Teenagerzeit. Was uns wie Rebellion vorkommt, ist tatsächlich etwas anderes: Teil des natürlichen Kampfes um eine eigenständige Identität, wie ihn jeder Heranwachsende durchmacht. Eine eigenständige Persönlichkeit zu werden, ist die Hauptaufgabe im Entwicklungsbereich für Teenager.

Wenn Sie so sind wie ich, werden Sie dieser Sache mit gemischten Gefühlen gegenüberstehen. Natürlich wissen Sie darum, daß jedes Kind eine eigene Identität entwickeln muß und möchten auch, daß das geschieht. Andererseits macht Sie der Verlust der Vertrautheit traurig, die Sie mit Ihren Kindern hatten, als diese jünger waren und Sie noch der König in ihrer Welt waren.

So hart dies auch sein mag, wir müssen hier dem Verstand vor unseren Gefühlen Vorfahrt geben. Wir wissen, was in jenen Jahren vor sich geht. Unsere Kinder beantworten für sich selbst einige der großen Fragen des Lebens: Wer bin ich? Welchen Lebensstil sollte ich anstreben? An welche Regeln sollte ich mich halten? Welche Einstellung sollte ich wählen? Die Antworten auf diese Fragen findet man nicht, indem man Forschungen anstellt oder einige Stunden darüber nachdenkt. Sie werden mitten im Leben geprägt, was bedeutet: inmitten einer Auseinandersetzung widerstreitender Kräfte und Werte, auf die sie in ihren Familien, Freunden, in der Schule, in der Gemeinde und in der Pop-Kultur treffen. Daraus entsteht schließlich ihr eigenes Identitätsgefühl, Konformität, Autorität und Verantwortlichkeit.

Als Eltern müssen wir alles tun, was wir nur können, um die Suche unserer Teenager nach diesen Antworten positiv zu unterstützen und sie auf ihrem Weg zur Unabhängigkeit zu fördern.

Sagen Sie zu Teenagern so oft wie möglich ja. Ich wiederhole: Versuchen Sie, die wichtigen Regeln durchzusetzen und überlegen Sie gut, bevor Sie in unwichtigeren Dingen nein sagen. Das verändert den Ansatz. Anerkennen und schätzen Sie die sich entwickelnde Unabhängigkeit Ihrer Teenager. Das bedeutet auch, daß Sie ihre persönliche Suche nach Wertvorstellungen und Überzeugungen achten. Kommen Sie ihnen entgegen, während sie ihre Erfahrungen machen und Optionen ausprobieren. Die Entscheidungen, die sie in dieser Art von Freiheit treffen, sind viel wertvoller und dauerhafter als die Überzeugungen, die man übernimmt, ohne sie zu hinterfragen.

Ich mag das Newtonsche Gesetz als Prinzip für Elternschaft: Für jede Aktion gibt es eine gleiche und eine gegensätzliche Reaktion. Kurz gesagt: Wenn ich also nicht so stark auf all das reagiere, was mein Teenager tut, wird dieser nicht so oft oder mit so viel Nachdruck seine Version dagegensetzen. Als Erwachsene haben wir die Verantwortung, Dinge zu entschärfen, anstatt eskalierende Konfrontationen zu schüren.

Auf dem Weg zur Unabhängigkeit möchten Teenager auch, daß man ihnen Vertrauen entgegenbringt. Es verletzt sie zutiefst, wenn man das nicht tut.

Vertrauenswürdigkeit können Sie Ihren Teenagern nicht geben. Aber Sie können ihnen Gelegenheiten geben, sich als vertrauenswürdig zu erweisen, und damit sollten Sie so früh wie möglich beginnen. Die meisten Kinder werden sich selbst übertreffen, um das Vertrauen ihrer Eltern zu rechtfertigen.

Kinder lassen sich auch von Grundhaltungen wie Mißtrauen und Verdacht anstecken. Sie denken: *Wenn mein Vater so denkt, dann sollte ich das wohl auch tun.*

Nehmen wir ein häusliches Beispiel, das oft Streit verursacht: Vertrauen Sie Ihren Kindern im Hinblick auf die Kleidung, die sie tragen. Wir Erwachsene sagen: „Weshalb ziehst du das an?“ oder „Du kannst dich doch nicht so unmöglich herausstaffieren!“ oder „Weshalb ziehst du dich genau so an wie alle anderen?“ Uns erscheinen alle diese Fragen vernünftig zu sein. Weshalb sollten unsere Kinder bei den verrückten Modediktaten ihrer Klassenkameraden mitmachen? Das klingt doch vernünftig. Aber warten Sie. Denken Sie doch einmal an die Kleidung, die Sie am Arbeitsplatz tragen. Weshalb tragen Sie einen langen dünnen Seidenschal um Ihren Hals drappiert, der Sie eigentlich nur stört? Oder weswegen tragen Sie einen völlig langweiligen grauen Anzug?

Vertrauen Sie Ihren Teenagern, daß sie die richtigen Entscheidungen treffen, wo immer das nur möglich ist. Bestehen Sie nur auf der Einhaltung der wichtigen Regeln.

4. Geduld und Verständnis

Bei einer Umfrage unter Teenagern war der häufigste Rat, den sie Erwachsenen gaben: „Versucht zu verstehen." Eine 16jährige bat: „Versucht zu verstehen, was ein Teenager durchmacht und erinnert euch daran, daß ihr auch einmal Teenager wart und viele der Probleme hattet, die ich jetzt habe." Ein 17jähriger riet: „Seid geduldig. Wir sind oft unvernünftig, aber wir bemühen uns, es gut zu machen."

Verständnis. Geduld. Sie sind so nötig, aber so schwer zu praktizieren.

Was aber schwierig ist, hat oft auch eine große Belohnung, wenn man es erreicht. Hier ist etwas zu Ihrer Ermutigung:

> *Wie kann ich meinen Eltern je genug dafür danken, daß sie zu mir gestanden haben, obwohl ich ihnen so viele Probleme gemacht habe: Drogen, Rausschmiß aus der Schule, Ausreißen von zu Hause. Ich hatte mich nicht unter Kontrolle. Gott sei Dank haben sie mich nicht verstoßen, als ich mich selbst schon aufgegeben hatte. Ich verdanke ihnen etwas. Ich möchte, daß sie wirklich stolz auf mich sein können!*

Kehren wir zurück zu der Aussage, die uns ermahnt, daran zu denken, daß wir selbst einmal Teenager waren und viele der gleichen Probleme durchgemacht haben. Das ist ein guter Rat. Erinnern Sie Ihre Kinder daran, daß Sie diese Zeit auch einmal erlebt haben, daß Sie auch einmal Liebeskummer hatten oder sich schrecklich fühlten, als sie durch eine wichtige Prüfung gefallen waren. Dann wissen sie zumindest, daß sie nicht die einzigen sind, die es mit solchen Problemen zu tun haben – ein Gefühl, das bei vielen Teenagern aufkommt. Sie werden merken: Mein Vater ist auch irgendwie damit zurechtgekommen, und, wenn Sie Glück haben, werden sie Ihr Mitgefühl spüren und durch Ihre Liebe und Fürsorge aufgemuntert werden.

Geduld haben bedeutet: sich selbst auf der Gefühlsebene unter Kontrolle zu haben. Eine gefühlsmäßige Überreaktion kann die Beziehung zu Teenagern auf verschiedene Weise verletzen: Sie führt dazu, daß die Teens Sie weniger respektieren, Abstand von Ihnen halten und macht sie anfälliger für andere Einflüsse.

Geduld zu haben, bedeutet, auch bei Gesprächen warten zu können. Drängen Sie sich nicht zu schnell auf. Vielleicht beginnt ein Teenager, mit Ihnen über banale Dinge zu sprechen, und Sie wehren dann ab. Wenn Sie jedoch warten – also Geduld haben – dann wird oft das herauskommen, was er wirklich auf dem Herzen hat. Das mag fünf, zehn oder fünfzehn Minuten dauern, aber auch hier ist es der Mühe wert, diese Zeit zu investieren.

Die schwierigsten Zeiten sind wahrscheinlich die, wenn Ihre Teenager nicht über ihre Probleme reden möchten. Nun gut. Respektieren Sie ihre Privatsphäre, denn das ist ein weiteres Grundbedürfnis von Teenagern. Trotzdem benötigen Teenager in diesen Zeiten des Schweigens großes Verständnis. In solchen Zeiten können Sie vielleicht etwas tun, was ihnen zeigt, daß Sie sie verstehen und gerne haben. Überraschen Sie sie mit etwas. Erfüllen Sie ihnen eine Bitte, die Sie vorher abgeschlagen hatten. Ihre Reaktion auf solche Aktionen, die Verständnis und Liebe zeigen, wird Sie überraschen. Ich war zweifellos überrascht, als mir mein Sohn als Teenager sagte, daß eine der besten Qualitäten, die ich im Umgang mit meinen Kindern hätte, Geduld sei. In meinen jüngeren Erwachsenenjahren hatte ich diese Qualität ganz sicher nicht. Eric sagte folgendes dazu:

> *Wenn ich losschreie und in mein Zimmer renne, fest entschlossen, mich dort für immer zu vergraben (mindestens bis zu meiner Lieblingssendung im Fernsehen), dann kommt mein Vater zu mir ins Zimmer und sagt mir, daß er mich liebhat. Er sagt mir nicht, daß ich mich dumm benommen habe und daß er Recht hat, sondern sagt mir nur, wie er die Dinge sieht und was er meint, was passiert sei. Später, wenn ich wieder aus dem Zimmer komme (in etwa einer halben Stunde) denke ich immer noch, daß ich Recht hatte, merke aber, daß das wirklich nicht so wichtig ist und daß ich das übersehen kann. Anstatt einen größeren Bruch zu verursachen, indem er die Situation verschärft, hat mein Vater zugelassen, daß die Zeit meine kurze Bitterkeit heilte, die ich empfand.*

Zeigen Sie Ihren Kindern Verständnis. Haben Sie Geduld mit ihnen. Entspannen Sie die Situation!

5. Bestätigung

Schließlich brauchen Teenager auch Bestätigung. Ein Teenager sollte wissen: „Ich bin jemand, der wichtig ist. Ich bin ein Mensch, auf den man Wert legt." Je mehr Bestätigung ein Teenager bekommt, um so weniger wird er oder sie sie andernorts suchen müssen. Das geht deutlich aus dem folgenden Brief eines Teenagers hervor:

> *Die meisten Heranwachsenden werden nur selten aufgebaut und häufig heruntergemacht, was starke Gefühle der Verunsicherung und eine niedrige Selbsteinschätzung zur Folge hat. Wenn jemand jedoch ermutigt wird, wenn man ihm Komplimente macht, so entwickelt er Zuneigung zu dem, der ihm so begegnet. Menschen haben gelernt, mit Gefühlen – auch denen anderer – umzugehen. Sie sagen, was der andere hören möchte, um die Dinge zu erreichen, die sie erreichen möchten. In der Jugendgruppe an meiner High school hatte ich eine gute Freundin namens Keri. Sie hatte ein sehr geringes Selbstwertgefühl, und als Dennis in ihr Leben trat, hatte das zur Folge, daß sie sich wertvoll fühlte. Sie wußte, daß sie sich moralisch nicht richtig verhielt. Sie wußte, daß er schon ein Baby mit einer anderen hatte und daß er gerade aus dem Gefängnis entlassen worden war, trotzdem hielt sie an der Freundschaft mit ihm fest, weil sie ihr ein gutes Gefühl gab. Keri hörte auf, die Gemeinde zu besuchen. Als ich sie ein paar Monate später traf und mit ihr sprach, erzählte sie mir, daß Dennis und sie sexuelle Kontakte hätten. Sie sagte: „Ich weiß, daß es falsch ist, aber niemand sonst hat mir irgendwann irgendwie gezeigt, daß er mich liebt, und so tue ich, was ich nur kann, damit Dennis mich nicht verläßt." Es zerriß mir das Herz, zu sehen, daß es in dieser Welt so kalt ist, daß Leute sich an Dinge halten müssen, von denen sie nicht überzeugt sind, nur um ein bißchen Selbstwertgefühl zu haben.*

Wir Väter spielen hierbei eine entscheidende Rolle, besonders bei unseren Töchtern, die Teenager sind. Das bezeugt der nachfolgende Brief einer Highschool-Studentin:

Haben Sie schon mal von einem Vater gehört, der nicht mit seiner Tochter sprechen möchte? Mein Vater scheint nicht zu wissen, daß ich lebe. Noch nie im Leben hat er mir gesagt, daß er mich liebt, oder mir einen Gutenachtkuß gegeben, es sei denn, ich habe ihn darum gebeten.
Ich denke, der Grund dafür ist, daß er mich einfach ignoriert, weil er denkt, daß ich so langweilig bin. Ich schaue mir meine Freundinnen an und denke: „Wenn ich doch nur so lustig wäre wie Jill, oder so ein Superhirn wie Sandy, oder wenigstens so ein schriller Punk-Typ wie Tasha, so würde er seine Zeitung beiseite legen und fasziniert sein." Ich spiele Blockflöte und war in den letzten drei Jahren eine der Solistinnen bei den Herbstkonzerten in unserer Schule. Mutti kommt zu den Konzerten, mein Vater aber nie. Dieses Jahr bin ich in der letzten Klasse. Es ist also seine letzte Chance, zu kommen. Ich würde alles darum geben, ins Publikum zu schauen und ihn dort sitzen zu sehen. Aber ich mache mir selbst etwas vor. Er würde nie kommen.

Das zeigt, welch schädlichen Einfluß das Verhalten eines Vaters haben kann. Der Vater schenkte der Tochter keine Aufmerksamkeit, und die Tochter leitete daraus ab, daß sie langweilig, dumm und uninteressant sei.

Zeigen Sie Begeisterung, echtes Interesse an den Aktivitäten Ihrer Teenager. Bestätigen Sie sie und zeigen Sie, daß Sie auf ihre Leistungen stolz sind.

Die Regel ist recht einfach: Sie zeigen Interesse an ihnen, und sie werden anfangen, auch Interesse für Sie aufzubringen.

Zusammenfassung

1. Ziehen Sie nicht schon in der Halbzeit Bilanz.
2. Nach Jahren stiller Befürchtungen merken Eltern zu ihrer großen Erleichterung, daß an Bord des Raumschiffs alles in Ordnung ist. Die „Landung", die in den frühen zwanziger Jahren stattfindet, kann eine wunderbare Zeit für beide Generationen sein.
3. „Wir brauchen Hilfe." Das sollte genug sein, um die Bereitschaft zu wecken, den Preis dafür zu zahlen.
4. Nur dann, wenn der Gefühlstank eines Teenagers gefüllt ist, kann man von ihm erwarten, daß er sein Bestes gibt und sich am besten entwickelt.

5. Je voller der Tank ist, desto positiver die Gefühle und desto besser das Benehmen. Stehen Sie für das Auftanken zur Verfügung.
6. Die Nachforschung an der Quelle hat fünf klar umrissene Bedürfnisse ergeben, die Teenager im Hinblick auf ihre Eltern haben: (1) Liebe und Zuneigung, sowie ein frohes Familienleben, (2) Regeln/Grenzen, (3) Unabhängigkeit/Vertrauen, (4) Geduld und Verständnis, (5) Bestätigung.
7. „Nie ist ein Tag vergangen, an dem er nicht zu mir gesagt hätte: ‚Ich habe dich lieb'. Und mein Vater hat immer dafür gesorgt, daß ich wußte, wie sehr er mich liebt."
8. Eine wichtige Tatsache, die ich betonen möchte ist, daß alle Teenager irgendwann merken, daß sie Führung und Kontrolle durch ihre Eltern brauchen.
9. Wir müssen alles tun, was wir nur können, um unsere Teenager zu ermutigen, ihnen bei ihrer Suche nach Antworten auf die wichtigen Fragen des Lebens zu helfen und sie auf ihrem Weg in die Unabhängigkeit zu begleiten.
10. Bei einer Umfrage unter Teenagern war der Ratschlag, den sie am häufigsten gaben: „Versucht zu verstehen."
11. „Ich hatte mich nicht unter Kontrolle. Gott sei Dank habt ihr mich nicht aufgegeben, als ich mich selbst aufgegeben hatte."
12. „Er hat mir nicht gesagt, weshalb ich unrecht hätte, noch versucht, mich zu überzeugen, daß er Recht hätte. Statt dessen sagte er mir nur, wie er die Sache sieht und was er meinte, was geschehen war ... Anstatt einen größeren Bruch zu verursachen, indem er die Situation verschärfte, ließ mein Vater es zu, daß die Zeit die kurzlebige Bitterkeit verfliegen ließ, die ich empfunden hatte."
13. Je mehr Bestätigung Teenager zu Hause bekommen, desto weniger werden sie sie anderswo suchen müssen.

6. Wie man Familie und Beruf ins Gleichgewicht bringt

Wenn ich auf den höchsten Ort in Athen klettern könnte,
würde ich meine Stimme erheben und ausrufen:
„Mitbürger, weshalb dreht ihr jeden Stein um und kratzt
alles zusammen, um Reichtum zu erwerben und kümmert euch
so wenig um eure Kinder, denen ihr eines Tages alles überlassen müßt?“
Altes Sprichwort

Im ersten Kapitel habe ich erwähnt, daß man Liebe mit Z E I T buchstabieren sollte. In diesem Kapitel geht es um den Beruf, um die Arbeit im Beruf, die das große Hindernis dabei ist, genügend Zeit für die Kinder zu haben.

Wenn Sie ein großartiger Vater sein möchten – wenn es Sie begeistert und Sie sich dazu entschlossen haben, einige der Vorgehensweisen zu praktizieren, die in diesem Buch erwähnt worden sind – dann wird es für Sie zu einer Notwendigkeit, eine gesunde Ausgewogenheit zwischen Familie und Arbeit zu finden. Ich möchte es unverblümt sagen. Wenn Sie auf Dauer mehr als 50 Stunden pro Woche arbeiten, können Sie diese Vorschläge getrost vergessen. Ein Vater, der mehr als 50 Wochenstunden arbeitet, hat zwei Umstände, die ihm entgegenstehen: Erstens bleiben ihm nur sehr wenige Stunden, die er mit seinen Kindern verbringen kann. Zweitens wird er in diesen Stunden permanent müde und abgespannt sein, weil ihm zudem noch andere Pflichten im Nacken sitzen, wie z. B. sich um die Bezahlung von Rechnungen kümmern, Reparaturen am Auto und am Haus durchführen usw.

Die folgenden Worte von Teddy Roosevelt sind wegweisend. Ich hatte ihn nie als einen Mann betrachtet, der sich vorbildlich um seine Familie kümmert, und doch ist die folgende Aussage die beste darüber, wie man Familie und Beruf ins Gleichgewicht bringen kann, die mir begegnet ist:

> Es gibt außergewöhnliche Frauen und außergewöhnliche Männer, die zusätzlich zu ihrem Vater- oder Muttersein, nicht als Ersatz dafür, noch andere Pflichten wahrzunehmen haben: nämlich für das Einkommen zu sorgen und hauszuhalten. Und doch sind es die Pflichten, die mit der Familie verbunden sind, die die wichtigsten für die Menschheit sind. Immerhin können wir eine gewisse Zeit lang damit leben, wenn wir auf anderen Gebieten, z. B. in der Politik oder im Geschäft, nicht soviel Erfolg haben. Wenn wir in diesen Bereichen Defizite haben, so können wir sie in der nächsten Generation ausgleichen. Tut jedoch eine Mutter ihre Pflicht nicht, so wird es entweder keine nächste Generation geben, oder eine solche, die so schlimm ist, daß man lieber keine hätte. Mit anderen Worten: Als Nation können wir überhaupt nicht vorankommen, wenn wir nicht die rechte Art von Familienleben haben. Ein gesundes Familienleben zu pflegen ist nicht nur die höchste Pflicht, sondern bringt auch den größten Lohn. Jede vorbildliche Frau und jeder vorbildliche Mann muß erkennen, daß nirgendwo im Leben eine so reiche Belohung zu finden ist wie in den Kindern und in einem glücklichen Familienleben.[1]

Ist es den Vätern in Amerika wirklich ein Anliegen, ein gesundes Gleichgewicht zwischen Familie und Beruf zu finden? Kürzlich erhobene Umfragen ergaben ein nachdrückliches Ja. Die erste von ihnen, die 1987 unter dem Titel *Gleichgewicht zwischen Beruf und Familienleben* veröffentlicht wurde, fand heraus, daß fast die gleiche Anzahl von Vätern wie von Müttern es als großen Streß empfinden, Beruf und Familie in Einklang zu bringen. Eine andere Umfrage aus dem gleichen Jahr unter 1200 Angestellten einer großen Firma in Minneapolis ergab, daß 60 % aller Männer anführten, daß Familienangelegenheitn ihre beruflichen Ziele und Pläne beeinflussen. Sie gaben an, daß sie sich oftmals nicht um Beförderungen oder Versetzungen bemühten, weil sie es als notwendig empfanden, mehr Zeit mit ihrer Familie zu verbringen. Spätere umfangreiche Befragungen von Angestellten der Firmen Levi Strauss und American Express ergaben, daß es Vätern genau so viel Mühe macht wie Müttern, ein gesundes Gleichgewicht zwischen Beruf und Familie zu finden. Darüber hinaus sind die durch die Doppelbelastung Beruf/Familie verursachten Spannungen unter Männern seit den späten 70er Jahren dramatisch angestiegen. Eine Umfrage ergab, daß 72 % der berufstätigen Väter diese Spannungen erwähnten. 1978 waren es nur 12 %.

Weshalb hat die Spannung durch Beruf und Familie unter Männern so dramatisch zugenommen? Ein Grund dafür ist die steigende Zahl berufstätiger Mütter, die dazu führt, daß auf die Väter zu Hause größere Belastungen zukommen. Der zweite ist ein stärkerer Wunsch von seiten der Väter, mehr Zeit mit ihren Kindern zu verbringen, aktiver ihre Vaterrolle wahrzunehmen. Der dritte Grund ist, daß man länger arbeiten muß. Die durchschnittliche Wochenarbeitszeit hat sich von etwas mehr als 40 Stunden im Jahr 1973 auf beinahe 47 Stunden Ende der 1980er Jahre erhöht. Für Männer in verantwortlichen Positionen beträgt die Wochenarbeitszeit 52 Stunden. Für Kleinunternehmer und Männer in den Führungsetagen großer Firmen sind 57 Wochenstunden die Regel. Mit diesem langfristigen Anstieg der Wochenarbeitszeit ist es kaum erstaunlich, daß eine Umfrage der Massachusetts Mutualo Insurance ergab, daß die Amerikaner der Meinung sind: „Eltern haben weniger Zeit für ihre Familien“ und diese Tatsache als Hauptgrund für den Verfall der Familie und Gesellschaft bezeichneten.

Es wird also deutlich, daß es den Männern sehr wohl ein Anliegen ist, Zeit für ihre Familie zu haben. Kommen wir zur nächsten Frage: Was tun sie dafür?

Hier sind die Ergebisse nicht so eindeutig. Eine beträchtliche Anzahl sagt, daß sie sehr gerne etwas dafür tun würde. In einer 1988 von DuPont durchgeführten Umfrage unter 6 600 Angestellten, von denen die Hälfte Männer waren, wurde herausgefunden, daß 33 % der Männer an Teilzeitarbeit interessiert waren, um mehr für die Kinder dazusein. Das bedeutet einen Zuwachs, da das 1985 nur 18 % sagten. In der gleichen Umfrage gaben 48 % der Männer an, daß sie die Befreiung von der Arbeit im Krankheitsfall gerne so umgestaltet sehen würden, daß man auch arbeitsfrei bekommt, um sich um ein krankes Kind zu kümmern. 1985 sagten das nur 27 %. Eine Umfrage aus dem Jahr 1989 fand heraus, daß 74 % der Männer sagten, daß sie ihren beruflichen Aufstieg lieber an den Bedürfnissen ihrer Familie ausrichten möchten als um jeden Preis schnell Karriere zu machen. In den letzten Jahren ist die Zahl der männlichen Angestellten angestiegen, die sich Familienurlaub nehmen.

Unter den Männern ist also etwas in Bewegung geraten. Es ist noch viel zu tun, aber es ist klar, in welche Richtung es geht: Männer möchten ein gesundes Gleichgewicht zwischen Familie und Beruf finden, und eine steigende Anzahl von ihnen ist bereit, etwas dafür zu tun.

Wie kann man dies angehen? Welche Schritte sind zu tun? Die Schritte werden für jeden individuell verschieden sein. Aber der erste Schritt ist der, den alle tun müssen: Beschließen Sie zu handeln. Dies ist absolut unerläßlich, wenn Sie in irgendeinem Bereich Fortschritte im Hinblick auf das Gleichgewicht zwischen Arbeit und Familie machen möchten.

Kommen Sie mit sich selbst ins reine

Sie möchten ein guter Vater sein? Dann sollten Sie zuerst ein guter Mann sein, was bedeutet, daß Sie in Ihrem Leben Prioritäten haben und entsprechend handeln.

Hier geht es um Grundsätzliches. Ich bin fest davon überzeugt, daß ein Mann nur in dem Maße ein guter Vater sein kann, wie er selbst emotional und geistlich im Gleichgewicht ist. Möchten Sie einen Beweis für diese Behauptung sehen, so schauen Sie sich einmal in Amerika um und beobachten Sie, was mit den Vätern los ist. Millionen von Vätern sind einfach zu Hause nicht anwesend. Dutzende von anderen Vätern sind zwar physisch anwesend, jedoch emotional abwesend.

Kurz gesagt: Millionen von Vätern in Amerika drücken sich entweder durch körperliche oder durch emotionale Abwesenheit oder beides vor den Aufgaben in der Familie. Weshalb? Weil sie selbst ihr Leben nicht geordnet haben. Nicht, daß sie ihre Kinder nicht liebten oder das Beste für sie wollten. Sie kommen einfach mit sich selbst nicht klar.

Die dominierende Erfahrung des amerikanischen Mannes sind Unzulänglichkeitsgefühle am Arbeitsplatz, weil er nicht das erreichen kann, was er gerne erreichen möchte – als Mann, weil er den Eindruck hat, nicht viele enge Freunde zu haben und nicht weiß, weshalb das so ist – als Ehemann, weil seine Frau ständig klagt, daß er nicht genug über seine Gefühle mit ihr spricht und er nicht weiß, welche Gefühle sie meint.

Wir sollen unsere Emotionen verstehen: Freude, Zorn, Sorgen, Traurigkeit usw. Unsere Gefühle auf tieferer Ebene zu kennen, bedeutet jedoch: das zu verstehen, was uns wirklich wichtig ist – worüber wir viel nachdenken und wofür wir viel tun, weil wir es sehr wichtig finden. Wichtig ist also, was für uns den größten Wert hat, anders ausgedrückt: unsere Prioritäten.

Mit sich selbst klarzukommen bedeutet: Prioritäten zu durchdenken, zu identifizieren und entsprechend zu leben.

Wenn das geschehen ist, wird Ihr Leben ausgewogen, und diese Ausgewogenheit wird Ihnen sehr viel dabei helfen, ein guter Vater zu sein.

Wohlmeinende, jedoch undisziplinierte Eltern können sämtliche Bücher über die Zurechtweisung von Kindern lesen, die im Buchladen zu finden sind und über alle Erziehungstechniken Bescheid wissen, wenn sie selbst jedoch kein eindeutiges Vorbild eines ausgewogenen, selbstdisziplinierten Erwachsenen sind, haben sie nur eine sehr geringe Chance, daß ihre Kinder in einer relativ auseinandersetzungsfreien Atmosphäre zu wohlerzogenen Kindern heranwachsen. Schließlich ist es so, daß Kinder und Teenager mehr auf das reagieren, was wir Erwachsenen tun als auf das, was wir sagen.

Das ist also das Ziel. Wie kann man es in die Praxis umsetzen?

In meinem Leben passierte das auf ziemlich chaotische Weise im Jahr 1981, als ich es mit einer dreifachen Midlife-Krise im Beruf, in der Familie und im persönlichen Leben zu tun bekam. Nachdem ich lange in meinem Beruf gut vorangekommen war, war mir der Wind aus den Segeln genommen. Ich fühlte mich in meinem fensterlosen Büro eingesperrt, fand meine Arbeit langweilig und hatte den Eindruck, daß meinem Arbeitgeber die Richtungsgebungskompetenz fehlte. In der Familie gab es zwei Streßfaktoren: Kinder und Verliebtheit. Zuviel von ersteren und zu wenig von letzterem. Das alles ist eine lange Geschichte. Es genügt zu sagen, daß es ein Jahr war, das uns hart auf die Probe stellte, während wir mit Zwillingstöchtern im Babyalter und einem dreijährigen Sohn zu überleben versuchten. Die schlimmste Krise war jedoch meine eigene, die in meinem Inneren vor sich ging: mein Glaube, meine geistlichen Überzeugungen waren angefochten.

Als alle diese Grundlagen meines Lebens so erschüttert waren, sah ich mich gezwungen, tief in mein Inneres zu blicken und mich zu fragen: Was hat letzten Endes wirklich Wert für mich? Was sollen wirklich die Prioritäten sein, die meine Gedanken beherrschen und für die ich meine Kraft einsetzen möchte?

Es war wirklich eine gute Zeit, in der ich mir diese Fragen stellte. Dadurch, daß bei mir die drei wesentlichen Dinge ins Schlingern und abhanden gekommen waren, konnte ich den großen Verlust sehr deutlich empfinden.

Gott mußte die Nummer eins sein. Ich erkannte deutlich – wie das auch in früheren Jahren der Fall gewesen war – daß ein Leben ohne Glauben an den lebendigen Gott bedeutungslos ist.

Lektion: Anworten auf die tiefsten Lebensfragen können nicht im Karrieremachen, durch Geld, Ruhm, die Familie oder das eigene Ich gefunden werden.

Als zweites kam die Familie. Ich hatte den Job als ranghöchster Wirtschaftswissenschaftler in Kalifornien abgelehnt und einen mit viel Prestige ausgestatteten Arbeitsplatz aufgegeben. Ich vegetierte in einem langweiligen, im wesentlichen bedeutungslosen Job dahin. Zu Hause stand ich unter beträchtlichem Druck. Trotz allem empfand ich mein Zuhause – meine Beziehungen zu Carol, Eric, Krista und Kira – als meine Zuflucht. Sie waren eine Quelle der Freude und der Erneuerung für mich.

Lektion: Selbst wenn zu Hause und in der Familie längst nicht alles optimal läuft, kann die Familie eine Zuflucht vor den Sorgen der Welt sein.

Die Familie wurde auf Platz zwei gesetzt. So kam die Prioritätenliste zustande. Gott, Familie, Beruf.

Lektion: Wenn man die Prioritäten im Leben kennt – mit ihnen gut zurechtkommt und sich nach ihnen richtet – so verschafft einem das inneren Frieden und Richtungweisung.

Ich fand große Erleichterung dadurch, daß mir wieder klar wurde, was wirklich wichtig für mich war. Jetzt mußte ich es nur noch in die Praxis umsetzen, also entsprechend leben.

Sobald ich damit begann, PENG! Wie aus heiterem Himmel bekam ich einen Job angeboten, der zu schön war, um wahr zu sein. Wenn ich ihn annahm, würde sofort meine Prioritätenliste auf die Probe gestellt werden. Konnte der Job wirklich nur den dritten Platz beanspruchen, wenn es um den Präsidentschaftswahlkampf ging?

Das Umsetzen meiner Prioritäten in die Praxis und das Gleichgewicht zwischen Familie und Beruf herzustellen, ist das Thema im Rest dieses Kapitels. Ich gebe meine Erfahrungen damit an Sie weiter und tue das ziemlich detailliert, weil ich hoffe, daß ich dadurch für Sie wichtige Fragen und Denkanstöße aufwerfe, die einige von Ihnen dazu ermutigen werden, im beruflichen Bereich ein Risiko zugunsten Ihrer Kinder einzugehen. Ich habe das getan und diese wichtige Entscheidung nie auch nur einen Augenblick bereut.

Es erfordert Risikobereitschaft, dieses Gleichgewicht zu erlangen

Anfang 1982 war ich erschöpft. All die Ereignisse, die im Verlauf des Jahres 1981 zusammengekommen waren und die intensive Neuordnung meines Lebens hatten mich mitgenommen. Ich sehnte mich nach Entspannung, nach einem leichteren Jahr.

Es machte mir gar nicht einmal so viel aus, weiter der eintönigen Tätigkeit bei EPA nachzugehen. Im Laufe der Zeit hatte sich dort sogar einiges verbessert, da man in der gesamten Agentur die Organisation gestrafft hatte. Zudem war ich zum Direktor der Benefits Gruppe gewählt worden und damit verantwortlich für weitere sechs Wirtschaftswissenschaftler mit Doktortitel. Das war nicht gerade aufregend und auch kein Job, der mich ausfüllte, aber man konnte damit leben.

Ich sah meine Berufslaufbahn jetzt von einer neuen Warte aus. Was ich im beruflichen Bereich tat, war nicht das Allerwichtigste. Es hatte letztlich keine ewige Bedeutung. Was ich aber tat, wenn ich zusammen mit meiner Frau und meinen Kindern zu Hause war, hatte sehr wohl Bedeutung für die Ewigkeit. Es war mir klar, daß meine besten Energien 1982 in der Familie eingesetzt werden sollten. Darüber hatte ich auch inneren Frieden.

Dann kam das Ereignis, das diesen Frieden zutiefst erschütterte. Es begann alles ganz harmlos. Einer meiner Freunde bei EPA, dem ich 1981 einmal geholfen hatte, schaute kurz in mein Büro hinein und sagte: „Ich habe gehört, daß der Senator einen Wirtschaftwissenschaftler sucht."

Bevor ich mich nach Einzelheiten erkundigen konnte, war er schon wieder weg. Das Ganze hatte etwa acht Sekunden gedauert. Ist es nicht erstaunlich, wie so kurze, scheinbar unbedeutende Momente oft einen so starken Einfluß auf unser Leben haben können?

Mich damit arrangiert zu haben, in dem Job zu arbeiten, den ich im Moment ausführte, hieß ja nicht, daß ich mir wünschte, den ganzen Rest meines Lebens dort zu bleiben. Deswegen rief ich einige Minuten, nachdem mein Mitarbeiter mein Büro verlassen hatte, im Büro des Senators an.

Die Tatsache, daß ich ihn kaum kannte, hielt mich nicht davon ab. Was ich wußte, war: Daß er ziemlich jung war und ein außergewöhnlicher Typ von Politiker, der Interesse daran hatte, sich am Präsidentschaftswahlkampf zu beteiligen. Das war genug.

Nach zwei vorhergehenden Mitarbeiterbesprechungen kam es zu einem Treffen zwischen dem Senator und mir. Ich erzählte ihm, daß der angebotene Job mir sehr interessant erschiene, daß ich mir vorstellen könne, ihn optimal auszufüllen und andere derartige Dinge. Nur eines machte ich zur Bedingung: Solange ich meine Arbeit zufriedenstellend erledigen und alles wirklich gut machen würde, wollte ich jeden Tag zwischen fünf und sechs Uhr Feierabend haben. Ich sagte es ihm geradeheraus: „Ich möchte jeden Tag zusammen mit meiner Familie zu Abend essen."

Eine solche Erklärung hätte mir den Weg zu diesem Job leicht verbauen können, da es „on the Hill", wie man die Gegend um das Kapitol in Washington nennt, üblich ist, daß alle Mitarbeiter so lange und so oft arbeiten, wie das nötig ist, gefordert oder angeordnet wird. Und es gab keinen Mangel an jungen Leuten mit strahlenden Augen – viele von ihnen noch ledig – die bereit waren, alles zu tun für das Vorrecht und die Ehre, für einen Kongressabgeordneten zu arbeiten.

Selbst ich war etwas überrascht, daß ich es riskierte, eine solche Forderung zu stellen. Besonders wenn ich daran dachte, weiterhin in dem fensterlosen Büro der EPA arbeiten zu müssen, wenn ich den neuen Job nicht bekäme.

Weshalb stellte ich diese Bedingung trotzdem? Weil ich neu zu der Überzeugung gekommen war, daß die Familie wirklich vor der Berufskarriere stehen sollte. Außerdem waren Krista und Kira sehr lebhafte Kinder im Alter von 15 Monaten und Eric ein noch aktiverer fünfjähriger Junge.

Zweierlei war mir wichtig. Ich wollte erstens nicht die kostbaren Augenblicke im Leben unserer Kinder verpassen, wo sie alle paar Minuten etwas Neues entdecken. Zweitens war es auf der pragmatischen Ebene offenkundig, daß zu Hause langsam alles zusammenbrechen würde, wenn ich abends nicht bei meiner Familie sein könnte.

Carol hatte wieder angefangen, vollzeitlich im Außenministerium zu arbeiten. Unsere Terminkalender waren ohnehin schon vollgestopft, trotz meiner relativ gemütlichen und wenig anspruchsvollen Arbeit bei EPA. Wenn ich abends erst um halb acht oder gar halb neun nach Hause käme, so würden die persönlichen Sicherungen zweifellos sehr bald durchbrennen.

Ich durfte nicht zulassen, daß das geschah. Deswegen atmete ich tief durch und konfrontierte den Senator mit meiner Bedingung. Zu meiner Überraschung stimmten sowohl er wie auch sein Verwaltungsassistent zu. Kaum zwei Wochen später kam ein Telefonanruf für mich, als ich gerade die Rede Präsident Reagans zur Lage der Nation im Fernsehen verfolgte. Man teilte mir mit, daß ich den Job bekommen hatte.

Nun hatten bessere Tage für mich begonnen! Was könnte besser sein als die Arbeit als Wirtschaftsberater des Senators? Ich durfte das Wirtschaftsprogramm für diesen Kandidaten der neuen Generation, also einen Mann mit Zukunft, ausarbeiten, der große Chancen hatte, einer der nächsten Präsidenten der Vereinigten Staaten zu werden.

Ich hatte es geschafft!

Das Potomac-Fieber hatte mich schon ergriffen und stieg noch!

Vierzehn Monate lang klappte alles gut mit dem Gleichgewicht zwischen Familie und Beruf. Dann schlug es an einem warmen Apriltag wie eine Bombe ein, als ich ins Büro meines neuen Direktors kam. Man teilte mir mit, daß ich mich an die Arbeitszeiten des restlichen Teams zu halten hätte, wenn ich Wert darauf legte, Teil dieses Teams zu bleiben. Er meinte, daß ich jeden Abend bis acht oder neun Uhr im Büro bleiben solle, so ziemlich jeden Samstag im Büro zu sitzen hätte und sogar an ziemlich vielen Sonntagen.

Da ich wußte, daß er noch nicht lange im Amt war, teilte ich ihm mit ruhiger Stimme mit, daß ich es bei meiner Einstellung zur Bedingung gemacht hatte, abends bei meiner Familie zu sein, solange ich meine Arbeit zufriedenstellend erledigte, und daß mir das zugestanden worden sei. Ich wies dann auf die Arbeit hin, die ich getan hatte und mit der man, nach allem, was mir zu Ohren gekommen war, sehr zufrieden war.

Ich dachte, damit sei die Sache abgeschlossen. Das war jedoch keineswegs der Fall. Seine nächste Antwort schlug bei mir ein wie eine Bombe: „Nun, das war voriges Jahr. Dieses Jahr sieht die Sache anders aus. Wir bereiten uns schließlich auf den Präsidentschaftswahlkampf vor."

Moment, dachte ich. *Zwar gibt es jedes Jahr neue Herausforderungen, das ändert aber nicht die Regeln. Auch im vergangenen Jahr war der Senator anwesend, er hatte meiner Bedingung zugestimmt, obwohl er wußte, daß der Präsidentschaftswahlkampf bevorstand. Nichts hatte sich wirklich geändert.*

Ich wußte nicht, was den Direktor motivierte, auf dieser Veränderung der Regeln zu bestehen. So wollte ich meinen Fall dem Senator selbst vortragen, weil ich mir sicher war, daß er sich an seine Zusage erinnern und sie nicht rückgängig machen würde. Die Audienz beim Senator wurde mir jedoch nie gewährt. Irgend etwas auf seinem vollen Terminplan verhinderte sie jedesmal.

Schließlich erhielt ich auf Umwegen die Mitteilung, daß der Senator nicht an seiner ursprünglichen Zusage festhalten würde. Mir ist nicht bekannt, ob man ihm mein Anliegen wirklich vorgetragen hat und ob er eine persönliche Entscheidung darüber getroffen hat oder nicht.

Meine Entscheidung: Ein Opfer, das zu bringen sich nicht lohnt

Ich wußte, daß ich eine für den Verlauf meiner beruflichen Karriere wichtige Entscheidung zu treffen hatte. Entweder ich gebe nach, richte mich nach dem Team und habe Teil an dem Glanz des Präsidentschaftswahlkampfes, der vor uns liegt, – also an einer Möglichkeit, wie man sie nur einmal im Leben bekommt – oder ich sage nein danke und unterstreiche damit, daß ich gebrochene Zusagen nicht für richtig halte und daß der Preis für den interessanten Job mir viel zu hoch erscheint.

Es fiel mir nicht leicht, diese Entscheidung zu treffen. Ich wußte genau, daß dies zu einem Wendepunkt in meiner Karriere werden könnte. Deswegen wollte ich das Für und Wider genau abwägen.

Inzwischen kannte ich den Senator besser und war enttäuscht von ihm, besonders über seinen Charakter. Ich war nicht bereit, einfach so sechzig bis siebzig Wochenstunden zu arbeiten und dafür meine Familie zu vernachlässigen.

Trotzdem hat der Senator einige gesunde politische Auffassungen in wesentlichen Punkten, dachte ich. Außerdem hat er Möglichkeiten, Präsident zu werden. Hatte ich als politisch orientierter Wirtschaftswissenschaftler so etwas nicht immer gewollt? Die Chance, an einem Präsidentschaftswahlkampf beteiligt zu sein, bei dem der Kandidat, den man unterstützt, siegen könnte. Der Traum von einem Büro im Weißen Haus ging mir immer wieder mal im Kopf herum. Solche Gelegenheiten bekommt man nicht oft.

Was die Arbeitszeit angeht, war es vielleicht nur nötig, mich formell den Teamarbeitszeiten zu beugen. Wenn man herausfände, daß meine Anwesenheit abends oder an den Wochenenden wirklich nicht nötig wäre, könnte ich vielleicht wieder zu meinen normalen Arbeitszeiten zurückkehren.

Lektion: Es ist sehr leicht, von der Vernunft her zu entscheiden, wenn es um einen verlockenden Gewinn geht.

Die Gedanken auf der anderen Seite waren jedoch zu stark. Zuerst und vor allem wollte ich ein engagierter Familienvater sein und konnte deswegen nicht Leib und Seele – und damit auch die Familie – einer anderen Person opfern, so gut diese Person oder der Arbeitsplatz, der mir dadurch zufiel, auch sein würde.

Ein weiterer grundlegender Punkt war, daß der Senator doch nicht so gut war, wie er mir zunächst zu sein schien. Ich hatte schwerwiegende charakterliche Defizite bei ihm beobachtet und war der Meinung, daß er ihretwegen nie Präsident werden würde. Außerdem war ich ganz sicher, daß er kein guter Präsident sein würde. Und noch klarer war mir, daß ich nicht für jemanden arbeiten konnte, den ich nicht respektierte. So war klar, welche Entscheidung ich zu treffen hatte: *Den Job verlassen ohne einen Blick zurückzuwerfen.*

Lektion: Wenn es bei der Entscheidung darum geht, entweder der Karriere oder der Familie den Vorzug zu geben, wählen Sie die Familie.

Lektion: Arbeiten Sie nie für jemanden, den Sie nicht achten können, so interessant der angebotene Job auch sein mag.

Ich traf im Juni 1983 meine Entscheidung. Das war geschafft. Aber was kam nun?

Alleinsein mit den Kindern

Ich war so damit beschäftigt gewesen, meine Entscheidung zu treffen, daß ich mir gar keine Gedanken darum gemacht hatte, einen neuen Arbeitsplatz zu suchen. Als sich meine Gedanken endlich wieder der Zukunft zuwendeten, wußte ich, daß es für mich Zeit war, die Arbeit in Regierungskreisen zurückzulassen. Ich hatte ein breites Spektrum von Berufserfahrung erworben: für ein einflußreiches Kongreßkomitee gearbeitet, in einer dynamischen Agentur, in einer Präsidentschaftskommission, als persönlicher Berater eines Senators. Nach neun Jahren derartiger Aufgaben hatte ich genug davon. Ich war nicht ausgebrannt, war es aber einfach leid, so etwas zu tun.

Ich wollte etwas Neues. Aber was? Meine ganze Karriere war auf Öffentlichkeit und Politik ausgerichtet. Politische Analysen und Programme machten mir immer noch Spaß. Was könnte ich außerhalb des Regierungsviertels tun?

Es gab einen Kandidaten für meinen nächsten Arbeitgeber – mich selbst.

Während ich für den Senator gearbeitet hatte, hatte ich viel über die Wiederbelebung des Unternehmergeistes in Amerika geschrieben, über die vielen neuen Jobs, die durch Leute entstanden waren, die eigene Unternehmen gegründet hatten, über Millionen von Menschen, die von ihrem eigenen Zuhause aus arbeiteten.

Das faszinierte mich. Ich hatte immer schon ein Eigenständigkeitsbestreben gehabt und war schon immer risikobereit gewesen.

Konnte ich das in meinem Beruf riskieren? Wie würde sich das auf mein Einkommen auswirken? Hier ging es um ernste Angelegenheiten, nicht etwa darum, auf einer ungespurten Piste Ski zu fahren oder unausgeschilderte Abkürzungen bei Ausflügen zu nehmen. Es war auch riskanter als mein zeitweiliger Ausstieg aus der Regierungsarbeit im Jahr 1978, um mein erstes Buch zu schreiben. Damals hatte ich überall Freunde in leitenden Positionen, die mir jederzeit einen Job anbieten konnten, sobald mein Buch fertig war.

Was ich jetzt in Betracht zog, war ein völliger Ausstieg aus der Regierungsarbeit. Wie kann man eine solche Entscheidung treffen?

Man besinnt sich auf die Grundlagen. Was war mir wirklich wichtig? 1981 hatte ich mich entschieden, daß die Familie definitiv Vorfahrt vor dem Beruf haben sollte.

Nachdem ich mich darauf besonnen hatte, war die Entscheidung klar. Ich würde selbständig arbeiten. Ganz allein. Ich würde es wagen, Unternehmer zu werden und gleichzeitig viel Zeit haben, die ich während ihres Heranwachsens mit meinen Kindern verbringen konnte.

Lektion: Entscheiden Sie mit Ihrem Herzen.

Lektion: Wenn Sie einen Traumberuf haben, handeln Sie entsprechend.

Die zweite große Entscheidung war gefällt. Die erste war der Ausstieg aus dem Präsidentschaftswahlkampf, aus der Regierungsarbeit und das Zurücklassen eines sicheren Einkommens. Die zweite war die Entscheidung, selbständig zu arbeiten.

Aber wo? Und was sollte ich tun? Ich war schließlich 36 Jahre lang immer abgesichert gewesen. Zuerst durch meine Eltern, dann war ich 21 Jahre lang in der Ausbildung, dann hatte ich Sicherheit durch gutbezahlte Jobs. Alles war wohlgeordnet und abgesichert.

Plötzlich waren überhaupt keine Strukturen mehr da. Das beängstigt einen. Gleichzeitig aber mögen Sie die Herausforderung des Neuen, wenn Sie ein risikobereiter Mensch sind. Es ist faszinierend. Welchem Risiko und welchen Herausforderungen könnte ich mich stellen?

Der Beitrag meiner Frau Carol zum Gleichgewicht

Was ich beeindruckend fand, ist, daß meine Frau Carol, nicht lange bevor ich meine eben erwähnten beiden Entscheidungen traf, ihre berufliche Hauptentscheidung getroffen hatte.

Als sie 1980 schwanger wurde, bemühte sie sich um eine vorübergehende Versetzung in ein anderes Regierungsbüro, um so an eine Teilzeitstelle zu kommen. Ihr Chef im Außenministerium hätte das nicht gestattet. Nach den üblichen drei Monaten Mutterschaftsurlaub nach der Geburt unserer Zwillinge im Oktober arbeitete sie zunächst zwei Tage pro Woche, später drei Tage. Und sie mochte dieses Arrangement. Das Leben konnte sie auf diese Weise ziemlich gut in den Griff bekommen.

Nachdem das vorbei war, nahm sie im Sommer 1982 zunächst zwei Monate unbezahlten Urlaub und begann danach wieder vollzeitlich im

Außenministerium zu arbeiten. Nach genau vier Monaten kam sie (und wir) zu dem Entschluß, daß das zu viel für sie sei. Zwei anstrengende Vollzeitjobs und drei kleine Kinder – das paßte nicht zusammen. Irgendetwas mußte geändert werden.

Carol hatte schon Erfahrungen mit Teilzeitarbeit gesammelt und fand sie gut. So schrieb sie einen Brief, in dem sie ihre Familiensituation beschrieb und darlegte, daß sie nicht länger vollzeitlich an ihrem Arbeitsplatz sein könne. Sie schlug vor, in ihrem Arbeitsbereich eine Teilzeitstelle einzurichten, (die es damals nicht gab). Wenn das geschehe, würde sie gerne weiterhin ihre Tätigkeit ausüben.

Bedenken Sie, daß dieser Brief an das Außeministerium gerichtet war, wo es im Netzwerk von Washington, D.C. am konservativsten zugeht. Dieses Ministerium ist nicht gerade bekannt für eine vernünftige Personalpolitik und für Offenheit in Frauenangelegenheiten. So rechnete Carol damit, dort kündigen zu müssen.

Jedoch, Wunder über Wunder, sechs Monate später teilte man ihr mit, daß man eine ständige Teilzeitstelle für eine Fachkraft eingerichtet hätte, die allererste überhaupt für einen Mitarbeiter, abgesehen von Geistlichen.

Lektion: Fürchten Sie sich nicht davor, um das Unmögliche zu bitten.

Die Freuden der eigenständigen Berufstätigkeit

Großartige Nachricht. Aber der Zeitpunkt hätte nicht ungelegener sein können. Carol hatte gerade damit begonnen, nur noch teilzeitlich zu arbeiten, und ich hatte den Job beim Senator mit seinem sicheren Einkommen aufgegeben.

Das Einkommen meiner Frau war durch die Teilzeitarbeit um 40 % gesunken, damit auch unsere materielle Sicherheit. So versuchten wir, mit einem geringeren Einkommen auszukommen, während ich mich selbständig machte. Nicht gerade vernünftig, aber so geht es zu, wenn man seinem Herzen folgt.

Meine Suche nach sinnvoller Beschäftigung dauerte nicht lange. In der ersten Augustwoche, zwei Wochen vor meinem letzten Arbeitstag beim Senator, erhielt ich einen Anruf. Mir wurde der Posten eines Projektleiters angeboten, bei dem es um teilzeitliche Beratungstätigkeit ging. In einigen Wochen würde es damit losgehen. Das war also eine Chance, mich im Umweltbereich zu engagieren und zu versuchen, wirtschaftliche und ökologische Interessen miteinander zu verknüpfen. In vielen Büchern und Artikeln hatte ich darüber schon geschrieben.

Zufall? Einige sehen das vielleicht so. Aber wenn Sie an einen persönlichen Gott glauben, der für Sie sorgt, so wissen Sie, daß solche überraschenden Angebote keine Zufälle sind. Hatte ich nicht um eine solche Gelegenheit gebetet – um eine Beratertätigkeit, die doch noch etwas mit Politik zu tun hätte und mit einem sicheren Einkommen verbunden wäre?

Alles kam zusammen. Zumindest für die kommenden neun Monate, denn so lange lief der Vertrag. Aber danach? Ich hatte nicht die geringste Vorstellung, was dann käme.

Mein Leben würde zweifellos anders aussehen. Ich war mein eigener Boss. Zwei Tage pro Woche konnte ich zu Hause bleiben und dort arbeiten. Ich konnte selbst entscheiden, an welchen Wochentagen ich ins Büro gehen wollte.

Freiheit! Ein wunderbares Gefühl. Nicht nur im physischen Bereich – im Kommen und Gehen – sondern auch im Geist. Ich wußte, daß ich mich besser nach dem richten konnte, wovon ich innerlich überzeugt war.

Die Kosten der Freiheit

Freiheit hat natürlich ihre Kosten. Viele meiner Freunde haben mir in den vergangenen Jahren gesagt, daß sie mich um meine Freiheit beneiden. Ich versichere ihnen dann, daß es zwar großartig ist, frei zu sein, weise sie jedoch auch auf die Kosten hin, die es mit sich bringt, und frage, ob sie bereit sind, diese zu zahlen.

Zunächst muß man den Verlust materieller Sicherheit in Kauf nehmen. Es gibt keine sichere Grundlage, kein sicheres Einkommen im Leben eines Selbständigen. An jedem ersten Januartag schaut man das neue Jahr an und hat keine Vorstellung davon, wie man es beschließen wird, wieviel man in seinem Verlauf verdienen wird, ob es längere einkommenslose Zeiten bringen wird oder nicht. Das ist nicht jedermanns Sache.

Um ehrlich zu sein, auch für mich als risikobereiten Menschen, der gerne Wagnisse in Kauf nimmt, ist es in den letzten neun Jahren oft vorgekommen, daß ich besorgt war. Das hatte dann zur Folge, daß ich morgens um vier oder fünf Uhr aufwachte und nicht mehr einschlafen konnte.

Das passierte mir in der Regel dann, und das war ziemlich oft der Fall – wenn Zeiten kamen, in denen für die beiden kommenden Wochen kein sicherer Verdienst in Aussicht stand. Oder ein Projekt lief aus und ein neues war noch nicht in Sicht. Das allererste Projekt war ein Vorgeschmack dessen, was danach kam. Wie eine Katze, der man nachsagt, daß sie mehrere Leben hat, wurde das Projekt siebenmal wiederbelebt. Die Faszination der Ungewißheit hat ihre Grenzen.

Weiter muß man bereit sein, mit einem niedrigeren Einkommensniveau auszukommen. Viele derjenigen, die die erste Hürde genommen haben, lassen sich durch diese zweite aufhalten. Ich stelle ihnen die Frage: „Sind Sie bereit, auf unbestimmte Zeit auf 30 % Ihres Einkommens zu verzichten?"

Lektion: Maximieren Sie Ihre Freude, nicht Ihr Einkommen.

Bis dahin war die Begeisterung meiner Freunde über meine Freiheit schon etwas abgeklungen.

Für mich war aber eine dritte Art von Preis, die ich zu bezahlen hatte, die schlimmste. Die beiden ersten Einbußen hatte ich erwartet und war bereit, sie zu akzeptieren, als ich mich selbständig machte. Die dritte kam jedoch unerwartet. Es war die Entfremdung von vielen meiner Kollegen und „Freunde".

In ganz Washington hatte ich überall Freunde und Kollegen, Leute, mit denen ich nicht nur zusammengearbeitet hatte. Wir hatten auch oft miteinander gegessen und Konferenzen besucht. Ein beständiger Zug meiner früheren Berufstätigkeit war, daß mich jeder Job mit einer großen Anzahl interessanter Leute in Verbindung gebracht hatte. Und in Washington kommt es nicht so sehr darauf an, was man weiß, als vielmehr darauf, wen man kennt.

Ich meinte, ich könnte den Schritt ins große Unbekannte der Beratungstätigkeit in der Gewißheit tun, daß im Laufe der Zeit Aufträge von meinen Freunden hereinkommen würden. In einer großen Familie vergißt man schließlich einen guten Kollegen und Freund nicht.

Es war ein Schock. Die Realität sah nämlich so aus, daß ich auf die meisten meiner telefonischen Angebote in den ersten sechs Monaten keine Reaktionen bekam. Das tat weh.

Das hatte ich zuvor noch nicht oft erlebt. Wenn man aus dem Vereinigten Wirtschaftskomitee des Kongresses, aus einer Präsidentschaftskommission oder dem Büro eines Senators angerufen wird, reagieren die Leute schließlich schnell. Ich ging davon aus, daß das auch in der übrigen Welt so sei.

Ich mußte mich der Tatsache stellen, daß mehr als die Hälfte meiner früheren „Freunde" sich um mich als Person überhaupt nicht scherten; sie hatten nur Interesse an dem, was ich in meinem Job tat. Das war wirklich ein hoher Preis. Etwa ein Jahr lang hat mich das psychisch fertiggemacht. Schließlich kam ich darüber hinweg, besonders, als ich merkte, daß ich durch diese Entwicklung erkannte, wer meine wirklichen Freunde und Kollegen waren, die meine Achtung verdienten. Trotzdem war die Enttäuschung und Frustration sehr groß.

Lektion: Ziehen Sie sorgfältig in Betracht, wer Ihre wahren Freunde sind.

Wenn ich auf die vergangenen zehn Jahre zurückschaue, die mit dem Wagnis begannen, daß ich dem Senator sagte, ich wollte jeden Abend zusammen mit meiner Familie zu Abend essen, worauf später die Entscheidung folgte, diesen Job aufzugeben und mich selbständig zu machen, kann ich ohne zu lügen sagen, daß ich meine Entscheidung trotz der damit verbundenen Kosten nie bereut habe. Ich hatte immer den Eindruck, daß es nötig ist, Risiken auf sich zu nehmen, wenn man wirklich frei sein möchte. Deswegen war ich so fasziniert, als ich auf folgenden Hinweis über die Verbindung zwischen Risikobereitschaft und persönlicher Freiheit stieß:

Denken Sie heute an folgendes

Wenn Sie lachen, riskieren Sie es, sich zum Narren zu machen.
Wenn Sie weinen, laufen Sie Gefahr, für sentimental gehalten zu werden.
Wenn Sie sich um jemanden kümmern, könnte man Ihnen Einmischung vorwerfen.
Wenn Sie Gefühle zeigen, riskieren Sie es, Ihr wahres Ich bloßzustellen.

Wenn Sie Ihre Ideen und Träume vor vielen anderen Menschen ausbreiten, riskieren Sie es, diese zu verlieren.
Wenn Sie lieben, riskieren Sie es, nicht wiedergeliebt zu werden.
Leben bedeutet, den Tod zu riskieren.
Hoffen bedeutet, das Risiko der Verzweiflung einzugehen.
Etwas versuchen bedeutet, einen Fehlschlag zu riskieren.
Trotzdem muß man Dinge riskieren,weil es das Schlimmste im Leben ist, nichts zu riskieren. Wer nichts riskiert, tut nichts, hat nichts und ist nichts. Er mag Leiden und Schwierigkeiten aus dem Weg gehen, aber er kann auch nichts lernen, empfinden, verändern, nicht wachsen, lieben oder leben. An seine Befürchtungen gebunden, bleibt er ein Sklave. Er ist nicht frei. Nur eine Person, die etwas wagt, ist frei.

Zusammenfassung

1. „Mitbürger, weshalb dreht ihr jeden Stein um und rafft alles zusammen, um reich zu werden und kümmert euch so wenig um eure Kinder, denen ihr doch eines Tages alles hinterlassen müßt?"
2. Wenn Sie ein guter Vater sein möchten, müssen Sie ein gesundes Gleichgewicht zwischen Familie und Beruf finden.
3. Es ist klar, wohin der Trend geht: Männer möchten ein gesundes Gleichgewicht zwischen Familie und Beruf finden, und eine wachsende Anzahl von Männern ist dazu bereit, etwas dafür zu tun.
4. Ein Mann kann nur in dem Maß ein guter Vater sein, wie er selbst mit sich emotional und geistlich ins reine gekommen ist.
5. Mit sich selbst ins reine kommen, bedeutet: die Prioritäten des Lebens zu durchdenken, festzusetzen und entsprechend zu leben.
6. Anworten auf die tiefsten Fragen des Lebens kann man nicht in der Berufskarriere, durch Geld, Ruhm, die Familie oder das eigene Ich finden.
7. Selbst dann, wenn zu Hause und in der Familie bei weitem nicht alles optimal läuft, kann die Familie trotzdem noch ein Zufluchtsort vor den Sorgen der Welt sein.
8. Wenn man die Prioritäten des Lebens kennt – sich mit ihnen vertraut gemacht und sich ihnen verpflichtet hat – hat man großen inneren Frieden und Zielbewußtsein.
9. Es ist sehr leicht der Fall, daß man rein rational entscheidet, wenn es um großen Gewinn geht.

10. Wenn die Wahl lautet: entweder der Beruf oder die Familie, wählen Sie die Familie.
11. Arbeiten Sie für niemanden, den Sie nicht respektieren können, ganz gleich, wie attraktiv der Job ist.
12. Folgen Sie Ihrem Herzen.
13. Wenn Sie einen Traumberuf haben, handeln Sie entsprechend.
14. Fürchten Sie sich nicht davor, um das „Unmögliche“ zu bitten.
15. Maximieren Sie Ihre Freude, nicht Ihr Einkommen.
16. Ziehen Sie sorgfältig in Betracht, wer Ihre wahren Freunde sind.
17. „Wer nichts riskiert, tut nichts ... Durch seine Befürchtungen gebunden, bleibt er ein Sklave. Er ist nicht frei. Nur jemand, der etwas riskiert, ist frei.“

Teil 2
Charakterbildung

Der zweite Teil hat es mehr mit Schritten zu tun, die zur Charakterbildung bei Kindern dienen. In den frühen Tagen Amerikas war es ein Prinzip der Gründungsväter, Männer und Frauen mit gutem Charakter, soliden Wertmaßstäben zu erziehen. Lesen Sie einmal, was der angehende Präsident John Adams in einem Brief an seine Frau im Jahr 1774 dazu sagte:

> „Vor allem anderen, um das wir uns in diesem Leben bemühen, muß es unser dringendstes Anliegen sein, die Sinne und Manieren unserer Kinder zu prägen ... Bitte grüße meine lieben Kleinen von mir, die ich gerne auf mich zulaufen sehen möchte und die sich mir in die Arme werfen,während ihre Mutter danebensteht und lächelt. Die Erziehung unserer Kinder ist ein Thema, das mir nicht aus dem Sinn geht. Erziehe sie in der Tugend. Gewöhne sie an Fleiß, Aktivität und Geist."

Das Industriezeitalter hat diesen Schwerpunkt aus dem Leben der Väter hinweggefegt. Kindererziehung, Charakterbildung und die Vermittlung von Wertmaßstäben blieb ausschließlich den Müttern überlassen. Väter, es ist an der Zeit, unsere traditionelle Rolle im besten Sinn wiederzubeleben. Unsere Söhne und Töchter brauchen uns mehr denn je in einer Gesellschaft der Popkultur mit starken Einflußelementen. Sie brauchen unseren Beitrag zur Charakterbildung. Es ist ein Kampf, und es geht dabei um den Preis der inneren Einstellung jedes Kindes. Wir müssen an der Front stehen und sowohl defensiv wie offensiv für unsere Kinder kämpfen. An der Front sein bedeutet: die Zeit weise nutzen, die wir mit unseren Kindern verbringen, positive Eindrücke bei ihnen hinterlassen, die die Charakterbildung fördern, ihnen Wertmaßstäbe vermitteln und ihre geistliche Entwicklung beflügeln.

Ein Thema, das alle Kapitel des zweiten Teils durchzieht, ist, daß wir so leben müssen, wie wir unsere Kinder gerne leben sehen möchten. Tag für Tag gibt unsere Persönlichkeit den Ton an in unserer Elternschaft. Möchten Sie, daß Ihre Kinder bedingungslos lieben können? Dann lieben Sie sie und Ihre Frau bedingungslos. Möchten Sie Kinder aufziehen, die Hoffnung haben? Dann müssen Sie selbst Hoffnung haben. Kurz gesagt: Leben Sie ein Leben, pflegen Sie einen Lebensstil, den nachzuahmen sich lohnt, auch für Ihre Kinder.

Und seien Sie gewissenhaft in Ihren Bemühungen. Das „Herz", das Sie als Vater haben, ist viel wichtiger für den künftigen Charakter Ihrer Kinder, deren Wertmaßstäbe und geistliche Überzeugungen als irgendwelche Prinzipien über Kindererziehung.

Es geht um eine große Verantwortung. Trotzdem kann es enorm Freude machen, wenn man sieht, wie sich jedes Kind zu einem jungen Mann oder zu einer jungen Frau mit starker moralischer Integrität entwickelt.

7. Mit bedingungsloser Liebe fängt es an

Ralph Drollinger erzählt die folgende Geschichte über seinen ersten Tag als Basketballspieler unter der Leitung des legendären Trainers John Wooden:

> Ich hatte gerade als Freshman an der UCLA angefangen, unter John Wooden, dem erfolgreichsten College Basketballtrainer, den es je gegeben hat, zu spielen. Wir waren 15 frühere All-Americans und wurden später die nationalen Champions jener Saison.
>
> Da waren wir also zu unserem ersten Trainingstag beisammen ... und lernten zunächst, wie man Socken und Schuhe richtig anzieht. *Hatte ich das nicht schon in der ersten Klasse gelernt?* Das dachte ich zumindest. Die erste Lektion hatte es mit den Socken zu tun. Unter seinen intensiv auf uns gerichteten Blicken mußten wir sie vor dem Trainer sorgfältig zusammenrollen, so ähnlich wie man Ärmel hochkrempelt. Danach mußten wir sie sorgfältig auf unsere Füße stecken, sie darüberstreifen und sie bis zum Wadenmuskel hinaufziehen. Wie Sherlock Holmes mit einem Vergrößerungsglas ging der Trainer durch den Raum, während wir das taten und schaute nach jedem Fältchen in den Socken der Reihe von über dreißig übergroßen Füßen in weißen Socken. Er ließ uns mehrfach mit den Händen über die Socken streichen, um sicherzustellen, daß wir sie richtig angezogen hatten.
>
> Zu der Philosophie des Trainers Wooden gehörte es, nachdrücklich auf Grundlegendes zu achten und dies durch tägliche

> Übung zu lernen. Sein Ansatz für ein anscheinend komplexes Spiel war einfach und grundsätzlich; er ging nie vom Grundsätzlichen ab.

Genauso wie das Sockenanziehen unter Trainer Wooden die erste Lektion war, so ist die erste Lektion bei der Charakterbildung Ihrer Kinder bedingungslose Liebe. Die Grundlagen müssen durch tägliche Wiederholung gelernt werden. Eine weitere große Persönlichkeit im Sport ist Roger Staubach von den Dallas Cowboys. Er trifft den Nagel auf den Kopf, wenn er sagt: „Ich habe es noch längst nicht gelernt, ein guter Vater zu sein. Eines aber weiß ich: daß die Liebe die Grundlage ist. Die Kinder müssen wissen, daß man sie liebt."

Das Schlüsselwort ist hier *wissen.* Kinder sollten nicht nur von ihren Eltern geliebt werden. Sie müssen sich auch von ihren Eltern geliebt *fühlen.* Das trifft besonders für Väter zu, denn bei ihnen ist es besonders leicht der Fall, daß sie ihre Kinder lieben, ohne daß diese es merken. Als man einige Tausend Highschool-Studenten bat, die Frage aufzuschreiben, die sie ihren Eltern am liebsten stellen möchten, schrieben 50 %, daß sie gerne wissen möchten, ob ihre Eltern sie lieben.

Es besteht ein großer Unterschied zwischen dem Geliebt-werden und Sich-geliebt-Fühlen. In *The Winning Familiy* schreibt Dr. Louise Hart:

> „Bei meinen Arbeitsgemeinschaften frage ich Eltern, wie vielen von ihnen während ihres Heranwachsens bewußt war, daß ihre Eltern sie liebten. In der Regel heben dann viele zustimmend die Hand. Frage ich aber, wie viele sich von ihren Eltern geliebt fühlten, so heben viel weniger Personen die Hand."

Schließlich gibt Dr. Ross Campbell in *Teenager brauchen mehr Liebe* die Geschichte von Elsbeth wieder, einer Jugendlichen, die versucht hat, sich selbst umzubringen, weil sie sich nicht geliebt fühlte:

> Elsbeth ist ein Beispiel für viele sehr junge Mädchen, die in eine solche tragische Situation geraten. Sie schien glücklich und zufrieden in ihren ersten Lebensjahren. In jenen Jahren war sie ein fügsames Kind, das keine großen Anforderungen an ihre Eltern, Lehrer oder an andere stellte. Also vermutete niemand, daß sie sich nicht wirklich von ihren Eltern geliebt und anerkannt fühlen könnte. Obwohl sie Eltern hatte, die sie wirklich lieb hatten und sich um sie kümmerten, fühlte sich Elsbeth nicht

aufrichtig geliebt. Ja, sie wußte verstandesmäßig, daß ihre Eltern sie liebten, und sie würde nie gesagt haben, daß sie sie nicht lieb hatten. Aber Elsbeth hatte nie dieses kostbare und entscheidende Gefühl, daß man sie vollkommen und bedingunslos liebte und anerkannte ...

Ist das die Schuld der Eltern? Sollte man sie zur Rechenschaft ziehen? Ich glaube nicht. Herr und Frau Bertram haben Elsbeth immer geliebt, aber nie gewußt, wie sie ihr ihre Liebe mitteilen sollten. Wie die meisten Eltern haben sie nur nebelhafte Vorstellungen von den Bedürfnissen eines Kindes – Schutz, Unterkunft, Nahrung, Kleidung, Schulbildung, Anleitung, Liebe, usw. Sie haben im wesentlichen all diese Bedürfnisse erfüllt, außer dem nach bedingungsloser Liebe.

Ich glaube, daß Eltern, die sich wirklich wünschen, ihren Kindern das zu geben, was diese brauchen, auch lernen können, wie man es macht. Eltern müssen lernen, wie man ehrlich und wirksam seine Liebe auf die Teenager übertragen kann.[1]

Es ist immer gut, beide Seiten anzuschauen. Joe White, der Direktor eines Camps, der im Laufe der Jahre mit Tausenden von Kindern gearbeitet hat, erzählt die Geschichte eines anderen Mädchens, ebenfalls Teenager, die beweist, wie wichtig bedingungslose Liebe ist und welch starke Auswirkungen sie hat:

Gestern hatte ich ein bedeutsames Gespräch mit einem Mädchen, das ein Vorbild eines ausgewogenen, verantwortungsbewußen Teenagers mit klaren Maßstäben ist. Sie ließ mich wissen, daß ihr Vater und ihre Mutter ihr täglich zu verstehen geben, daß sie stolz auf sie sind und daß sie sie sehr schätzen. Cindy, so hieß dieses Mädchen, sagte mir, daß sie diese große ihr entgegengebrachte Liebe niemals enttäuschen wolle. „Selbst als ich im College war und allein lebte“, sagte sie, „versuchte ich immer, das Richtige zu tun. Ich konnte den Gedanken, meine Eltern zu verletzen, nicht ertragen. Sie hatten mir immer so deutlich gezeigt, wie sehr sie mich lieben.“

Ich kann nicht genug betonen, wie viele Kinder heutzutage darauf warten, zu sehen, zu hören und zu fühlen, daß ihre Eltern sie bedingungslos lieben. Sie brauchen das immer und immer wieder. Es ist das grundlegendste Bedürfnis in ihrem Leben, sozusagen die tragende Säule. Bekommen sie diese Liebe zu spüren, so gibt das den Kindern die nötige Stärke und den Mut, jeder Art von Druck in ihrem restlichen Leben zu begegnen.

Wir wissen, daß das entscheidend wichtig ist. Das Vorhandensein oder Fehlen dieser bedingungslosen Liebe hat einen großen Einfluß. Was ist aber bedingungslose Liebe?

* Sie lieben Ihr Kind, weil es ein einzigartiges Wesen von unendlicher Bedeutung ist, ohne Rücksicht darauf, wie seine Leistungen sind, welche Einstellungen es hat oder wie es sich verhält oder in einer besondern Sache verhält.
* Es ist eine Liebe, die immer da ist, ganz gleich wie die Umstände aussehen.
* Es ist eine Liebe ohne Auflagen.

Für Ihr Kind ist es die Liebe, mit der es immer rechnen kann.

Auf das Risiko hin, daß das für selbstverständlich angesehen werden könnte, hast du mir eines immer unmißverständlich zu verstehen gegeben: daß ich mit dir rechnen konnte.
Während ich landauf, landab zu mehr und mehr jungen Leuten spreche, wird mir bewußt, daß die meisten von ihnen diese Art beständiger Liebe nicht kennen noch Eltern haben, mit denen sie rechnen können. Diese Kinder versuchen erst gar nicht, mit ihren Eltern zu rechnen, weil sie nie Gelegenheit dazu hatten. Trotzdem stehen ihre Eltern im Mittelpunkt ihres Lebens, und zwar gerade deswegen, weil sie nie mit ihnen rechnen können.

„Moment mal“, sagen Sie vielleicht, „wissen Sie denn nicht, welch miese Dinge Ihnen da passieren können? Sie wissen ja gar nicht, was mein Teenager zu mir sagt oder was er letztes Wochenende angestellt hat. Ich meine, es gibt eine Grenze dessen, was Eltern ertragen können.“

Damit haben Sie Recht und auch wieder nicht. Sie können nur ein gewisses Maß häßlicher Worte vertragen und nur ein gewißes Maß von schlechtem Benehmen. Sie können beides hassen. Gegen beides sollten Sie rigoros durchgreifen. Aber tun Sie es mit Liebe. Geben Sie Ihren Kindern zu verstehen, daß Sie sie immer noch lieben, obwohl Sie verabscheuen, was sie getan haben. Das ist möglich, und genau darin liegt der grundlegende Unterschied zwischen bedingungsloser und bedingter Liebe.

> „Wir müssen zu uns selbst sagen: Meine höchste Priorität als Mutter oder Vater ist nicht, mein Kind heute zu strafen, sondern ihm Liebe und Bestätigung zu geben, entweder durch Worte oder durch körperliche Berührung oder durch beides. Ich möchte einen Weg finden, um das zu tun, ganz gleich wie mir zumute ist, wenn ich das Betragen oder die Einstellung meines Kindes anschaue, weil ich weiß, daß es diese Bestätigung dringend braucht und auch ich mich daran erinnern muß, wie sehr ich es liebe. Wenn uns das einmal ganz klar ist, dann sind wir auch besser in der Lage, die disziplinären Probleme in ruhigerer und liebevollerer Weise zu lösen."

Was nun? Wenn wir zustimmen, daß wir nach bedingungloser Liebe streben sollten, nach Liebe, die unsere Kinder empfinden können und von der sie nicht nur wissen, wie können wir das anstellen? Wir sagen es und wir zeigen diese Liebe – täglich!

„Ich habe dich lieb" sagen

Zu sagen „Ich habe dich lieb", ist eine der vielen praktischen Vorschläge, die in diesem Buch zur Sprache kommen und von denen ich den Eindruck habe, daß ich sie höchst erfolgreich angewandt habe. Ich fing damit an, als unser Sohn Eric noch sehr klein war (etwa zwei oder drei Jahre). Jeden Abend ging ich zu ihm ins Zimmer, wenn er sein Gutenachtgebet sprach, küßte ihn und sagte „Ich habe dich lieb." Das habe ich durch dick und dünn getan, ganz gleich, wie die Umstände waren. Manchmal hatten wir gerade eine verbale Auseinandersetzung hinter uns. Manchmal, wenn er mir böse war, drehte er seinen Kopf zur Wand oder versteckte ihn unter dem Kissen. Manchmal kletterte ich um halb ein Uhr nachts nochmal aus dem Bett, weil mir eingefallen war, daß ich vergessen hatte, ihm das zu sagen. Ich habe es sogar bei einigen wenigen Gelegenheiten zu ihm gesagt, wenn er ganz daneben war und mir sagte: „Ich haße dich."

Ich kümmere mich dabei wirklich nicht um die Umstände. Ich habe mir einfach in meinem Herzen vorgenommen: das letzte, was er jeden Tag von seinem Vater hören soll, ist: „Ich habe dich lieb." Und ich bin der

Meinung, diese Worte haben nach heißen Auseinandersetzungen einen umso stärkeren Eindruck hinterlassen.

Wann habe ich damit aufgehört? Noch immer nicht. Er ist jetzt fünfzehn, hat gerade mit der Highschool begonnen, und ich sage das immer noch zu ihm, und er mag es immer noch. Woher ich das weiß? In der Hoffnung, daß er diesen Abschnitt nie liest (zumindest nicht, bevor er gedruckt worden ist) möchte ich es Ihnen verraten. Er hat selbst im vergangenen Jahr noch oft zu mir gesagt: „Vati, weshalb bringst du mich nicht ins Bett?“ oder „Wann bringst du mich ins Bett?“ Das sind seltene Worte aus dem Mund eines Teenagers. Noch kostbarer sind mir seine Worte: „Vati, ich hab dich auch lieb“, die ich oft, wenn auch nicht immer, zu hören bekomme, nachdem ich ihm gesagt habe, daß ich ihn liebe. Viel mehr kann ein Vater nicht von seinem Sohn erwarten.

Ich muß bekennen, daß ich das bei meinen beiden Töchtern nicht mit gleicher Gewissenhaftigkeit praktiziert habe. Bei ihnen liegt meine Erfolgsquote vielleicht bei 98 %. Vielleicht hat das etwas damit zu tun, daß Eric allein ist, während unsere Zwillingstöchter sich immer gegenseitig zur Verfügung haben. Außerdem gab es bei ihnen nicht so viele spannungsgeladene, emotionale Momente. Trotzdem, es mit 98 %iger Regelmäßigkeit hinzukriegen, ist schon wunderbar, und ich liebe es, wenn sie mir „ich habe dich lieb, Daddy“ nachrufen, wenn ich ihr Zimmer verlasse. Manchmal, wenn ich krank bin, höre ich, wie Carol zu den Kindern sagt, daß sie nach oben gehen und Vati ins Bett bringen sollen.

> Diese wortlosen Zeichen und Symbole der Fürsorge sind sehr wichtig, doch dann und wann sollten wir auch geradeheraus etwas sagen, was totale Anerkennung vermittelt. Ich meine etwa: „Du bist mein Kind, und ich denke, du bist mein bester Schatz“. Wir empfinden doch wirklich so. Und wir würden unsere Kinder nicht gegen irgendwelche anderen Kinder eintauschen, die wir kennen. Nun, wenn das so ist, dann sagen wir es ihnen auch, ohne uns dafür zu schämen. Alle anderen halten sich mit Bewunderung zurück, schränken sie ein, um im Rahmen zu bleiben oder aus anderen Gründen. Dabei gibt es so viele Gelegenheiten, wo ein schwaches Lob das Beste ist, was wir fertigbringen.

Zu sagen „Ich habe dich lieb“, kann auf verschiedene Weise geschehen. Ein bekannter Sprecher für Jugendliche und Autor spricht über eine Art, die bei seinen vier Kindern gut funktioniert hat:

Was ich gerne tue, wenn ich meine Kinder z. B. an den Hausaufgaben sitzen sehe, ist, daß ich einen Moment meine Arbeit unterbreche und ihnen „Pssst!“ zuflüstere. Sie kennen das und reagieren nie beim ersten Mal, weil sie schon wissen, was kommt.
Ich rufe ihnen immer wieder zu „Pssst!“, und schließlich beginnen sie zu lächeln und manchmal sogar zu lachen. Dann nehmen sie sich zusammen und versuchen, ein ernstes Gesicht aufzusetzen, wobei sie sagen: „Was ist denn los, Vati?“
Dann zwinkere ich ihnen zu und sage, ohne die Worte laut auszusprechen, aber so, daß sie sie an meinen Lippen ablesen können: „Ich habe euch lieb.“
Das verfehlt nie die Wirkung. Wenn sie schlechte Laune haben, wenn sie einen wirklich frustrierenden Tag in der Schule hinter sich haben, entlockt ihnen das trotzdem jedesmal ein Lächeln. Und dann lassen sie mich in gleicher Weise wissen: „Wir haben dich auch lieb.“

Wie wichtig ist es, daß Sie damit anfangen, Ihren Kindern regelmäßig zu sagen „ich habe dich lieb“? Es ist wirklich sehr wichtig, das zu tun. Ich weiß nicht, wie viele Männer schon zu mir gesagt haben: „Mein Vater liegt im Sterben, und ich möchte, daß er mir sagt, daß er mich lieb hat.“ Nun soll ein Mädchen im Teenageralter zu Wort kommen:

„Ich hasse meinen Vater nicht“, sagte sie und versuchte, ihre Tränen zurückzuhalten, „ich liebe ihn wirklich. Ich möchte ihn nicht verletzen, ich möchte nur, daß er aufhört, mich herunterzumachen. Ich möchte, daß er mich als seine Tochter liebt.“
Als wir unser Gespräch fortsetzten, erzählte sie mir von der Niedergedrücktheit, die sie empfindet, wenn ihr Vater sie ignoriert, dann über die sich verschlechternde Beziehung zu ihm, als sie einige Dinge unternahm (z. B. Alkohol trinken und Drogen einnehmen), um seine Aufmerksamkeit zu erregen. Sie sagte mir, daß sie eines Tages vor ihrem Vater gestanden und ihn angeschrien hätte: „Ich bin deine Tochter. Sag mir, daß du mich liebhast!“ Er schob sie zur Seite und setzte sich hin, um seine Zeitung zu lesen.

Zeigen Sie Ihren Kindern, daß Sie sie liebhaben

Zu sagen „ich hab dich lieb“ sollte durch viele Demonstrationen dieser Liebe ergänzt werden. Sie können Zeit mit ihren Kindern verbringen, ihnen Aufmerksamkeit schenken und mit ihnen reden und alles tun, um ihnen zu helfen. Die wichtigste und einfachste Art, ihnen zu zeigen, daß Sie sie lieb haben, ist jedoch eine, vorzugsweise tägliche, Umarmung.

Erinnern Sie sich noch an die Geschichte über den jungen Punker, der Josh McDowell darum bat, daß er ihn umarmen möchte? Das ist für mich das eindrücklichste Beispiel dafür, wie sehr es sich Kinder wünschen, umarmt zu werden, auf das ich bis jetzt gestoßen bin. Wenn es also das ist, was sie sich wünschen, dann geben wir es ihnen doch. In welchem Maß? So viel, wie das natürlich ist.

Ihnen als Vätern möchte ich in Erinnerung rufen, daß auch Kinder vor dem Eintritt ins Teenageralter Umarmungen brauchen. Eine Studie ergab, daß 64 % der Väter jeden Tag mit fünfjährigen Kindern schmusen, wogegen das nur 33 % mit neunjährigen Kindern tun.

Die empfohlene Anzahl von Umarmungen pro Tag lautet: vier als Überlebensration, acht für die tägliche Pflege und zwölf, wenn es um Wachstum und Weiterentwicklung geht.

Wir müssen besonders darauf achten, unseren Töchtern weiterhin Zuneigung zu zeigen. Umfragen haben ergeben, daß Väter oft von jeder Art von Umarmung Abstand nehmen, sobald ihre Töchter elf, zwölf oder dreizehn Jahre alt werden und sexuell heranzuwachsen beginnen. Und genau das ist falsch. Gerade jetzt brauchen sie es mehr denn je. Es ist dokumentiert worden, daß Mädchen, die in sehr frühem Alter sexuell aktiv werden, das oftmals tun, weil sie die Liebe suchen, die sie von ihren Vätern nie erhalten haben. Umarmen Sie also Ihre heranwachsenden Töchter und Ihre Teenager, und vergessen Sie dabei auch Ihre Söhne nicht. Sie werden Ihnen zwar nicht zu verstehen geben, daß sie das mögen, trotzdem tun sie es.

Zuneigung wird heute wie immer in meiner Familie offen gezeigt. Mein Vater ist einer der gestandensten Männer, die ich kenne, trotz-

dem küßt er meine Brüder und mich jedesmal und sagt uns auch wörtlich, daß er uns sehr lieb hat. Viele Jungen, mit denen ich aufgewachsen bin, hatten Väter, denen es extrem schwerfiel, Zuneigung zu ihren Kindern auszudrücken. Ich nehme an, sie befürchteten, daß es nicht männlich sei, das zu tun. Ich bezweifle nicht, daß diese Väter ihre Söhne liebten, sie gehörten einfach zu der Sorte von Männern, die nur auf eine Art und Weise ihrer Liebe Ausdruck zu geben verstanden: nämlich indem sie täglich zur Arbeit gingen, um ihre Familie mit allem Nötigen zu versorgen.

Vergessen Sie auch Ihre Frau nicht. Das muß ich hinzufügen, weil eines der Lieblingsdinge im Leben meiner Frau eine ausgiebige Umarmung ist. Die Tatsache, daß sie ein Gedicht von Bruce B. Wilmer mit dem Titel „Ich brauche eine Umarmung", das ich ihr einmal gab, an der Wand aufgehängt hat, zeigt deutlich, worauf wir Männer im Blick auf unsere Frauen, Söhne und Töchter achten sollten. Da dieses Gedicht zur Erinnerung an der Küchenwand hing, lernen unsere Kinder es, uns ihrerseits mit Umarmungen zu überfallen, wenn Carol oder ich müde und schlecht drauf sind. Jim Sanderson faßt die zentrale Botschaft über das Zum-Ausdruck-Bringen der Liebe sehr direkt zusammen:

Ist es wirklich nötig, daß wir sie so oft an die Tatsache erinnern, daß wir sie lieben? Unglücklicherweise ja. Bei einem Teenager wird das Maß von Problemen und Kummer, das im Leben auf ihn zukommt, nur selten durch ein ähnlich großes Maß von Liebe und Bestätigung ausgeglichen. Auch bei uns Erwachsenen ist das oft so – das ist einer der Gründe, weswegen wir heiraten. Es ist ganz offensichtlich so, daß, wenn wir unseren Kindern täglich unsere Liebe erweisen, das auch dazu beitragen kann, Stabilität in unser eigenes Leben zu bringen.

Es ist etwas beschämend, über diese Dinge überhaupt sprechen zu müssen: sie sollten einfach praktiziert werden. Aber leider ist das nicht so. Wir müssen unser Leben oft kritisch betrachten und zugeben: „Das ist nicht gut genug." Als ich eines Tages von einer Geschäftsreise zurückkehrte, fiel mir auf, wie froh ich war, meine Frau und meine Kinder zu sehen, und wie sich jeder von ihnen freute, mich zu sehen. Ich konnte kaum meinen Koffer absetzen, bevor wir alle einander in den Armen lagen. In unserer Kultur ist es üblich, nach langer Abwesenheit so deutlich unsere

Gefühle zu zeigen. Aber, weswegen muß zuvor erst eine lange Abwesenheit stehen? Wenn ich nun aus dem Büro nach Hause komme, so gehe ich davon aus, daß eine acht- oder zehnstündige Abwesenheit von zu Hause lang genug ist, um jeden beim Nachhausekommen mit einer Umarmung zu begrüßen, ganz gleich, ob er oder sie in der Stimmung dazu ist oder nicht. Ich bin in der Stimmung dazu und habe das Recht, ihnen gegenüber zum Ausdruck zu bringen, was ich empfinde.

Nun möchte ich mit Ihnen über einige Vorschläge sprechen, die Ihren Kindern deutlich zeigen, daß Ihre Liebe zu Ihnen bedingungslos ist. Dies umschließt, daß Sie ihnen „ich hab dich lieb" sagen und ihnen diese Liebe auch zeigen.

Segnen

Praktisch können Sie das tun, indem Sie jedes Kind in Ihrer Familie segnen. Weshalb? Weil es wirksam ist. Woher ich das weiß? Weil ich es in meiner Familie beobachtet habe und viele Kinder mündlich oder schriftlich bezeugt haben, welch eine Wirkung das auf ihr Leben hatte. Nachfolgend eines dieser Zeugnisse:

Lieber Vati,
zuerst möchte ich dir sagen, daß ich dich sehr lieb habe. Ich kann nicht anders, als dich zu respektieren. Als Heranwachsender schaue ich auf niemanden mehr als auf dich, meinen Vater. Die Liebe und Aufmerksamkeit, die du mir geschenkt hast, haben mir sehr viel bedeutet. Ich habe immer den Eindruck gehabt, dir alles sagen zu können.
Das wurde besonders bei dem Segen deutlich, den du uns jeden Abend erteilt hast, solange ich zurückdenken kann. So ein Segen ist sehr viel mehr wert als die bloßen Worte, die dabei gesagt werden. Ich möchte, daß du weißt, daß es für mich immer ein ganz besonderes Gefühl war, wenn du in mein Zimmer kamst, um mich zu segnen. Es stärkte mein Vertrauen und gab mir deinen Segen bei allem, was ich tat. Wenn du mir zum Beispiel auftrugst, etwas zu tun, z. B. zu einer bestimmten Zeit zu Hause zu sein, dann wollte ich dir unbedingt gehorchen, weil ich dein Vertrauen nicht mißbrauchen wollte.

Ganz offensichtlich führe ich kein perfektes Leben. Ich habe mehr als ein halbes Dutzend schlechte Entscheidungen getroffen. Trotzdem hast du mir immer vergeben und warst da, um dir meine Probleme anzuhören.

Ich betrachte dich als Freund und als Vorbild. Mit dir zusammen zu sein hat mir immer Spaß gemacht, ganz gleich, ob du treu mit zu meinen Baseballspielen gekommen bist oder mich zum Golf mitgenommen hast. Es war einfach großartig, wenn du da warst und mir all die Jahre beim Spielen zugeschaut hast. Auf dem Nachhauseweg redeten wir dann über das Spiel, du hörtest dir meine Prahlereien an. Es hat mir auch Spaß gemacht, mir jeden Sonntag mit dir die Footballspiele anzuschauen, wo wir den Vikings zujubelten und sie anfeuerten oder auspfiffen. Die Zeit nach dem Spiel war immer die beste, weil ich dann so dazu angespornt war, Football zu spielen, daß wir beide nach draußen gingen und ich dich dort eine Stunde hin und her hetzte.

Dinge wie diese zeigen mir, daß es nicht nur leere Worthülsen waren, wenn du zu mir sagtest: „Der Herr segne dich und behüte dich. Der Herr lasse sein Angesicht über dir leuchten und sei dir gnädig. Der Herr erhebe sein Angesicht auf dich und gebe dir Frieden. Im Namen des Vaters, des Sohnes und des Heiligen Geistes.“ Es zeigt mir, daß du wirklich meinst, was du sagst – daß ich etwas Besonderes für dich bin.

Taten reden viel lauter als Worte. An der Art, wie du mich segnest und behandelst, kann ich sehen, daß du mich liebst. Die ständige Erinnerung daran an jedem Abend ist etwas ganz Besonderes für mich. Vielen Dank für deine bedingungslose Liebe. Sie bedeutet mehr für mich, als du je erfahren wirst.

Carlton, als er 21 Jahre alt war

Was genau ist eine Segnung? Ich will sie folgendermaßen beschreiben:

Ein Familiensegen beginnt mit einer bedeutungsvollen Berührung. Es folgt eine gesprochene Botschaft von großem Wert, die auf die besondere Zukunft für die individuell gesegnete Person hinweist, dann folgt eine aktive Verpflichtung, sich dafür einzusetzen, diesen Segen erfüllt zu sehen.

Sie können den Segen grundsätzlich auf zweierlei Weise erteilen. Erstens als formalen Segen mit Handauflegung. Ich werde nie die Schönheit des Augenblicks vergessen, in dem jedes meiner Kinder vor meinen Vater trat, vor ihm niederkniete und er sie segnete.

> Der Herr segne dich, Eric (Krista, Kira) und bewahre dich. Der Herr lasse sein Angesicht über dir leuchten und sei dir gnädig. Der Herr erhebe sein Angesicht über dich und gebe dir Frieden. Im Namen des Vaters und des Sohnes und des Heiligen Geistes. Amen.

Ein Großvater, der seine Kinder segnet und so einer jahrtausendealten Tradition folgt, die noch heute nichts von ihrer Bedeutung verloren hat. Da blieb im ganzen Zimmer kein Auge trocken.

Dieser besondere Bibelabschnitt aus dem 4. Buch Mose ist einer meiner Lieblingsabschnitte. Sie können andere Schriftstellen auswählen (siehe Anhang B unter Segnungen), oder Ihr Kind mit eigenen Worten segnen.

Eine zweite Art zu segnen, ist durch tägliche Worte und Taten. Das wird an den Antworten auf die Frage deutlich: „Auf welche besondere Weise haben Ihre Eltern Sie gesegnet?" Die Antworten haben mich überrascht und sehr ermutigt, denn es wurden darin kleine, alltägliche Taten erwähnt. Aus den vielen Antworten wähle ich einige wenige aus, die zeigen, wie Kinder sich durch ihre Eltern gesegnet sahen:

> *Man hat uns oft spontan in den Arm genommen, ganz unabhängig davon, ob wir eine Arbeit zufriedenstellend abgeschlossen hatten oder nicht.*
> *Wir haben oft als Familie Camping gemacht (diese Antwort wurde oft wiederholt).*
> *Jeder von uns ist mal zu einem speziellen Frühstück mit Vati oder Mutti eingeladen worden.*
> *Mein Vater hat mich dadurch geliebt, daß er meine Mutter liebt.*
> *Mein Vater hat mich immer wieder gefragt: „Was ist nötig, damit dieses Jahr ein gutes Jahr für dich wird?" Und dann hat er versucht, dafür zu sorgen.*
> *Mein Vater hat mich auf einige seiner Geschäftsreisen mitgenommen.*
> *Mein Vater hat mich an seinen Niederlagen und Erfolgen teilhaben lassen.*
> *Mein Vater hat uns einen Zettel mit einem besonderen Gruß aufs Kopfkissen gelegt, wenn er geschäftlich außerhalb der Stadt zu tun hatte.*

Was ist ein Segen? Letzten Endes eine aktive Verpflichtung, das Beste für unsere Kinder zu suchen.

Und das Beste ist für jeden Vater und für jede Mutter, die Gott lieben, daß ihre Kinder den Herrn, ihren Gott kennen und von ganzem Herzen lieben lernen.

Welch ein Vorrecht ist es für uns Väter, diesen wunderbaren Segen an jedes Kind weiterzugeben, das uns anvertraut worden ist!

Man kann dieses Kapitel über die Macht der bedingungslosen Liebe nicht besser zusammenfassen, als Dann Huff darüber zu Wort kommen zu lassen, wie sie sich in seinem Leben ausgewirkt hat:

Als ich in das Alter kam, wo man sagt: „Ich lehne mich dagegen auf. Ich komme mit meiner Familie nicht klar. Sie wissen gar nicht, was sie sagen!", kann ich mich sehr deutlich daran erinnern, gedacht zu haben: „Ich kann mich nicht gegen sie auflehnen – sie lieben mich viel zu sehr!" Und deswegen haßte ich sie. Das mag jetzt komisch klingen, aber damals brachte ich es einfach nicht fertig zu rebellieren. Natürlich war ich kein Engel, aber gegen ihre Liebe konnte ich mich nicht auflehnen. Ich wollte es wohl tun und war zornig, daß es mir nicht gelang, aber es ging nicht. Wenn ihre Liebe zu mir fehlerhaft gewesen wäre oder scheinheilig, wenn sie unehrlich zu mir gewesen wären oder mich unterdrückt hätten, dann hätte ich bestimmt ein Schlupfloch gefunden, um zu entfliehen. So aber konnte ich kein Schlupfloch finden …
Lassen Sie mich mit der Bemerkung schließen, die alles gut zusammenfaßt: Mein Vater war der Trauzeuge bei den Hochzeiten aller seiner drei Söhne – und meine Mutter wäre Trauzeugin gewesen, wenn wir Töchter gewesen wären.

Zusammenfassung

1. Die Philosophie des Trainers Wooden bestand darin, mit den Grundlagen zu beginnen und sie zu betonen. Das sollten Sie vor Augen haben, wenn Sie damit beginnen, durch bedingungslose Liebe zur Charakterbildung Ihrer Kinder beizutragen.

2. Kinder müssen nicht nur von ihren Eltern geliebt werden. Sie müssen auch fühlen, daß ihre Eltern sie lieben.
3. „Ich habe immer versucht, das Richtige zu tun. Ich brachte es einfach nicht fertig, meine Eltern zu enttäuschen. Sie hatten mich immer spüren lassen, wie sehr sie mich liebten."
4. Bedingungslose Liebe bedeutet, daß Sie Ihre Kinder lieben, weil diese einzigartige, unendlich wertvolle menschliche Wesen sind, ganz gleich, wie gut ihre Leistungen, ihre Einstellungen oder ihr Betragen sind.
5. Zeigen Sie Ihr Mißfallen über schlechtes Verhalten und bestrafen Sie es, aber lieben Sie Ihre Kinder und lassen Sie sie das spüren.
6. Sagen Sie zu Ihren Kindern so oft wie möglich „Ich habe dich lieb" und sagen Sie ab und zu Worte, die die Kinder total bestätigen.
7. „Ich weiß nicht, wie viele Männer es waren, die zu mir gesagt haben: ‚Mein Vater liegt auf dem Sterbebett, und ich möchte gerne, daß er mir sagt, daß er mich lieb hat'."
8. Zeigen Sie Ihren Kindern auf verschiedene Art und Weise, daß Sie sie bedingungslos lieben, am meisten aber durch häufige Umarmungen.
9. Teenager – und wahrscheinlich vor allem sie – brauchen Umarmungen, und zwar sowohl Söhne wie Töchter.
10. „Wenn ich nun aus dem Büro nach Hause komme, denke ich, daß eine acht- bis zehnstündige Abwesenheit von zu Hause lang genug war, um danach jedes Familienmitglied mit einer Umarmung zu begrüßen, ganz gleich, ob er oder sie in der Stimmung dazu ist oder nicht."
11. „Taten reden lauter als Worte." Ich kann an der Art und Weise, wie du mich segnest und behandelst, sehen, daß du mich liebst. Die ständige Erinnerung daran jeden Abend ist mir sehr viel wert."
12. „Ein Familiensegen beginnt mit einer bedeutungsvollen Berührung. Dann folgt eine gesprochene Botschaft, die großen Wert hat, eine Botschaft, die ein Hinweis auf die besondere Zukunft für eine bestimmte Person ist und danach folgt eine Verpflichtung, aktiv zur Erfüllung dieses Segens beizutragen."
13. Sie können grundsätzlich auf zweierlei Weise segnen. Entweder durch eine formale Segnung mit Handauflegung, oder durch ihre täglichen Worte und Taten.
14. Welch ein Segen ist es für uns Väter, das Vorrecht zu haben, diesen wunderbaren Segen an jedes der Kinder weiterzugeben, die uns anvertraut sind!
15. „Als die Zeit kam, in der man sagt: ‚Ich lehne mich dagegen auf ...', kann ich mich sehr gut daran erinnern, daß ich dachte: ‚Ich kann mich nicht gegen sie auflehnen – sie lieben mich zu sehr!'"

8. Selbstachtung aufbauen

Eltern müssen den Selbstachtungstank ihres Kindes so gut auffüllen,
daß alle übrigen genügend Löcher hineinbohren können,
um ihn auszuleeren.

Anonym

Um ehrlich zu sein – es macht mich nervös, ein Kapitel über dieses Thema zu schreiben. Es ist sehr wichtig, es gibt vieles darüber zu sagen, und ich bin ganz gewiß kein Experte. Dutzende von Büchern sind über dieses Thema geschrieben worden. Wie kann ein einziges Kapitel es abdecken?

Wovon ich überzeugt bin, ist, daß ich durch das Lesen sehr vieler Bücher über dieses Thema viel gelernt habe. Es ist mir wichtig, Ihnen etwas davon mitzuteilen und Lektionen davon abzuleiten. Vielleicht kann ich Ihnen gerade dadurch einen wertvollen Dienst erweisen, daß ich auf relativ wenigen Seiten die Hauptpunkte zusammenfasse, die Sie im Hinblick auf die fundamentale Bedeutung der Selbstachtung für ein Kind wissen sollten. Außerdem komme ich auf die enorme Herausforderung zu sprechen, die damit für uns Väter verbunden ist, sowie auf den starken Einfluß der Kultur und der Eltern auf die Entwicklung der Selbstachtung bei Kindern. Weiterhin erwähne ich, was wir tun können, um die Selbstachtung von Kindern zu fördern.

Die Bedeutung der Selbstachtung eines Kindes

Wie wichtig ist denn nun die Selbstachtung tatsächlich für ein Kind? In der Folge eine Zusammenfassung dessen, was einige der führenden Experten darüber sagen:

> Ein großes Maß von Selbstachtung ist das wichtigste Werkzeug, um erfolgreich mit Problemen umgehen zu können, Dinge anzupacken und Krisen des alltäglichen Lebens zu bewältigen. Die Selbstachtung ist von zentraler Bedeutung im Hinblick darauf, wie Ihr Kind lernt, wie erfolgreich es ist, wie es arbeitet, wie es mit zwischenmenschlichen Kontakten zurechtkommt und wie es liebt. Selbstachtung ist der Schlüssel dazu, wie Ihr Kind sich selbst behandelt und wie es von anderen behandelt wird.
>
> Dr. Debora Phillips

> Selbstachtung ist die größte Gabe, die Sie Ihrem Kind – und sich selbst – schenken können. Sie ist der Schlüssel zu mentaler Gesundheit, zu Liebe und Glück. Selbstachtung zu haben, bedeutet zu wissen, daß man wertvoll, geschätzt und geliebt ist.
>
> Dr. Louise Hart

> Ich habe schon sehr oft mit den Komplexen zahlloser Teenagerherzen zu tun gehabt. Während der intensiven Krisenzeiten,die sie durchmachen, habe ich zu meinem Erstaunen herausgefunden, daß fast jedes tragische Problem die gleiche Wurzel hat. Im Gespräch mag es zuerst um Abtreibung, Drogenabhängigkeit oder eine rebellische Grundhaltung gehen, investiert man jedoch viel Zeit und Mitgefühl, so tritt, nachdem die vielen Schichten komplexer Gefühle abgetragen worden sind, fast ausnahmslos eine geringe Selbstachtung zutage.
>
> Joe White

Selbstachtung, oder fehlende Selbstachtung, hat auch einen starken Einfluß auf die breitere Gesellschaft:

> Bemerkenswert ist, daß wir unseren Nächsten tatsächlich lieben wie uns selbst: wir behandeln andere genau so, wie wir uns behandeln. Wir hassen andere, wenn wir uns selbst hassen. Wir sind anderen gegenüber tolerant, wenn wir uns selbst akzeptieren. Wir vergeben anderen, wenn wir uns selbst vergeben. Es ist nicht die Selbstliebe, sondern vielmehr der Selbsthaß, der die Wurzel der Probleme ausmacht, mit denen es unsere Welt zu tun hat.
>
> Eric Hoffer

Immer dann, wenn die Schlüssel, die den Weg zur Selbstachtung öffnen könnten, für eine große Anzahl von Menschen scheinbar außer Reichweite sind – so wie das im Amerika des 20. Jhdts. der Fall ist – kommt es zu weitverbreiteten mentalen und psychischen Krankheiten, Neurosen, Haß, Alkoholmißbrauch, Drogenabhängigkeit, Gewalt und zu sozialen Problemen und Unruhen. Persönliches Selbstwertgefühl gehört nicht zu den Kriterien, auf die man verzichten kann oder ohne die man auskommen könnte. Wir brauchen dieses Selbstwertgefühl unbedingt. Ist uns der Weg dazu versperrt, so leiden alle darunter.

Dr. James Dobson

Soweit die Expertenmeinungen. Wenn Sie wirklich wissen möchten, wie wichtig Selbstachtung für ein Kind ist – auch für Ihr Kind – so beachten Sie, was in dem nachstehend abgedruckten Brief ein Kind an seinen Vater schreibt:

Worin du auch immer versagt haben magst, du hast es zweifellos geschafft, mich davon zu überzeugen, daß ich die wunderbarste Person bin, die du je gesehen hast und daß jeder, der meinen unschätzbar großen Wert nicht zur Kenntnis nahm, jemand war, der das Offensichtliche übersah. Du hast mich meiner selbst absolut sicher gemacht. Und das hat in meinem Leben mehr als alles andere eine Rolle gespielt.
Ich weiß, daß manche Leute denken, Elternschaft hätte es nur damit zu tun, Kindern die richtigen Prinzipien einzubleuen, ihnen Disziplin anzuerziehen und Kindern ein gutes Beispiel zu geben. Ich denke jedoch, daß Elternschaft es alles in allem mehr damit zu tun hat, Kindern ein unzerstörbares Bewußtsein ihres persönlichen Wertes zu geben, denn genau das brauchen sie für den Rest ihres Lebens.

Die heutige Epidemie der Minderwertigkeitsgefühle

Uns ist nun klar, wie grundlegend wichtig ein gesundes Selbstwertgefühl für Kinder und für die Gesellschaft ist. Was wir als nächstes verstehen müssen, ist die Tatsache, daß nur sehr wenige angehende Teenager es haben. Statt dessen herrscht in dieser Altersgruppe von Kindern zwischen zwölf und zwanzig Jahren eine Epidemie der Minderwertigkeitsgefühle vor.

> Dieses auszehrende Bewußtsein der Unzulänglichkeit kann man in allen Lebensbereichen beobachten, auch in allen Gesellschaftsschichten, in allen Gemeinden sowie in den Schulen und Universitäten. Im besonderen trifft man es unter den heutigen Jugendlichen an. Ich habe beobachtet, daß die überwältigende Mehrzahl der Zwölf- bis Zwanzigjährigen völlig unzufrieden damit ist, wer sie sind und was sie vorstellen.

Weswegen ist diese erschreckende Tatsache zutreffend? Haben Kinder heutzutage nicht sehr viel? Es stimmt zwar, daß sie in materieller Hinsicht sehr viel haben – Dinge, Geld und Möglichkeiten – was ihnen jedoch fehlt, ist das Gefühl, von denen angenommen zu sein, die ihnen am wichtigsten sind. Wenn das so ist, so akzeptieren sie selbst sich auch nicht, und das ist die Wurzel des Problems geringer Selbstachtung.

Kommen wir nun im einzelnen darauf, weswegen Kinder sich nicht angenommen fühlen und sich weigern, sich selbst zu akzeptieren, denn hiermit haben wir es zu tun.

Zunächst die Eltern. Eine Umfrage unter Eltern ergab, daß Väter und Mütter in der Regel für jede positive Bemerkung zu ihren Kindern durchschnittlich zehn negative machen. Bei einer anderen Umfrage stellte man Eltern die Frage, wie oft sie ihre Kinder kritisieren. Die Antworten reichten von zwanzig bis zu hundert mal pro Tag. Vergleichen Sie diese Tatsachen nun mit der nächsten Erkenntnis von Kinderpsychologen, nämlich, daß ein Kind mindestens vier positive Bemerkungen benötigt, damit der Schaden wettgemacht wird, den eine negative Bemerkung seinem Selbstwertgefühl zufügt.

BITTE PRÄGEN SIE SICH DIESE PROPORTIONEN EIN:

P = positive Bemerkungen, N = negative Bemerkungen

4 P sind nötig, um 1 N wettzumachen.

Wir teilen 10 N für 1 P aus.

Da wir im Schnitt mindestens zwanzig negative Bemerkungen pro Tag unseren Kindern gegenüber machen, sollten wir ihnen mindestens 80 positive Bemerkungen pro Tag gönnen, um den Schaden wettzumachen.

Der Ansturm des Negativen auf unsere Kinder findet leider nicht nur in der Familie statt. Unglücklicherweise erhalten wir in großem Maße negative Unterstützung von seiten der Schulen, wo unsere Kinder ebenso einen großen Teil ihrer Zeit verbringen. Eine Studie der nationalen Eltern-Lehrer-Organisation ergab, daß die Verhältnisse in den Schulen noch schlechter ausfallen: auf eine positive Bemerkung kommen 18 negative. Eine andere Umfrage fand heraus, daß Studenten jedes Jahr auf 60 Tage Tadel, Zurechtweisung und Kritik kommen. In den zwölf Jahren, in denen ein Schüler die Schule besucht, ist er also 15 000 negativen Bemerkungen ausgesetzt. Und das bezieht sich nur auf die Bemerkungen durch die Lehrer und die Angestellten der Schule. Die zahllosen verbalen Attacken von seiten anderer Kinder und Mitschüler, die ein Kind einstecken muß, sind nicht miteinbezogen, Bemerkungen von Kindern, die sich für cool oder spaßig halten, wenn sie mit solchen Bemerkungen um sich werfen. Von daher ist es nicht erstaunlich, daß 80 % der Kinder noch ein ziemlich gutes Selbstwertgefühl haben, wenn sie in die erste Klasse kommen, daß jedoch in der sechsten Klasse nur noch 10 % ein gesundes Selbstwertgefühl haben.

An dieser Stelle sind einige Worte über den allgemeinen Einfluß der amerikanischen Kultur angebracht, um das Bild abzurunden. Obwohl ich davon überzeugt bin, daß Eltern den weitaus größten Einfluß ausüben, was die Entwicklung des Selbstwertgefühls von Kindern angeht, so sind trotzdem auch starke kulturelle Einflüsse am Werk, denen unsere Kinder täglich ausgesetzt sind. Körperliche Schönheit und Intelligenz sind die beiden höchsten kulturellen Ideale, an denen man die Selbstachtung und den Selbstwert mißt. Was die körperliche Schönheit betrifft, so müssen wir als Erwachsene einräumen, daß wir sehr verschieden auf ein ungewöhnlich schönes bzw. auf ein besonders unattraktives Kind reagieren, und dieser Unterschied hat einen tiefgreifenden Einfluß auf die Entwicklung einer Persönlichkeit. So ist es nicht erstaunlich, daß Kinder schon im Alter von drei oder vier Jahren die Bedeutung körperlicher Attraktivität begreifen. Ebensowenig erstaunt es dann, daß von 2000 Mädchen im Alter von elf bis achtzehn Jahren 59 % ihr Aussehen (und nur 4 % größere Fähigkeiten) nannten, als man sie fragte, was sie am liebsten an sich ändern würden, wenn sie das könnten.

Es liegt an den Eltern, wie sehr das Ideal der Intelligenz das Selbstwertgefühl eines Kindes beeinflußt: Wenn die Geburt des ersten Kindes bevorsteht, beten seine Eltern darum, daß es ein normales Kind sein möge – das bedeutet: durchschnittlich. Sobald es aber geboren ist, geben sie sich mit „durchschnittlich" nicht länger zufrieden.

Die Schlußfolgerung liegt auf der Hand: In der Regel wird das Selbstwertgefühl eines Kindes durch die Schulen, durch seine Kameraden und durch die amerikanische Kultur nicht gefördert. Wenn es wachsen soll, so kann das nur in der Familie geschehen. Und dabei spielt der Vater eine ganz besondere Rolle.

Der starke Einfluß des Vaters

In einer nationalen Befragung von Teenagern über ihre Selbsteinschätzung wurden die folgenden fünf Variablen am häufigsten genannt:

1. Eine enge Beziehung zum Vater
2. Viel Zeit mit dem Vater verbringen
3. Viel Zeit mit der Mutter verbringen
4. Sich zu Hause sicher und geliebt fühlen
5. Ein Notendurchschnitt von sehr gut oder gut

Folgende Bemerkung, die ich gelesen habe, hat mich sehr bewegt und herausgefordert: „Was wir von Euch hören: ‚Ihr seid …', das wird in unserem Inneren zu den ‚ich bin …', das uns prägt."

Die Worte des Vaters treffen die Kinder in besonderer Weise.

Der Popsänger B.J. Thomas erzählt über die explosive Macht negativer Worte:

> *Wenn du sechs Jahre alt bist und dein Vater dir zum hundertsten Mal sagt: „Du bist ein dreckiges, unnützes, wertloses Kind, mach, daß du fortkommst", so glaubst du das. Du sagst zu dir selbst: „Mensch, ich bin ein Dreckskerl, und mein Vater will, daß ich abhaue." Das verursacht mir ein schrecklich negatives Gefühl. Mein Vorbild, mein Vater, mochte mich nicht.*

Und was für Söhne zutrifft, gilt noch viel mehr für Töchter.

> Für Mädchen spielt die Meinung des Vaters zweifellos die wichtigste Rolle. Für die meisten kleinen Mädchen war der Vater nicht nur das erste menschliche Wesen nach der Mutter, mit dem sie sich stritten, sondern er war auch der erste Außenseiter. Mit der Zuwendung der Mutter konnte man in gewißem Maße rechnen, die des Vaters jedoch mußte man sich verdienen. Eine Freundin von uns, die Ende 30 und über 1,80 m groß ist, wiegt nur 65 kg. Trotzdem ist sie bis heute davon überzeugt, daß sie zu dick sei. Ihr Vater fand es spaßig, seine Tochter Pummelchen zu nennen und fand daran sadistisches Vergnügen. Sie versucht, diesen Spitznamen mit Kinderfotos in Verbindung zu bringen, die zeigen, daß sie zu dick sei. Aber auf keinem dieser Fotos ist sie auch nur geringfügig übergewichtig. Aus welchem Grund auch immer ihr Vater sie so geneckt hat, diese Frau trägt noch immer die Narben dieser Behandlung, bis ins mittlere Alter hinein. Es ist unwahrscheinlich, daß sie je heilen werden. Gleicherweise kennen wir eine 27jährige Lehrerin, die nie kurzärmelige Blusen oder Kleider trägt, weil ihr Vater sich einmal über die Sommersprossen auf ihren Armen lustig gemacht hatte, als sie vierzehn war. Sie gibt zu: „Hätte irgend jemand sonst dies gesagt, so hätte ich es wahrscheinlich schon am nächsten Tag vergessen."

Diese Aussagen zeigen, welch negativen Einfluß die Worte von Vätern haben können, nicht nur in der Kindheit, sondern weit darüber hinaus. Glücklicherweise reicht auch der Einfluß von positiven Worten über die Kindheit hinaus. Die Lebensgeschichte Eleanor Roosevelts ist eine eindrückliche Illustration der Ergebnisse einer Studie, die belegen, daß die Errungenschaften von Frauen in einem direkten Zusammenhang mit deren Anerkennung durch den Vater stehen. Eleanor Roosevelt hatte einen Vater, der sie anbetete und der den größten Einfluß auf ihr Selbstvertrauen hatte. „Er war das Zentrum meiner Welt", schrieb sie in ihrer Autobiographie, „und ich zweifelte nie daran, daß ich den ersten Platz in seinem Herzen hatte." Er starb, als sie erst neun Jahre alt war, vor seinem Tod versprach sie ihm jedoch, eine Frau zu werden, auf die er stolz sein könne. Das machte sie auf vielerlei Weise wahr. Als sie 76 Jahre alt war, schrieb sie: „So lange wie er für mich die lebhafte, lebendige Person bleibt, die er nun einmal ist ... wird er immer leben und weiterhin seinen guten, freundlichen Einfluß auf mich ausüben."

Alle suchen Anerkennung durch den Vater. Fragen wir uns nicht alle von Zeit zu Zeit, ob das, was wir tun, unserem Vater gefallen und seinen Beifall finden würde?

Ich, ein fünfzehnjähriges Mädchen, stehe vor dem Spiegel und singe. Mein Schlafzimmer ist mein sicherer Hafen, wo ich allein bin. Ich nehme eine selbstdarstellerische Haltung an, mit der ich den Tag begrüße, werfe meine Schultern zurück, dann mein Haar, und dann singe ich, wie' s mir ums Herz ist. „Ich bin der größte Star, ja, der größte. Aber niemand weiß es."

Hinter den Gedanken des singenden Teenagers steht als lächelnder Zuhörer jemand, der, im Gegensatz zu allen anderen, das Talent in mir entdeckt. Hier, in der geliebten Einsamkeit meines Zimmers kann ich meinen Phantasien nachhängen und vor dem Spiegel zugeben, daß ich ihm gefallen möchte.

Manchmal, wo ich jetzt erwachsen bin und über solche Dinge rede, ertappe ich mich selbst noch dabei, mich bei irgendeiner Sache zu fragen: „Ob du das wohl magst, Vati?"

Wir Väter haben also eine große Herausforderung vor uns. Insgesamt gesehen haben wir es im großen und ganzen versäumt, unsere Kinder zu einer gesunden Selbstachtung zu führen. Wir sollten dem folgenden Rat eines Vaters folgen: „Meine beiden Hauptziele als Elternteil sind: meinen Kindern dabei zu helfen, eine gesunde Selbstachtung zu erwerben und Selbstdisziplin zu entwickeln. Und das in dieser Reihenfolge."

Wie man Selbstachtung aufbauen kann

Kommen wir nun zur guten Nachricht. Es gibt sehr viel, was wir Väter tun können, um die Selbstachtung unserer Kinder aufzubauen. Oft kann man das auf lustige oder aufregende Weise tun. Ich kann Ihnen sozusagen garantieren, daß Sie eine Veränderung in Ihren Kindern bemerken werden, sobald Sie damit beginnen, einige dieser Ratschläge in die Praxis umzusetzen. Außerdem wird es bei Ihnen zu Hause friedlicher und glücklicher zugehen.

Als Einstieg zu individuellen Schritten, die Sie unternehmen können, wollen wir uns einige Schlüsselaussagen von Teenagern und Ergebnisse von Studien vor Augen halten. Zunächst eine Antwort eines Teenagers auf die Frage: „Was müssen deine Eltern tun, damit du dich so richtig gut fühlst?“

Mich bei allem unterstützen, was ich tue, Probleme und Freuden mit mir besprechen, mich in allem, was ich tue, ermutigen, mir in vielen Dingen vertrauen, Zeit mit mir verbringen, ihr Leben und ihre Liebe mit mir teilen!
Meine Mutter und mein Vater räumen mir Zeit ein, um auf meine Bedürfnisse einzugehen oder bei mir zu sein. Sie sagen mir oft „Wir haben dich lieb“, „Du bist ein großartiges Kind“, oder „Wir sind stolz auf dich“. Sie sind offen mir gegenüber und reden mit mir, wenn ich das möchte. Sie vertrauen mir in vielen Dingen und geben mir viel Freiheit, meine eigenen Dinge zu tun.
Was mir am meisten bedeutet, ist, daß sie mir so sehr vertrauen. Sie geben mir viel Verantwortung und vertrauen mir uneingeschränkt. Ich liebe sie wegen dieses Vertrauens.
Sie sagen mir immer wieder, daß sie stolz auf mich sind – ganz gleich, was ich tue. Ich habe immer Probleme mit den Noten gehabt (ich bin einfach keine gute Schülerin), aber mein Vater sagt immer zu mir, daß Noten zwar wichtig sind, daß es aber noch viel wichtiger ist, mit Menschen umgehen zu können. Und das glaube ich auch.
Meine Eltern geben mir Selbstsicherheit dadurch, daß sie mit mir beten. Sie ermutigen mich oft. Sie sagen mir, daß sie mich lieben. Sie beglückwünschen mich auch, wenn ich versage. Sie versuchen, mich aufzumuntern.

Die Ergebnisse der folgenden beiden Studien fand ich absolut faszinierend. Jede von ihnen untersuchte Familien von Kindern mit gut entwikkelter Selbstachtung und stieß dabei auf drei Hauptmerkmale, und diese drei waren praktisch identisch. Eine Studie, die Dr. Stanley Coopersmith unter 1738 Mittelschuljungen und in ihren Familien durchführen ließ, fand folgende drei Merkmale heraus: (1) Die hohe Selbstachtung war bei Kindern festzustellen, die zu Hause deutlich mehr geliebt und wertgeschätzt wurden. Diese Jungen wußten, daß ihre Eltern Interesse an ihnen hatten und stolz auf sie waren. (2) Die Eltern hatten deutlich strenger disziplinarisch durchgegriffen, und (3) in den Familien ging es offen und demokratisch zu, so daß die Persönlichkeit wachsen und sich entwickeln konnte. Die andere Studie fand heraus, daß die Eltern von Kindern mit starkem Selbstvertrauen folgende drei Kriterien erfüllten: (1) Sie waren liebevoll und zeigten Zuwendung zu ihren Kindern; (2) sie vermittelten ihnen klare Führung, (3) sie respektierten die eigenen Initiativen und Bemühungen ihrer Kinder.

Schauen wir nun an, wie wir das im einzelnen praktizieren können.

Erster Schritt: Lieben Sie Ihre Kinder bedingungslos

Wir haben das Thema „bedingungslose Liebe" schon im vorhergehenden Kapitel angeschnitten. Nun müssen wir es mit dem Selbstwertgefühl des Kindes in Beziehung setzen.

Der Hauptgrund für ein geringes Selbstwertgefühl bei Erwachsenen und Kindern ist die fehlende bedingungslose Liebe durch die Eltern. Diese bedingungslose Liebe durch die Eltern geht fast immer der Selbstannahme voraus.

Nun kommen wir zu einer überraschenden Aussage. Während wir nochmals die Wichtigkeit der bedingungslosen Liebe betont haben, nachdem wir ihr zuvor schon ein ganzes Kapitel gewidmet hatten, möchte ich nun betonen, daß sie allein nicht genügen könnte. Wir Wirtschaftswissenschaftler nennen so etwas einen „Nötig-aber-nicht-ausreichend-Zustand". Kinder mögen wissen, daß ihre Eltern sie lieben, jedoch fühlen sie nicht, daß sie geschätzt, respektiert oder von ihren Eltern akzeptiert sind. „Sie sind schließlich meine Eltern. Sie müssen mich lieben. Aber sie mögen mich nicht wirklich, noch sind sie stolz auf mich." Genau wegen dieser negativen Tendenz ist der 2. Schritt lebenswichtig.

Zweiter Schritt: Loben Sie Ihre Kinder überschwenglich

Nehmen Sie jetzt einen Stift zur Hand und markieren Sie sich alles, was Ihnen wichtig erscheint, denn das, was nun folgt, steckt voller praktischer Ratschläge, wie Sie Ihre Kinder zu Siegern, Optimisten und Gewinnern machen können, indem Sie sie ausgiebig loben und dadurch aufbauen.

Nichts ist besser für das Selbstbewußtsein eines Kindes als ein regelmäßiges Maß an Lob. Folgendermaßen können Sie das Lob für Ihr Kind zum Ausdruck bringen:

* **Loben Sie seine Anstrengungen.**
* **Loben Sie das Kleine.**
* **Loben Sie besondere Taten.**
* **Loben Sie es für Fortschritte auf den Gebieten, wo es Schwächen hat.**
* **Loben Sie es für Besserung.**
* **Loben Sie es dann, wenn es das am wenigsten erwartet.**
* **Loben Sie es einfach dafür, daß es Ihr Kind ist.**

Hier ein paar Tips: Väter, macht Euren Kindern Komplimente über ihr Aussehen, besonders Euren Töchtern (denken Sie daran, daß 59 % aller heranwachsenden Mädchen ihre äußere Erscheinung am liebsten verändern möchten). Mark Twain sagte: „Von einem aufrichtig gemeinten Kompliment kann ich zwei Monate lang leben." Eine andere Möglichkeit ist, daß Sie Ihren Kindern Briefe schreiben und darin alles Gute aufführen, das Sie in ihnen sehen. Schreiben Sie ihnen, wie stolz Sie darauf sind, ihr Vater zu sein.

Der Schlüssel dazu, ein Vater zu werden, der zu loben versteht, ist in viele Merksätze gefaßt worden. Dr. Spencer Johnson spricht darüber, daß man Kinder ein Minute lang loben soll, wenn man sieht, daß sie etwas richtig tun. Ein Grundelement dieses einminütigen Lobs ist: Sagen Sie den Kindern genau, was sie getan haben, wie gut Sie es finden, daß sie es getan haben. Machen Sie eine kurze Pause, damit das Lob ihnen ein gutes Gefühl vermitteln kann. Sagen Sie ihnen dann, daß Sie sie liebhaben und beenden Sie das Lob mit einer Umarmung oder einer leichten Berührung. Die Haupteinsicht, die Johnson durch den Vater in seiner Geschichte weitergeben möchte, ist, daß die Kinder nur dann seine Aufmerksamkeit erregten oder ihn zu spüren bekamen, wenn sie sich daneben benommen hatten. „Wenn die Kinder sich gut benahmen, tat er nichts." Dieser Satz hat zweifellos bei mir eingeschlagen.

Ein Cartoon drückt es vielleicht am besten aus. Ein kleiner Junge steht in der Ecke mit einer Träne im Auge und sagt: „Wie kommt es nur, daß ich keinen besonderen Platz bekomme, wenn ich mich gut benehme?"

Ich will Sie dazu ermutigen, nach dem Gold in Ihren Kindern Ausschau zu halten. Diese Formulierung ist einer Geschichte entnommen, die über Andrew Carnegie erzählt wird, der zu einem gewissen Zeitpunkt seines Lebens der wohlhabendste Mann in Amerika war:

> Ein Reporter fragte Carnegie einmal, wie er dazu gekommen sei, 43 Millionäre anzustellen. Carnegie antwortete, daß keiner dieser Männer Millionär gewesen sei, als er anfing, für ihn zu arbeiten, sondern daß sie durch die Arbeit für ihn zu Millionären geworden seien.
> Die nächste Frage des Reporters lautete: „Wie haben Sie diese Männer gefördert, daß sie so wertvoll für Sie geworden sind und Sie ihnen so üppige Gehälter zahlen?" Carnegie antwortete, daß Männer so gefördert werden, wie man Gold sucht. Wenn man Gold sucht, müssen einige Tonnen Schmutz bewegt werden, um an eine Unze Gold zu kommen; aber man steigt nicht in die Mine, um nach Schmutz zu suchen – man steigt hinein, um nach dem Gold Ausschau zu halten.
> Auf genau diese Weise tragen Eltern zu der Entwicklung positiver und erfolgreicher Kinder bei. Suchen Sie nicht nach den Fehlern, nach Versagen, Mißgeschick und Unvollkommenheiten. Suchen Sie nach dem Gold, nicht nach dem Schmutz, nach dem Guten, nicht nach dem Bösen. Suchen Sie die positiven Aspekte im Leben. Wie mit allem anderen ist es so, daß, je mehr wir in unseren Kindern nach positiven Qualitäten Ausschau halten, wir desto mehr von ihnen finden werden.

Joe White, der Direktor eines der größten Sportcamps für Kinder in Amerika, sagte einen Satz, den ich besonders mag:

> Nachdem ich in den letzten zwanzig Jahren mit Hunderttausenden von Teenagern gearbeitet, sie beraten, mit ihnen zusamengelebt und gesprochen habe, habe ich herausgefunden, daß jeder von ihnen in irgendeinem Berreich überragend ist – wenn die Eltern dieses Kindes das nur entdecken und diese Goldader im Herzen ihres Kindes sichten.
> Alle erfolgreichen Familien haben etwas gemeinsam: Die Entdeckung von Siegern.

Sieger können nicht nur entdeckt werden. Man kann jemanden auch dazu machen, oder ihn zumindest stark dazu ermutigen. Es gibt darüber eine Geschichte, die zeigt, daß die beste Art, Kindern zu zeigen, daß sie Sieger sind, diejenige ist, sie siegen zu lassen:

> „Das größte Beispiel dafür ist", sagte der Vater, „diese absolut wahre Geschichte über einen Vater, der alles so arrangierte, daß sein kleiner Sohn einfach gewinnen mußte, ganz gleich, was das Kind tat."
> Der jüngere Vater lachte. „Das klingt so, als ob aus diesem Jungen ein wirklicher Siegertyp geworden sei."
> „Und ob", antwortete der andere.
> „Wie hat der Vater das geschafft?" wollte der Besucher nun wissen.
> „Nun, er hat seinem Sohn das Kegeln beigebracht – wie viele andere Väter. Jedoch etwas hat er anders gemacht als die meisten von uns mit ihren Kindern. Zunächst stellte er die üblichen zehn Kegel auf. Danach stellte er zum Erstaunen seiner Freunde noch verschiedene zusätzliche Kegel auf, und zwar im Rinnstein am Ende der Bahn."
> „Im Rinnstein?" fragte der junge Vater erstaunt. „Meinst du das wirklich ernst?"
> „Ja", antwortete der ältere Mann.
> „Natürlich wissen wir beide, daß man null Punkte bekommt, wenn man den Ball so schlecht wirft, daß er in den Rinnstein fliegt, denn alle Kegel bleiben dann stehen."
> „Weshalb hat er also diese Kegel im Rinnstein aufgestellt?"
> „Ich will dir eine Frage stellen, die dir hilft, die Antwort zu finden. Du weißt, daß der Junge gerade erst vier Jahre alt war und eben angefangen hatte, kegeln zu lernen. Was meinst Du, wohin der kleine Mann wohl den Ball geworfen hat?"
> Der junge Vater lachte: „Ich befürchte, in den Rinnstein."
> „Genau. Und die meisten von uns Vätern befürchten das gleiche. Aber den Vater dieses Jungen bekümmerte es nicht, wohin der Ball seines Sohnes ging. Er stellte die Kegel immer so auf, daß der Ball sie traf."
> Der junge Mann lachte. „Diese Geschichte gefällt mir."
> „Ist sie nicht einfach großartig? Wohin dieser kleine Junge auch seinen Ball warf, er war immer der Sieger."
> Der junge Mann nickte und lächelte.

„Als dieser Junge erwachsen wurde, weißt Du, was aus ihm geworden ist? Ich meine nicht nur, daß er Sieger war, bei allem, was er anpackte."
„Ein Profikegler?"
„Du hast es erraten. Er ist ein sehr erfolgreicher professioneller Kegler geworden. Viele Jahre später, nachdem er mehr Geld als jeder andere Kegler gewonnen hatte, fragte man ihn einmal, welches der Schlüssel zu seinem Erfolg gewesen sei. Nelson Burton sprach dann mit Stolz von seinem Vater.
„Ich kann mich nicht daran erinnern, je daneben geworfen zu haben", sagte er. „Ich hatte einen ungewöhnlichen Vater!"

Weshalb sind mir nicht so kreative Ideen gekommen, meine Kinder zu Siegern zu machen, als diese kleiner waren? Ich gebe es zu: manchmal fällt es mir schwer, mich zu freuen, wenn eines meiner Kinder mich im Spiel besiegt.

Nun ist es aber einmal so, daß das Leben nicht nur aus Siegen besteht. Manchmal werden unsere Kinder Verlierer sein. Sie werden versagen. Wie wir als Väter auf diese Verluste oder Versagen reagieren, hat entscheidende Auswirkungen auf das Selbstwertgefühl unserer Kinder.

Brausen Sie auf? Sind Sie zornig und entrüstet? Wenn wir ehrlich sind, müssen wir alle zugeben, schon einmal geantwortet zu haben: „Wie konntest du das nur tun?!", „Wie konntest du nur so etwas Blödsinniges anstellen?!", „Du hast das doch früher immer so gut hingekriegt – weswegen denn jetzt nicht?!" Solche Antworten sollten wir wo immer möglich vermeiden. Wir sollten in jeder Situation versuchen, unsere Kinder aufzubauen.

Hören Sie Bart Campolos persönliche Geschichte darüber, welch aufregende Resultate man erzielt, wenn Eltern versuchen, ihre Kinder aufzubauen. Er war ein junger Mann und lebte allein, weit entfernt von seinen Eltern. Sein erster Arbeitsplatz brachte ihm viel Frustration und Entmutigung: „Ich fragte mich, wie ich so weiterleben könnte ... Ich war komplett von der Rolle und fühlte mich wie ein Schiffbrüchiger auf wilder See ... Ein leichter Windstoß hätte genügt, um mich vollends untergehen zu lassen." Dann, so schreibt er an seinen Vater, „tauchtest du mit Mutti und Lisa (seiner Schwester) auf":

Ihr habt mich so behandelt, als sei ich immer noch die gleiche erfolgreiche Person, die ich war, als ich von zu Hause wegging, nicht aber jener komplette Versager, als der ich mich jetzt fühlte. Ich erinnere mich daran, wie du zu mir sagtest: „Wir sind stolz auf dich", und das öfter als üblich. Dann habt Ihr mir zugesichert, daß ich nach Hause zurückkehren und für dich arbeiten könnte, wenn ich es an meinem Arbeitsplatz nicht aushielte, weil du jemanden wie mich immer gebrauchen könntest.

Das Wichtigste jedoch war Mutti, die das alles durchdachte und, kurz bevor Ihr wieder abreistet, etwas zu mir sagte, was ich nie vergessen werde. „Bart", sagte sie, „du mußt hier nicht einfach ausharren und dich hilflos und wie ein Versager fühlen. Du bist ein kluger und liebevoller junger Mann. Aber im Moment hast du scheinbar aufgehört, die Leute um dich herum als Personen zu betrachten, die man kreativ lieben soll. Du siehst sie nur als Teil einer Situation, mit der du nicht zurechtkommst. Du bist egoistisch geworden. Das paßt nicht zu dir. Natürlich kannst du immer nach Hause kommen, wenn du das möchtest. Bevor du dich aber dazu entschließt, überlege einmal gründlich, weshalb Gott dich wohl hierher geführt hat und was du hier lernen sollst. Überlege auch, um wen du dich hier kümmern kannst und wem du Liebe erweisen kannst. Vielleicht wirst du nicht für jedermann ein großer Star werden, aber Vati und ich glauben an dich, und wir denken, daß du es hier schaffen kannst, wenn du dich darauf besinnst, wer du bist."

Dieser Besuch bewirkte eine totale Veränderung. Natürlich lösten sich meine Probleme nicht über Nacht. Als Ihr wieder fort wart, hatte ich immer noch die gleichen Probleme und Schwächen wie zuvor (und auch jetzt noch). Was sich aber verändert hatte, war meine Einstellung dazu. Ich wußte, daß ich unschätzbar wertvoll war, auch wenn ich vielleicht manchmal versagte. Wenn ich auch nicht alle Probleme lösen konnte, hatte ich doch die Fähigkeit, ihnen auf andere Weise zu begegnen, und das machte sehr viel aus. Ihr alle habt mich daran erinnert, daß ich einen persönlichen Wert habe.

Wäre es nicht aufregend, unsere Kinder in ähnlicher Weise aufzubauen und ihre Selbstachtung wiederherzustellen? Was diese Geschichte besonders ermutigend macht, ist die Tatsache, daß immer Gelegenheiten da sind, das zu tun – sogar dann, wenn die Kinder heranwachsen und außerhalb wohnen, vielleicht sogar in einer anderen Stadt.

Beachten Sie, wenn Ihre Kinder etwas Richtiges tun. Loben Sie sie eine Minute lang dafür. Suchen Sie das Gold. Entdecken Sie die Sieger. Ermutigen Sie die Gewinner. Bauen Sie Ihre Kinder auf. Alle Väter möchte ich dazu aufrufen, einige dieser Schritte in die Praxis umzusetzen. Tun Sie es, so werden Sie Veränderungen bei Ihren Kindern erleben. Tun Sie es beständig und über eine lange Zeitspanne hin, so werden Ihre Kinder ein gut entwickeltes Selbstwertgefühl haben und eine optimistische Lebenseinstellung. Sie werden die Art von Philosophie haben, von der die folgende Geschichte erzählt, nämlich die, selbst im Mist nach einem Pony zu suchen:

> Es gibt eine alte Geschichte. Sie handelt von zwei Brüdern. Der eine von ihnen war ein düsterer Pessimist, der andere ein fröhlicher Optimist. An einem Weihnachtsfest entschlossen sich die Eltern der beiden, etwas zu unternehmen, um den Unterschied zwischen ihren beiden Söhnen etwas zu mildern. Sie kauften für den pessimistischen Sohn ein ganzes Zimmer voll der modernsten und schönsten Spielsachen, für den optimistischen Sohn dagegen füllten sie die Scheune mit Mist. Am Weihnachtsmorgen schaute der pessimistische Sohn die vielen Spielsachen an und fing gleich an zu klagen, daß das, was er eigentlich wolle, nicht dabei sei. Dann spielte er kurz mit ein paar Sachen, um bald darauf zu sagen: „Das ist alles furchtbar langweilig." Die Eltern schauten, was der zweite Sohn machte. Sie fanden ihn in der Scheune, wo er fröhlich und mit Begeisterung den Mist durchwühlte. Sie fragten ihn, weshalb er nicht enttäuscht sei. Er antwortete: „Wo soviel Mist ist, muß ganz sicher auch irgendwo ein Pony sein!"

Dritter Schritt: Lehren Sie Ihre Kinder, daß der grundlegende Wert jeder Person von Gott kommt

Für Väter, die glauben, daß der Wert eines Menschen von Gott kommt, und daß dieser Wert bei jeder Person unendlich groß ist, ist diese Überzeugung die Grundlage aller Selbstachtung – ihrer eigenen und der ihrer Kinder. Deswegen ist es ihnen sehr wichtig, ihre Kinder zu lehren, daß sie nach dem Ebenbild Gottes geschaffen sind und daß diese Tatsache allein sie schon unendlich wertvoll macht.

Vierter Schritt: Stellen Sie realistische Erwartungen an Ihre Kinder

Unsere Zeit ist schnellebig geworden. Wenn auch Sie zu den schnellebigen Eltern gehören, dann sollten Sie wissen, daß es schwierig ist, Kind schnellebiger Eltern zu sein, die ihre Sprößlinge mit hohen Erwartungen erdrücken. Die allgemeine Folge davon ist, daß die Kinder überempfindlich werden für Kritik oder Versagen, ernste mentale Probleme bekommen, sich als chronische Versager sehen, sich ausgebrannt fühlen und Freundschaften pflegen, die eher durch Wettbewerb als durch Zusammenarbeit gekennzeichnet sind. Statt den Erfolg ihrer Eltern nachahmen zu wollen, fürchten sich viele davor, den Preis dafür zu zahlen. Ein Junge sagte: „Mein Vater hat nie Spaß gehabt. Kann sein, daß er ein großer Anwalt ist. Er verdient eine Menge Geld. Trotzdem möchte ich nicht sein wie er. Ich möchte andere Dinge erleben. Wenn ich alt bin, möchte ich lieber ein gutes Leben gelebt haben, anstatt ein sehr wichtiger Mann geworden zu sein." Wenn es ein Thema gibt, das in Gesprächen mit Kindern immer wieder angesprochen wird, so ist es das Gefühl des Alleinseins. Kinder fühlen sich sowohl von ihren Kameraden wie auch von ihren Eltern isoliert, und das trotz ihres abwechslungsreichen Lebens.

Fünfter Schritt: Helfen Sie Ihren Kindern dabei, ausgleichende Fähigkeiten zu entwickeln

Alle angehenden Teenager haben mehr oder weniger unter einer Flut von Minderwertigkeitsgefühlen zu leiden. Das beste Mittel dagegen ist, wenn sie eine Fähigkeit enwickeln, diese zu kompensieren, etwas, worin sie wirklich gut sind. Das mag Musik sein, eine Kunst, Sport, eine Aktivität in der Schülerverwaltung, ein Fach, die Mitarbeit an einer Schülerzeitung, was auch immer. Diese Aktivität sollte dem Kind die Möglichkeit geben, zu sagen: „Ich bin zwar vielleicht nicht gut in x, aber dafür zähle ich in y zu den besten."

In unserer Familie haben meine Frau Carol und ich schon, seitdem unsere Tochter Kira vier Jahre alt war, bemerkt, daß sie eine hervorragende tänzerische Begabung hat. Als sie in die fünfte Klasse kam und sah, daß ihre Zwillingsschwester auf eine neue Schule kam, weil sie sich durch einen Test für Begabte dafür qualifiziert hatte, meldeten wir Kira bei einer sehr guten Balletschule an.

Als Eltern sollten Sie immer nach versteckten Begabungen Ihrer Kinder Ausschau halten. Wenn Sie solche entdecken, sollten Sie sie fördern.

Das ist nun ein Jahr her. Der Leiter der Balletschule hat uns gesagt, daß Kira es ernstlich ins Auge fassen sollte, eine professionelle Tänzerin zu werden. Vor allem Kira ist ganz verrückt auf Ballet und auf Jazz. Ihr ausgleichendes Talent blühte gerade zur rechten Zeit auf.

Sechster Schritt: Bereiten Sie Ihre Kinder auf die Krisenzeit der Minderwertigkeitsgefühle vor

Viel zu oft sind Heranwachsende davon überzeugt, daß sie die einzigen Menschen auf der Welt sind, die sich so verstoßen und wertlos fühlen. Wir als Väter können ihnen einen wertvollen Dienst erweisen, indem wir uns mit unseren Kindern zusammensetzen, wenn diese zehn oder elf Jahre alt sind und ihnen klarmachen, daß ihnen eine Zeit massiver Veränderungen bevorsteht, in der sie sich nicht nur körperlich verändern werden, sondern die auch starke emotionale Veränderungen mit sich bringt. Dieses Wissen kann Kindern eine große Hilfe sein. Und ein solches Gespräch kann eine gute Sache sein. Schauen Sie Ihren Kindern geradewegs in die Augen und sagen Sie ihnen: „Ich habe euch lieb, und ich werde immer für euch da sein."

Siebenter Schritt: Bauen Sie Selbstachtung durch Aktivitäten in der Familie auf

Nachfolgend ein Auszug aus einer Liste mit Vorschlägen:

* Pflanzen Sie zu Ehren eines Kindes an seinem Geburtstag einen Baum.
* Hängen Sie ein großes Foto eines Baumes in Ihrem Wohnzimmer auf und kleben Sie jedesmal, wenn ein Familienmitglied etwas Besonderes geschafft hat, Verantwortung über-

nimmt, eine gute Tat tut usw. ein Blatt auf, auf dem steht, was der- oder diejenige gemacht hat.

* Halten Sie rote Kärtchen mit Sprüchen für Ihre Familienmitglieder bereit, z. B. eine rote Karte, auf der steht: „Du bist etwas ganz Besonderes“ (so etwas gibt es auch in Geschenkeläden zu kaufen). Geben Sie eine solche Karte einem Familienmitglied, wenn es etwas Besonderes erreicht hat, oder als Lob für eine gut erledigte Aufgabe. Oder sagen Sie ihm: „Du bist heute einfach hervorragend.“
* Drücken Sie Ihre Bewunderung für ein Kind in einem Rätsel aus. So könnte z. B. jedes Familienmitglied ein positives Adjektiv sagen, deren Anfangsbuchstaben zusammen den Vornamen des Kindes ergeben, das gelobt werden soll.
* Feiern Sie jedes Jahr eine Preisverleihung für Verdienste in der Familie. Jeder zieht sich feierlich an. Es wird eine Art Bühne aufgestellt. Dann kann jedes Familienmitglied einem anderen einen Preis für etwas verleihen, das er oder sie im vergangenen Jahr besonders gut gemacht hat. (Natürlich müssen die Preisempfänger ihre Dankesreden zeitlich begrenzen).
* Zünden Sie einmal pro Woche nach dem Abendessen eine Kerze der Ermutigung an und geben Sie sie an ein Kind weiter. Nennen Sie seinen Namen und sagen Sie ihm etwas Besonderes. Dann gibt dieses Kind die Kerze weiter, und jedes andere Familienmitglied ermutigt es ebenfalls und wird seinerseits auch ermutigt.
* Beginnen Sie ein Buch zu führen, in dem Sie die Stärken der Familie notieren. Nehmen Sie sich bei jeder Familienzusammenkunft ein paar Minuten Zeit, in denen jedes Familienmitglied sich Komplimente vom Rest der Familie anhören kann und eine neuentdeckte Stärke der Woche notiert. Jedes Familienmitglied kann ein Notizbuch über persönliche Stärken führen, oder der Vater kann ein Familiennotizbuch darüber führen, das von Zeit zu Zeit überarbeitet werden sollte.

Zusammenfassung

1. Ein gesundes Selbstvertrauen ist das wichtigste Werkzeug, um erfolgreich Probleme bewältigen zu können, Dinge anzupacken und Krisen zu überwinden, wie sie im Alltagsleben vorkommen. Es ist von zen-

traler Bedeutung dafür, wie Ihr Kind lernt, was es leistet, wie es arbeitet und mit anderen Menschen auskommt und wie es liebt. Es ist der Schlüssel dazu, wie Ihr Kind sich selbst behandelt und wie es von anderen behandelt wird.

2. „Du hast mich (an den Vater gerichtet) meiner selbst absolut sicher gemacht. Und das hat mein Leben mehr als alles andere beeinflußt."
3. „Die große Mehrheit der Jugendlichen zwischen zwölf und zwanzig Jahren sind bitter unzufrieden damit, wer sie sind und was sie vorstellen."
4. Wir sollten jede negative Bemerkung mit vier positiven wettmachen. Bei uns kommen jedoch zehn negative Bemerkungen auf eine positive.
5. Die kulturellen Einflüsse, die körperliche Schönheit und Intelligenz als höchste erstrebenswerte Güter darstellen, zerstören in starkem Maß das Selbstwertgefühl von Kindern.
6. Zwei der wichtigsten von Teenagern angeführten Faktoren, die es mit dem Aufbau von Selbstbewußtsein zu tun haben, betreffen die Väter: „Eine enge Beziehung zum Vater" und „Daß der Vater viel Zeit mit mir verbringt."
7. Die Worte eines Vaters können seine Kinder niedermachen oder aufbauen.
8. Die beiden wichtigsten Schritte zum Aufbau von Selbstachtung in Ihren Kindern sind: Lieben Sie Ihre Kinder bedingungslos und loben Sie sie überschwenglich.
9. Wenn Sie sehen, daß Ihre Kinder etwas Richtiges tun, loben Sie sie eine Minute lang. Halten Sie die Augen offen, suchen Sie nach dem Gold, entdecken Sie die Sieger, ermutigen Sie die Sieger und hoffen Sie darauf, daß am Ende Ihre Kinder und auch Sie selbst „sogar im Mist das Pony suchen".
10. Andere Schritte sind: Lehren Sie Ihre Kinder, daß der Wert einer Person von Gott kommt. Stellen Sie realistische Erwartungen an Ihre Kinder. Helfen Sie ihnen, ausgleichende Fähigkeiten zu entwickeln, bereiten Sie Ihre Kinder auf die Krisenzeit der Minderwertigkeitskomplexe vor; fördern Sie bei sich zu Hause Aktivitäten, die Selbstachtung aufbauen.

9. Kreative Kommunikation

Glauben Sie es nicht, wenn Ihnen Ihr Sohn oder Ihre Tochter sagt,
daß sie keine Lust haben, mit Ihnen zu reden.
Ich sage das manchmal zu meinem Vater und zu meiner Mutter,
wenn sie mich fragen, wie es mir geht, aber ich meine es nicht wirklich.
Eigentlich hoffe ich, daß sie nachhaken und mir helfen,
über die Dinge zu reden.

Greg Smalley

Vielleicht drückt es ein Darsteller in dem Film *Cool Hand Luke* am besten aus: „Womit wir es hier zu tun haben, ist ein Versagen der Kommunikation." Wenn Kommunikation nicht stattfindet, so ist das wirklich ein Fluch, ein Zankapfel und ein Tiefpunkt vieler Vater-Kind-Beziehungen.

Es muß aber nicht so sein. Wir Väter dürfen nicht zulassen, daß es so ist. Kommunikation ist zu lebenswichtig, als daß man tatenlos zusehen dürfte, wenn sie gestört ist.

Ich bin fast sicher, daß Sie denken - besonders wenn Sie der Vater eines Teenagers sind: „Das kann man so sagen. Das stimmt zweifellos. Wenn die Kinder jedoch nicht reden wollen, kann man nichts dagegen tun. Wenn sie also nicht reden wollen, dann muß man sich wohl damit abfinden."

Aus genau diesem Grund habe ich das Zitat von Greg Smalley an den Anfang dieses Kapitels gestellt. Dieser Teenager sagt uns: „Glauben Sie es nicht, wenn Ihr Sohn oder Ihre Tochter Ihnen sagen, daß sie nicht mit Ihnen reden wollen." Und er ist keineswegs ein Ausnahmefall.

Die Ergebnisse einer großen Umfrage unter Teenagern über die Kommunikation mit den Eltern ergaben:

Jugendliche möchten am liebsten mit ihren Eltern reden, wenn sie ein ernstes Problem haben.

Tatsächlich aber sieht es mit der Vater-Teenager-Kommunikation, die in der Praxis stattfindet, ganz anders aus:

Nur 4 % der Mädchen im Teenageralter haben den Eindruck, mit ihrem Vater über ernste Probleme reden zu können.

Als man Teenager in Streßsituationen befragte, an wen sie sich in einer Krise um Hilfe wenden würden, rangierten die Väter nur auf Platz 48.

Als man junge Leute befragte, an wen sie sich wirklich wenden könnten, um angehört und ernst genommen zu werden, anwortete die Mehrheit wie folgt:

Wie sehr ich es mir auch wünschte, mich an meine Eltern wenden zu können, ich kann es nicht. Sie behandeln mich, als sei ich dumm und unzulänglich, außerdem scheinen sie immer den Eindruck zu haben, daß ich ihren Erwartungen nicht entspreche. Meine Freunde sind die einzigen, die mir zuhören und mich ernst nehmen; deswegen rede ich mit ihnen, obwohl sie auch nicht mehr vom Leben verstehen als ich selbst.

Nun komme ich zu weiteren zwei Aussagen von Kindern, die deutlich unterstreichen, welch gewaltigen Einfluß – entweder zum Bösen oder zum Guten – die Vater-Kind-Kommunikation hat.

Mein Vater spielt kaum einmal mit mir. Er war nicht so ein Kumpel für mich, wie manche Väter es für ihre Kinder sind. Er hat mir jedoch Gelegenheit gegeben, mit ihm zu reden und er hörte mir zu, und diese Gelegenheiten gab er mir immer, bis ich über zwanzig Jahre alt war. Wir gingen nämlich das ganze Jahr lang fast jeden Abend einmal um den Block oder ein bißchen weiter spazieren. In der Eisdiele kaufte er Eis für uns. Diese Eiscremetüten waren ein wichtiger Teil meiner Erziehung. Manchmal redeten wir auf unseren Spaziergängen überhaupt nicht. Manchmal stritten wir uns den ganzen Weg – z. B. darüber, ob es zu Vaters Zeiten in der Schule besser zuging als heute, oder ob es sinnvoll ist, den englischen Traditionen in unserer Familie zu folgen. Aber wir hatten diesen Aus-

tausch miteinander, und genau das war das Wichtige. Es hat wahrscheinlich auch viel mit der Tatsache zu tun, daß ich nie aufgehört habe, mit meinem Vater zu reden, auch als ich sehr rebellisch war (wenn es auch bei diesen Gesprächen dann manchmal ziemlich rauh zuging). Als ich dann erwachsen war und selbst eine Familie gründete, blieben mein Vater und ich für den Rest seines Lebens Freunde.

Robert H. Baylis

Nicht, daß ich meinen Vater nicht vermißte. Das trifft nicht zu. Ich lernte ihn jedoch nie gut genug kennen, um ihn überhaupt zu vermissen. Was ich vermisse, sind die Dinge, die wir gemeinsam hätten unternehmen können. Ich schaue andere Väter und ihre Söhne an. Manchmal tut es weh, ihnen zuzuschauen. Ich wünsche mir, mit meinem Vater das getan zu haben, was sie mit ihren Kindern tun.

Ich wünschte, ich hätte mehr Zeit mit meinem Vater verbringen können. Ich wünschte, wir wären kegeln, oder angeln, oder zusammen ins Kino gegangen. Ich wünschte, wir hätten uns einfach mal zusammengesetzt und miteinander geredet. Ich konnte mich meinem Vater nie anvertrauen. Wir haben nie über Mädchen, über Verabredungen, über Liebe, über das Leben, über Sex oder irgend etwas anderes gesprochen. Mein Vater war Geschäftsmann, am Arbeitsplatz und auch zu Hause. Er hatte nie Zeit für mich ...

Ich habe mich nie mit meinem Vater gestritten, habe ihn nie nach seiner Meinung oder um seinen Rat gefragt. Er hat keinen Einfluß auf mein Leben und auf meine Entscheidungen, jedenfalls habe ich das gedacht. Nun aber habe ich entdeckt, daß ich genauso geworden bin wie mein Vater.

Es ist zu spät, um die Dinge zwischen mir und meinem Vater zu ändern. Er ist schon vor elf Jahren gestorben. Ich wünschte, ich könnte ihm sagen, daß es mir leid tut und daß ich ihn liebe. Wenn er sonst nichts für mich war, so war er immerhin mein Vater.

Richard

Wichtige Prinzipien, die man sich merken sollte

Aus der Perspektive von Kindern gesehen wird deutlich, wie absolut wichtig die Kommunikation ist. Nun wende ich mich den hilfreichen Einsichten von Experten zu, die Ergebnis ihrer Untersuchungen guter und schlechter Kommunikationsmuster und -techniken sind.

Paul Tournier, der bekannte schweizer Psychologe, drückt in beredter Weise aus, was hinter dem starken Wunsch der Kinder nach guter Kommunikation mit ihren Eltern steckt:

> Man kann es gar nicht überbetonen, wie immens groß das Bedürfnis bei Menschen ist, daß man ihnen zuhört, daß man sie ernst nimmt, daß man sie versteht. Niemand kann sich in dieser Welt frei entwickeln und ein erfülltes Leben finden, ohne das Gefühl zu haben, zumindest von einer Person verstanden zu werden ... Hören Sie in alle Gespräche hinein, die auf unserem Planeten geführt werden, sowohl zwischen Nationen, wie auch zwischen Ehepaaren, so werden Sie merken, daß diese größtenteils Dialoge Tauber sind.

Tourniers Aussage betont implizit, daß gute Kommunikation ein wesentlicher Beitrag zur Entwicklung des gesunden Selbstbewußtseins von Kindern ist. Wenn es Ihnen ein Anliegen ist, daß Ihr Kind eine gesunde Dosis Selbstachtung entwickelt, so zeigen Sie ihm, daß Ihnen seine Gefühle, seine Ideen und seine Erfahrungen wichtig sind. Möchten Sie die direkte Beziehung zwischen Selbstachtung und guter Kommunikation sehen, so denken Sie an die Beobachtung: „Wenn Sie nicht aufmerksam zuhören, wenn ein Kind seine Gefühle und Ideen äußert oder seine Erfahrungen beschreibt, so lassen Sie es unterschwellig wissen: Ich messe dir nicht sehr viel Wert bei. So einfach und so drastisch ist das.

Gute Kommunikation fördert eine gesunde Selbstachtung. Außerdem fördert sie die Charakterbildung.

Das Gewicht des positiven Einflusses, den wir auf unsere Söhne und Töchter ausüben, ist direkt proportional zu der Art des Kommunikationsmusters, das wir anwenden. Wiederum ist der kausale Zusammenhang ziemlich direkt: Wenn Sie einen positiven Einfluß auf die Entwicklung guter Charakterzüge in Ihren Söhnen und Töchtern ausüben möchten, so sorgen Sie für gute Kommunikationsmuster zwischen Ihnen und Ihren Kindern.

Nun haben wir deutlich ausgeführt, weswegen wir uns um eine gute Kommunikation bemühen sollten. Kommen wir nun dazu, wie wir diese unseren Söhnen und Töchtern gegenüber einrichten können.

In gewisser Weise hängt alles an drei Hauptelementen: zuhören, fragen, mitteilen. Bevor wir auf diese zu sprechen kommen, werfen wir noch einen Blick auf einige allgemeine Prinzipien, die man sich vor Augen halten sollte, um effektiv mit Kindern kommunizieren zu können.

Erstes Prinzip: Wenn Ihr gegenwärtiges Kommunikationssystem nicht funktioniert, ändern Sie es

Das klingt sehr selbstverständlich und steht deswegen auch an erster Stelle. Viel zu viele Väter leben mit einem nicht funktionierenden Kommunikationssystem zu ihren Kindern und lassen zu, daß sie das Monate, wenn nicht Jahre lang belastet. Trotzdem würden genau die gleichen Väter kein defektes Auto ähnlich lange unrepariert stehenlassen oder eine Reparatur im Haus so lange anstehen lassen.

Was ich damit betonen möchte, ist: zuerst muß man sich dazu entschließen und verpflichten, ein gutes Kommunikationsmuster herzustellen. Man weiß, daß es Kraft, Zeit und Geduld erfordern wird, es aufzubauen. Das sind oft Güter, an denen es mangelt. Trotzdem muß der Entschluß am Anfang stehen, wenn man irgend etwas erreichen möchte.

Zweites Prinzip: Zeigen Sie Ihren Kindern, daß sie Ihnen wichtig sind

Kinder spüren es sehr deutlich, wenn Eltern sich nicht mit aufrichtigem Interesse um sie kümmern. Wenn das so ist, schweigen sie. Wenn man es sie oft genug spüren läßt, daß sie nicht ernst genommen werden, so schalten sie den Eltern gegenüber ab.

Die drei wesentlichen Aktionen – zuhören, fragen, mitteilen – zeigen den Kindern, daß sie Ihnen wichtig sind. Es sind positive Demonstrationen für sie. Eine andere Art und Weise, Kindern zu zeigen, daß sie Ihnen wichtig sind, ist, sie nicht anzuschreien oder anzupredigen. Beide haben sich als ungeeignete Kommunikationsmittel erwiesen – trotzdem werden sie nur allzuoft benutzt. Eine Zeile auf einer Vatertagskarte drückt es wie folgt aus: „Wenn ich dich nicht hätte,Vater, ... so müßte ich mich glatt selbst anpredigen." Sarah, 13 Jahre alt, gibt die Gefühle der meisten Teenager wieder, wenn sie ihre schlimmsten Zeiten mit Vater und Mutter beschreibt:

> *Zuerst schreien meine Eltern mich an. Dann kommt der Punkt, wo sie mir sagen, daß ich sie sehr enttäuscht habe. Danach beginnt die Predigt: Ich habe mich meinen Eltern gegenüber nie so benommen. Anschließend merken sie, wie lächerlich das klingt; trotzdem nehmen sie nichts davon zurück.*

Drittes Prinzip: Sehen Sie das Leben durch die Augen Ihrer Kinder

Fragen Sie sich: Wie sieht das Leben für ein Mädchen aus, dessen beste Freundin sie gerade verstoßen hat, oder für einen Jungen, wenn er den Eindruck hat, daß er beim Zusammenstellen einer Mannschaft immer als letzter aufgerufen wird? Versetzen Sie sich in die Welt Ihrer Kinder. So wird Ihr Mitgefühl für sie wachsen. Und die Kinder werden das merken. Bevor Sie sich versehen, werden sie sich ihrem Vater mitteilen, der wirklich versucht, sie zu verstehen.

Viertes Prinzip: Gute Kommunikation erfordert Zeit

Manchmal sogar viel Zeit. Wenn Ihr 13jähriger Sohn mit Ihnen darüber sprechen möchte, weshalb sich die Mädchen offenbar für ihn nicht interessieren, oder wenn Ihre siebenjährige Tochter nicht fassen kann, weswegen ihre beste Freundin sie im Stich läßt und sich statt dessen mit Jennifer befreundet, so wird ein solches Gespräch mehr als ein paar Minuten dauern. Oder es mag sein, daß Sie von einem Ihrer Kinder eine ganze Zeit lang gar nichts hören. In einem solchen Fall ist vielleicht ein einstündiges gemeinsames Frühstück oder Abendessen angesagt, um den Kontakt wiederherzustellen.

Glücklicherweise kann gute Kommunikation auch in kurzen Etappen stattfinden. Nur fünf Minuten – manchmal reicht sogar eine Minute – können viel bedeuten und viel bewirken. Ihre einminütige Bereitschaft zum Zuhören, wenn Ihr Kind Sie unterbricht und sagt: „Hör dir das einmal an, Vati“, oder „Was hältst du davon, Vati?“ kann sehr viel bedeuten, viel mehr, als wenn Sie zehn Minuten lang auf Ihr Kind einreden, wenn Ihnen der Sinn nach Kommunikation steht.

Fünftes Prinzip: Halten Sie Ausschau nach guten Gelegenheiten für Kommunikation

Genauso wichtig wie das Anliegen, wie Sie Ihren Kindern zuhören oder wie Sie mit ihnen reden, ist, wann Sie ihnen zuhören oder mit ihnen reden. Es gibt gute und schlechte Zeiten für Kommunikation. Schlechte Zeiten sind die, in denen Sie oder Ihre Kinder sehr zornig oder sehr müde sind. Eine gute Zeit für Kommunikation ist die, in der das Kind sie sucht, weil die meisten Kinder einige Minuten später das Interesse daran verloren haben. Mahlzeiten sind gute Gelegenheiten für Familiengespräche, die Zeit des Zubettgehens ist, besonders für kleinere Kinder, eine gute Gelegenheit zur Kommunikation, auch die ermutigenden Worte, die Sie Kindern mitgeben, wenn diese sich auf den Schulweg machen oder mit denen Sie sie begrüßen, wenn sie aus der Schule nach Hause kommen, vermitteln ihnen eine positive Einstellung.

Eine Frau, die sieben Monate lang nicht mit ihrer Familie sprechen konnte, lernte während dieser Zeit der Furcht und Selbstbespiegelung die folgenden fünf Geheimnisse wirklicher Kommunikation: (1) zuhören – einfach zuhören, (2) nicht kritisieren oder richten, (3) aus dem Herzen heraus reden, (4) nicht davon ausgehen, daß man die Gedanken und Gefühle des anderen kennt, (5) Liebe zeigen.

Lassen Sie sich ermutigen durch eine Familiengeschichte, in der alle diese wichtigen Punkte der Kommunikation auf eine faszinierende aber sehr natürliche Weise zusammenkommen:

> *Zu Hause wurden uns keine besonderen Regeln im Sinne von „Dies ist erlaubt“ und „Das ist verboten“ vorgesetzt, dagegen aber Prinzipien, an die wir uns halten konnten, um in den jeweiligen Situationen, die uns begegnen mochten, richtig zu handeln. Diese Prinzipien wurden wie zufällig, so wie es sich gerade ergab, vermittelt, meistens in alltäglichen Gesprächen. Es gab viele Gelegenheiten, miteinander zu reden. Als kleine Kinder kämpften wir darum, auf Vatis Knien sitzen zu dürfen, während er mit Mutti Kaffee trank und mit ihr darüber sprach, was tagsüber passiert war.*

Dieses Gespräch bei einer Tasse Kaffee war das erste, was geschah, wenn Vater von seiner Arbeit als Zimmermann nach Hause kam. Diese Tradition wurde auch dann fortgesetzt, als wir in der Schule waren. Die ersten Momente nach unserem Nachhausekommen von der Schule verbrachten wir im Gespräch mit Mutti. In der Highschoolzeit dauerten solche Kaffeegespräche manchmal bis zum Abendessen.

Am Abendbrottisch sprachen wir auch miteinander. Wir nahmen uns viel Zeit zum Abendessen. Am Ende der Mahlzeit wußten wir alle ziemlich gut, was jeder andere von uns dachte. Wir führten keine intellektuellen Diskussionen (obwohl das auch ab und zu vorkam), sondern vielmehr Gespräche, bei denen jeder sagen konnte, was er auf dem Herzen hatte. Dabei konnten sogar die kleinsten Kinder mitmachen. Sie meinen, daß es dabei sehr laut zugegangen sein muß. Ja, das stimmt, aber es war eine wichtige Erfahrung für uns, daß Erwachsene uns zuhören und wir Erwachsenen zuhören zu können.

Später, als wir älter wurden, tranken wir noch oft zusammen Kaffee, nachdem die Kleinen schon im Bett waren. Auch bei diesen Gelegenheiten konnten wir unsere Ansichten mit den Meinungen unserer Eltern vergleichen und hören, wie sie die Weltereignisse beurteilten, von denen in den Abendnachrichten um 22 Uhr die Rede war. Viel wichtiger aber noch war, daß wir auch herausfinden konnten, wie sie die „großen Ereignisse" in unserer Welt einschätzten.

Das waren nicht nur Zeiten des Redens. Wir redeten beim Geschirrspülen, beim Kellersaubermachen oder auf dem Weg zu einem Picknick. Wenn wir einmal wirklich einen Rat brauchten, konnten wir beiläufig auf die betreffende Sache zu sprechen kommen, und Vati und Mutti merkten vielleicht nicht einmal, daß uns genau das im Moment besonders beschäftigte oder betraf.

Durch das Miteinanderreden lernten wir, was unseren Eltern wichtig war. Wir merkten, welche Prinzipien ihr Leben bestimmten, auch ohne daß sie sich mit uns zusammengesetzt und uns eine Predigt darüber gehalten hätten, was im Leben wichtig ist. Und auf diese Weise lernten wir auch, wie man Entscheidungen trifft und wie man Strafen festsetzt. Weil all diese Prinzipien uns in nützlichen Zusammenhängen vermittelt wurden, erinnern wir uns viel besser daran, als wenn wir sie einfach auswendig gelernt hätten, ohne zu sehen, wie sie konkret funktionieren.

Zuhören

Unter all den Tausenden von Sätzen über das Zuhören, die ich gelesen habe, tun sich zwei hervor, die besonders klar zum Ausdruck bringen, weshalb das Zuhören so wertvoll ist: „Wenn Sie Ihren Kindern zuhören, solange diese noch klein sind, werden diese auch noch mit Ihnen reden, wenn es um wichtige Themen geht. Hören Sie ihnen nicht zu, wenn sie klein sind, so könnte es passieren, daß sie niemals mit Ihnen über wirklich wichtige Belange reden werden, wenn sie größer sind." Das ist ein Grundsatz im Hinblick darauf, wie Sie sich einbringen müssen: Wenn Sie später Erfolg sehen möchten, investieren Sie jetzt.

Noch einmal: diese Wahrheit liegt zwar auf der Hand, wird aber in der Praxis nicht befolgt. Nach einer Schätzung spricht bei der Kommunikation zwischen Eltern und Kindern zu 90 % einer der Eltern und das Kind nur 10 %. Vielleicht möchten Sie dieses Verhältnis nicht gerade umkehren, aber es ist auf jeden Fall angebracht, daß der größte Prozentsatz dem Kind zugestanden werden sollte. Sie sollten weniger ermahnen, kritisieren und moralisieren, dafür aber mehr zuhören und mehr verstehen.

Und wir Väter müssen davor auf der Hut sein, uns allzu schnell einzumischen und die Situation zu regeln, indem wir auf jede Frage eine Antwort setzen.

Wir müssen es lernen, auf die Gefühle von Kindern zu achten.

Ich unterstreiche diesen Punkt, weil er so wichtig ist und weil er vielen von uns schwerfällt. Wir neigen alle nur allzusehr dazu, zu hören, was gesagt wird, ohne wirklich zuzuhören, was uns mitgeteilt wird. Wir verpassen die Gefühle, die hinter den Worten stehen. Und wenn das geschieht, haben wir keine Möglichkeit, die Emotionen unserer Kinder anzusprechen, um die es oft eigentlich geht.

Sie müssen verstehen lernen, was das Kind wirklich mitteilen möchte. Sie müssen das inhaltlich nicht unbedingt akzeptieren, jedoch müssen Sie die Gefühle des Kindes ernst nehmen. Gestatten Sie es Ihrem Kind, seine eigenen Gefühle zu haben. Wenn Ihr Kind zu Ihnen sagt: „Ich hasse euch", oder „Ich hasse meine Schwester", bleiben Sie ruhig und sagen Sie nichts, anstatt zu entgegnen: „Sag so etwas nicht noch einmal." Oder versuchen Sie, die Bemerkung zu hinterfragen: „Meinst du wirklich, was du da sagst?"

Durch das bloße Zuhören helfen Sie Ihren Kindern, Ihre Gedanken und Gefühle unter die Lupe zu nehmen. Zuhören ist ein wirksamer Weg, Ihren Kindern Mitgefühl zu zeigen.

Kinder suchen das Grundlegende. Hören Sie zuerst zu, reden Sie später. Kindern sind wohl formulierte Fragen nicht wichtig, auch nicht das zustimmende Murmeln, das ihnen Ihr Einverstandensein zeigt, während sie zu Ihnen reden. Sie möchten einfach, daß Sie ihnen zuhören.

Pat, eine alleinerziehende Mutter zweier Töchter im Teenageralter, drückt es so aus: „Ich neige dazu, die Kinder zu belehren. Die Kinder lehren mich, daß ich manchmal einfach zuhören muß. Ich muß lernen, daß ich sie nicht einfach vor allem Unangenehmen abschirmen kann. Ich muß ihnen auch die Freiheit lassen, manchmal einen Fehler zu machen." Halten Sie im Gedächtnis, daß Sie schon durch das bloße Zuhören zu besseren Eltern werden.

Es gibt vielleicht keinen besseren Schluß für diesen Abschnitt als die folgenden Worte von Eric Hoffer, einem Hafenarbeiter, Philosoph und Autor aus San Franzisco. Mit sieben Jahren wurde er plötzlich blind, und genauso plötzlich kam sein Sehvermögen wieder zurück, als er 18 Jahre alt war. Er sagt, daß die bayerische Bauersfrau, die ihn in den acht Jahren seiner Blindheit versorgt hat, ihm gezeigt hat, welche Macht das Zuhören hat:

> Diese Frau muß mich wirklich geliebt haben, weil ich mich an diese acht Jahre des Blindseins als eine glückliche Zeit erinnere. Ich weiß, daß wir viel miteinander geredet und gelacht haben. Ich muß ziemlich viel geredet haben, weil Martha immer wieder sagte: „Ich erinnere mich daran, daß du dies oder das gesagt hast." Sie erinnerte sich an alles, was ich gesagt hatte, und mein ganzes Leben lang blieb mir das Gefühl, daß das, was ich denke und sage, so wertvoll ist, daß man sich daran erinnert. Das hat sie mir vermittelt.

Stellen Sie Fragen

Zuhören ist wichtig und steht an erster Stelle. Manchmal sollten Sie aber auch die Initiative ergreifen. Tun Sie das, indem Sie Fragen stellen. Fragen stellen – zumindest wenn es die richtigen Fragen zur richtigen Zeit sind – bewirkt drei Dinge: Es zeigt Ihren Kindern, daß sie Ihnen wichtig sind, es hilft Ihnen, Ihre Kinder besser kennenzulernen und, wenn man es richtig anstellt, kommt man durch Fragen an die Wurzel der Probleme (besonders bei Teenagern).

Halten Sie immer einige Fragen bereit, die Spaß machen:

* Was ist im Moment dein Lieblingsbuch? Dein Lieblingsfilm?
* Was ist dein kostbarster Besitz?
* Was ist einer deiner größten Träume?
* Wenn du irgendwohin verreisen könntest, wohin würdest du reisen und weshalb?
* Wenn es bei uns im Haus brennen würde, welche drei Dinge würdest du mitnehmen?
* Welches sind die drei Personen, die du am meisten bewunderst?
* Was hat dir in der letzten Zeit am meisten Spaß gemacht?
* Was würdest du anstellen, wenn du eine Million gewinnen würdest?

Halten Sie aber auch einige tiefschürfendere Fragen bereit, die Ihnen helfen, Ihr Kind besser kennenzulernen und herauszufinden, was es wirklich denkt, oder worunter es leidet.

* Was macht dich wirklich wütend?
* Was führt dazu, daß du dich schämst und weswegen?
* Wann hast du am heftigsten geweint?
* Wenn du drei Dinge auf der Welt verändern könntest, was würdest du tun?
* Für welche fünf Dinge bist du wirklich dankbar?
* Wovor hast du am meisten Angst?
* Welche drei Dinge machen dir in der Schule am meisten Probleme?
* Was macht dir am meisten Spaß?

Und wenn Sie außergewöhnlich risikobereit und gut drauf sind, wenn also Ihr eigener Selbstwerttank ziemlich gut gefüllt ist, fragen Sie auch einmal folgendes:

* Wobei stehen dir deine Eltern im Weg?
* Was ärgert dich an uns am meisten?
* Was magst du an unserer Erziehung am meisten? An meiner Art, dich zu erziehen? An Muttis?
* Was möchtest du am liebsten von mir?

Wann sollte man solche Fragen stellen? Die Fragen der ersten Liste kann man überall und zu allen Zeiten stellen. Zwei besonders gute Gelegenheiten sind die Essenszeiten, die die Familie zusammen verbringt und im Auto. Die ganze Familie hat etwas von den Antworten und lernt etwas durch sie. Vielleicht fällt es Ihren Kindern dabei ein, die Fragen auch Ihnen zu stellen, oder andere Fragen, die ihnen einfallen.

Die Fragen der zweiten Liste kann man bei den gleichen Anlässen stellen, wenn Sie den Eindruck haben, daß Ihre Kinder reif genug sind, um einander zuhören zu können. Wenn das nicht so ist, bewahren Sie sie für solche Gelegenheiten auf, wo Sie mit einem Kind allein sind, mit ihm allein frühstücken oder zu Abend essen, oder wenn Sie mit ihm eine mindestens 15- oder 20minütige Autofahrt machen. Außerdem muß das Kind für solche Fragen offen sein. Es geht schließlich nicht um Inquisition, sondern um Kommunikation.

Fragen können auch in schwierigen Zeiten sehr hilfreich sein, wenn Ihre Kinder ein großes Problem zu haben scheinen, oder wenn es ihnen offensichtlich schlecht geht.

Zuerst sollten Sie dem Kind sagen, daß Sie ihm nur drei Fragen stellen möchten, daß Sie diese Fragen aber mehrmals wiederholen wollen und daß es jedesmal eine andere Antwort darauf geben solle. Außerdem sollten Sie drei Grundregeln einhalten: es muß für eine Atmosphäre des Mitgefühls gesorgt werden, man darf nicht zu voreiligen Schlußfolgerungen kommen und voreilige Ratschläge geben, noch sollte man verurteilen oder kritisieren.

Nun zu den drei Fragen. Die erste lautet: „Was ist nicht in Ordnung?“ oder „Was möchtest du?“ Die zweite ist: „Was empfindest du?“ „Was fühlst du?“. Bei dieser zweiten Frage geht es darum, herauszufinden, was das Kind in seinem Inneren bewegt. Eine Frage, die auf die Sprünge hilft, könnte hier „Wie fühlst du dich?“ sein. Kommt dann die Antwort: „Traurig“, so können Sie weiterfragen: „Weshalb bist du traurig?“ Die dritte Frage lautet: „Was wirst du tun, damit das anders wird?“ Wenn Sie alle drei Fragen gestellt haben, fangen Sie nochmals von vorne an, um so die verschiedenen Empfindungsschichten abzutragen und wirklich an das eigentliche Problem zu gelangen.

Teilen Sie sich mit

Zuhören. „Nun gut, ich werde versuchen, mich ein paar Minuten lang zu meinen Kindern zu setzen und dabei den Mund zu halten.“ Fragen stellen. „Sicher, das könnte Spaß machen, und ich könnte mehr darüber erfahren, was meine Kinder denken." Aber mich selbst mitteilen! „Hören Sie auf! Das geht wohl ein bißchen zu weit. Ich teile nicht einmal meiner Frau viele meiner Gedanken mit, viel weniger noch meinen Kindern."

Genau da liegt die Wurzel des Problems. Die meisten amerikanischen Männer reden nicht viel – zumindest nicht über sich selbst, ihre Gedanken und Gefühle. Auch meine Mutter habe ich oft sagen hören: „Vater spricht einfach nicht viel mit mir." Und viele Frauen sagen: „Mein Mann sagt mir einfach nicht, was er wirklich denkt und was ihn beschäftigt." Und meine männlichen Freunde lassen mich wissen: „Weißt du, so offen habe ich noch nie mit jemandem darüber geredet."

Irgendwie sind wir Männer stolz auf unser stoisches Schweigen – auf unsere Fähigkeit, alles in unserem Inneren zu vergraben – und dabei bringen wir uns selbst, unsere Frauen und Kinder ständig um den gesunden Austausch von Ideen und Gefühlen. Viele von uns haben ihre Gefühle ausgeschlossen. Wir versagen uns selbst unsere Gefühle, und damit unser volles Menschsein.

Gehen wir die Sache an. Wenn wir es vorziehen, zu bleiben, wie wir sind, werden unsere Kinder als Erwachsene etwa folgendes sagen:

> *Meinen Vater und viele andere Männer habe ich nie über seine Enttäuschungen, Wünsche oder Befürchtungen reden hören. Als ich ins mittlere Alter kam, entdeckte ich, daß es im Leben meines Vaters eine wichtige Dimension gab, die ihm unbekannt war. Hätte ich meinem Vater in meiner Kindheit und Jugend gefühlsmäßig nahegestanden, so hätte mir das wahrscheinlich sehr geholfen, ein guter Vater zu sein.*

„Gut", sagen Sie, „ich werde mich also mitteilen. Aber wie soll das vor sich gehen?"

Es könnte so aussehen, daß Sie über Ihre Arbeit sprechen, über das, was Sie im Moment am Arbeitsplatz tun, was Ihnen Frustration verursacht, worin Sie erfolgreich waren, welche Hoffnungen Sie haben, wie Sie in Ihrer Berufslaufbahn weiterkommen möchten.

Teilen Sie Ihre Gedanken zu lokalen, nationalen und Weltereignissen und zu verschiedenen Themen mit. Lassen Sie Ihre Kinder wissen, was Sie über Gesundheitsfürsorge, AIDS, Abtreibung, Gleichberechtigung, Homosexualität, Entwicklungshilfe, Einschnitte im Schuletat, vorgeschlagene Steuererhöhungen, Kandidaten in Wahlkämpfen usw. denken. Ein attraktives Abfallprodukt solcher Gespräche ist, daß Sie viele Ihrer Grundüberzeugungen auf natürliche Weise darstellen und vermitteln können.

Wenn Sie diese Art von Mitteilsamkeit praktizieren, werden Sie auch bereit sein, Ihren Kindern Ihre Gefühle zu zeigen. Reden Sie zu ihnen über einige Ihrer Kämpfe, Enttäuschungen und Befürchtungen. Lassen Sie sie einige Fehler wissen, die Sie gemacht haben und sagen Sie ihnen, was Sie daraus gelernt haben. Was Sie mitteilen, hängt natürlich vom Alter und von der Reife Ihrer Kinder ab. Ich habe den Eindruck, daß man Kindern unter zehn Jahren in der Regel die harten Tatsachen des Lebens ersparen sollte. Für sie genügt ein kurzer Satz, wie z. B. „Vati hat nicht die Beförderung bekommen, die er erwartet hat und ist deswegen traurig." Das genügt, um Kinder dieser Altersgruppe verstehen zu lassen, daß Väter auch Gefühle haben.

Bei Teenagern, die entsprechend reifer sind, würde ich zu einer detaillierteren Mitteilung von Kämpfen, Fehlern und Befürchtungen raten. Ich tat das das ganze Jahr 1991 hindurch bei einigen unserer Familientreffen sonntagabends. Ich wußte nicht, was mich erwartete, war aber jedesmal angenehm überrascht, wie sich die Dinge entwickelten. Ich ließ meine Kinder wissen (was meine Frau Carol schon aus vorhergegangenen Gesprächen wußte), daß viele meiner verheißungsvoll aussehenden Projekte abgesagt worden waren. Das bedeutete für uns einen finanziellen Engpaß. Ich ließ meine Kinder wissen, daß ich enttäuscht und bestürzt darüber sei, daß so viele vielversprechende Vorhaben auf einmal fehlschlugen. Ich ließ sie aber auch wissen, daß auch das vorbeigehen würde – ein grundsätzliches Prinzip im Leben, das ich gerne an meine Kinder weitergab. Anstatt es ihnen aber einfach zu sagen, bemühte ich mich, es ihnen vorzuleben.

So hielten wir als Familie durch. Wir steckten auf manchen Gebieten zurück. Und wir beteten zusammen darum, daß Gott mir zur rechten Zeit das richtige Projekt, oder mehrere, zuteilen möge.

Und raten Sie einmal, was passierte. Während ich im Frühling 1992 dieses Kapitel schreibe, haben sich mir zahlreiche interessante Projekte eröffnet, wozu auch dieses Buch zählt. Für 1992 und darüber hinaus scheint sich also eine interessante und produktive Zeit abzuzeichnen.

Dadurch, daß ich meiner Familie gegenüber offen war, und damit auch verletzlich, lehrte ich meine Kinder einige wichtige Lektionen für ihr Leben: Daß Väter (und Mütter) Gefühle haben – sie können sich schlecht fühlen; daß das Leben manchmal schwierig ist, oder, wie meine

Kinder es ausdrücken würden „einfach nicht fair"; daß es richtig ist, auch verletzte Gefühle anderen mitzuteilen, damit wir uns als Familienmitglieder gegenseitig unterstützen können; daß alles einmal vorbeigeht; daß Gott Gebete erhört, obwohl manchmal nicht in dem Moment, in dem wir es gerne möchten; und daß es gut ist, fest an das zu glauben, was man tut und daran festzuhalten; daß man seinen Traum verwirklicht.

Das Wichtigste ist vielleicht, daß dies alles unsere Familientreffen sehr real gemacht und uns alle als Familie sehr viel enger zusammengefügt hat. Ich würde sagen, das ist eine breite Palette von Vorteilen, die meine Bereitschaft, offen und verletzlich zu sein, mir eingebracht hat.

Machen Sie etwas Spaßiges

Ich möchte noch den Gedanken anfügen, daß kreative Kommunikation mit Ihren Kindern nicht als schwere, lästige und anstrengende Aufgabe angesehen werden sollte. Machen Sie auch einen Spaß daraus. Sehen Sie diese Aufgabe als ein neues Abenteuer an, durch das Sie die Menschen, die Ihnen am nächsten stehen und die Sie am meisten lieben, besser kennenlernen können. Hier einige Anregungen:

Schreiben Sie Ihren Kindern Notizen oder schicken Sie ihnen Briefe per Post. Auf diese Idee kam ich, als ich eines morgens etwas las, worin meine Tochter geschrieben hatte, daß für sie nie etwas in der Post sei. Eine kleine Anerkennung, ein kleiner Dank, ein Glückwunsch, oder ein kurzer Satz, der zeigt, wie dankbar Sie sind, daß Ihr Sohn oder Ihre Tochter Ihr Kind ist. Das kann Wunder wirken.

Wenn Sie auf Reisen sind, rufen Sie Ihr Kind einmal extra an, nicht dann, wenn Sie sowieso mit Ihrer Frau sprechen. Erzählen Sie ihm ein wenig darüber, was Sie gerade tun, wie die Stadt ist, in der Sie sind, ob es Ihnen in dem Hotel gefällt, in dem Sie wohnen. Sagen sie ihm aber vor allem, daß Sie es vermissen und daß Sie es kaum erwarten können, wieder zu Hause zu sein. Solche Anrufe können Geschäftsreisen in den Augen Ihrer Kinder sehr viel von ihrem Schrecken nehmen.

Vor allem denken Sie immer daran, daß gute Kommunikation – oft die beste Kommunikation – auch stattfinden kann, ohne daß man dabei ein Wort spricht. Diese Tatsache sollte für diejenigen unter Ihnen eine Ermutigung sein, die zuweilen den Eindruck haben, eine schwere Zunge zu haben. Das, was wir in Worten sagen, macht nur 7 % unserer Kommunikation aus; 38 % wird vom Tonfall unserer Stimme bestimmt; und volle 55 % sind nonverbal und haben es mit unseren Gesten und Emotionen zu tun. Schicken Sie also positive nonverbale Botschaften an Ihre Kinder ab und denken Sie daran, daß die stärkste eine Umarmung ab und zu oder eine Hand auf der Schulter ist. Diese Zeichen der Zuneigung, die alle Kinder mögen, sagen ihnen viel mehr als Worte.

Zusammenfassung

1. Kommunikation ist zu wichtig, als daß man sie vernachlässigen dürfte, wenn sie nicht funktioniert.
2. „Glauben Sie es nicht, wenn Ihr Sohn oder Ihre Tochter ihnen erklärt, daß sie nicht mit Ihnen reden wollen."
3. „Das hat zweifellos sehr viel mit der Tatsache zu tun, daß ich nie aufgehört habe, mit meinem Vater zu reden, obwohl ich rebellisch war."
4. „Wir haben nie über Mädchen, Verabredungen, Liebe, das Leben, Sex oder sonst irgend etwas geredet. Mein Vater war ein Geschäftsmann, im Büro und zu Hause. Er hatte nie Zeit für mich."
5. Wenn Sie möchten, daß Ihr Kind eine gesunde Dosis an Selbstwertgefühl hat, zeigen Sie ihm, daß Ihnen seine Gefühle, seine Ideen und seine Erfahrungen wichtig sind.
6. Wenn Sie einen positiven Einfluß auf die Entwicklung guter Charakterzüge in Ihrem Sohn und in Ihrer Tochter ausüben möchten, sorgen Sie für die Einrichtung eines guten Kommunikationsmusters zwischen Ihnen und Ihren Kindern.
7. Wenn Ihr gegenwärtiges Kommunikationsmuster nicht funktioniert, ändern Sie es.
8. Lassen Sie Ihr Kind wissen, daß es Ihnen wichtig ist.
9. Sehen Sie das Leben durch die Augen Ihres Kindes an.
10. Gute Kommunikation erfordert Zeit.
11. Halten Sie Ausschau nach geeigneten Zeiten für Kommunikation.
12. „Wenn Sie zuhören, solange die Kinder noch klein sind, werden sie auch noch zu Ihnen reden, wenn es um wichtige Themen geht. Wenn Sie jetzt nicht zuhören, werden Sie Ihr Kind vielleicht nie kennenlernen, weil es mit Ihnen nicht über die Themen spricht, die ihm wirklich wichtig sind."
13. Fragen stellen bewirkt dreierlei: Es zeigt Ihren Kindern, daß sie Ihnen wichtig sind, es hilft Ihnen, Ihre Kinder besser kennenzulernen, und – richtig angewandt – kann es dabei helfen, zu der Wurzel der Probleme vorzustoßen.
14. Teilen Sie sich selbst mit.

10. Konstruktive Zurechtweisung

Wenn ich meine Kinder zurechtweise, möchte ich, daß ihnen ihr schlechtes Benehmen leid tut, daß sie selbst sich aber gut fühlen.
Spencer Johnson

Als ich dieses Kapitel über Zurechtweisung plante (weil ich wußte, daß ein solches in das Buch miteinbezogen werden mußte), fürchtete ich mich zunächst davor, über dieses Thema zu schreiben. Zum einen, weil ich meine Fähigkeiten, zu diesem wichtigen und kontroversen Thema Stellung zu nehmen, bezweifelte, und zweitens, weil es so negativ und so viele Meilen entfernt von den Freuden der Vaterschaft zu sein schien. Wie Sie bemerken, war ich in die gleiche Falle geraten, in die sehr viele Eltern tappen: ich hatte die Vorstellung, daß Zurechtweisung Strafe bedeutet, daß man die Kinder die Härte des Gesetzes spüren läßt, daß man nach dem Prinzip „hören oder fühlen" handelt. Ich wuchs mit dieser Vorstellung von Zurechtweisung auf und habe sie offensichtlich während des größten Teils meines Erwachsenenlebens beibehalten. Meine Perspektive entsprach etwa der eines Drillmeisters.

Jetzt macht es mir jedoch Freude, dieses Kapitel zu schreiben. Durch das Lesen vieler Bücher über dieses Thema, durch mein Nachdenken darüber und durch meine Erfahrung habe ich eine völlig neue Perspektive über Zurechtweisung gewonnen. Stellen Sie sich vor, was das bedeutet, wenn man endlich im Alter von 45 Jahren die wahre und positive Definition dieses Wortes entdeckt, dazu die wichtigsten Ziele der Zurechtweisung und praktische Hilfen zu ihrer wirksamen Durchführung. Für mich war das aufregend und lohnenswert, und wenn Sie im gleichen Boot sitzen wie ich, was die Bedeutung von Zurechtweisung betrifft, so hoffe ich, daß die Einsichten, die ich Ihnen in diesem Kapitel mitteile, für Sie ebenso hilfreich und wichtig sein werden.

Eine neue Perspektive

Das Wort Disziplin kommt aus dem Lateinischen und bedeutet „lehren" oder „instruieren". Da es mir Freude macht zu lehren, war das interessant für mich zu erfahren, daß meine erste Aufgabe als Vater bei der Zurechtweisung ist, daß ich die Kinder lehre. Aber was soll ich sie lehren? Wir Väter sollten unseren Kindern Prinzipien und Wertmaßstäbe beibringen, die ihnen eine Art inneres Leitsystem entwickeln helfen, so daß sie verantwortlich, auf sich selbst gestellt, funktionieren können. Kurz gesagt, wir disziplinieren sie, damit sie Selbstdisziplin lernen.

Disziplin hat jedoch noch eine zweite Bedeutungsvariante. Der Begriff der Jüngerschaft schwingt darin mit, und dabei geht es auch um Anleitung. Disziplinieren, zu Jüngern machen, bedeutet: zu führen. Führen bedeutet: ein Beispiel setzen. Mehr darüber, was dazu gehört, eine Führungsfigur zu sein in dem folgenden Abschnitt „Fehlverhalten vermeiden".

Kinder zurechtweisen bedeutet, sie zu lehren und sie zu leiten. Wirft das nicht ein sehr viel positiveres Licht auf die Zurechtweisung? Auf diese Weise wird sie zu etwas, worauf man sich freuen kann – eine positive Herausforderung statt einer negativen Pflicht.

Drittens, und das ist noch ungewöhnlicher, bedeutet disziplinieren auch lieben. Salomo, der weise König Israels, war wahrscheinlich einer der ersten Menschen, die Liebe mit Zurechtweisung in Verbindung brachten: „Wer seine Rute schont, der haßt seinen Sohn; wer ihn aber liebhat, der züchtigt ihn beizeiten." (Spr. 13,24) Anstatt daß Zurechtweisung das Kind dazu bringt, Ihre Liebe zu ihm in Frage zu stellen, ist es vielmehr so, daß sie ihm Ihre Liebe bestätigt. Viele Untersuchungen haben gezeigt, daß Kinder, denen man mit viel Liebe begegnet und die man konsequent zurechtweist, gesünder sind und eine größere Reife haben als andere, und damit auch bessere Chancen, produktivere und sicherere Erwachsene zu werden als Kinder, die mit relativ wenig Zurechtweisung aufwachsen. Gute Zurechtweisung baut die innere Stärke von Kindern auf und vermittelt ihnen eine gesunde Selbstachtung.

Nun kennen wir die gute Nachricht, daß zurechtweisen bedeutet: lehren, führen und lieben.

Wie steht es aber mit den Kindern? Ganz bestimmt sehen sie Zurechtweisung nicht so positiv. Zudem, wenn sie sich der Zurechtweisung widersetzen, funktioniert diese einfach nicht. Das klingt logisch, aber glücklicherweise ist diese Einschätzung im Hinblick auf Kinder völlig falsch. Kinder sind auf diesem Gebiet instinktiv aufgeweckter, als wir es ihnen zutrauen möchten. Der Grund: sie wissen in ihrem Inneren, daß Eltern, die ihre Kinder angemessen zurechtweisen – das bedeutet fair und weise – sich wirklich um die Kinder kümmern und sie lieben. Ein Jugendlicher hat es wie folgt ausgedrückt:

> *Weshalb sagt meine Mutter nie zu mir: „Dahin darfst du nicht gehen", anstatt mir immer zu sagen: „Das mußt du selbst wissen, entscheide selbst"? Das führt dazu, daß ich mich wirklich verängstigt und allein fühle. Wenn sie mich wirklich liebhätte, würde sie mich nicht immer tun lassen, was ich will.*

Das ist ein an die Eltern gerichteter Schrei, ihren Führungsverpflichtungen nachzukommen.

Eine ironische Tatsache in der Gesellschaft unserer Tage ist, daß Kinder Zurechtweisung wollen, jedoch viele Eltern sich davor fürchten, sie ihnen zu geben, oder nicht die Zeit dazu finden, ihre Kinder zu korrigieren und anzuleiten. Die Zeitschrift Time hat hervorgehoben, daß die beiden bekanntesten amerikanischen Kinderärzte T. Berry Brazelton von der Harvard Universität und Benjamin Spock sich Sorgen machen über „das Verschwinden der Zurechtweisung", besonders wenn beide Elternteile berufstätig sind. Spock stellt fest, „daß die Eltern das bißchen Zeit, das sie zusammen mit ihren Kindern verbringen können, nicht dafür verwenden wollen, sie in die Schranken zu weisen." Er hebt hervor, daß die Mehrzahl junger Mütter, die seine Konferenzen besuchen, sehr bald ihrer Sorge darüber Ausdruck geben, wie zögerlich und widerwillig manche Väter sich daran beteiligen, ihre Kinder zurechtzuweisen. Spock folgert: „Mir war schon immer bekannt, daß es einige Väter gibt, die sich davor drücken, sich an der Zurechtweisung ihrer Kinder zu beteiligen. Es hat mich jedoch überrascht, daß die Mehrheit der Frauen in unserer Gruppe diese Klage über die Väter unterstrich und sehr unzufrieden mit deren Beitrag war."

Machen wir Väter also nicht den gleichen Fehler, den scheinbar viele Männer begehen. Nehmen wir unsere Aufgabe als Zurechtweiser eifrig wahr, wissend, daß das bedeutet, unsere Kinder zu lehren, anzuleiten und zu lieben. Packen wir sie mit großen Erwartungen an, wissend, daß Zurechtweisung großen Lohn bringt: „Züchtige deinen Sohn, wo wird er dir Freude machen und deine Seele erquicken" (Spr. 29, 17).

Großartig ist, daß diese Belohnung, die schon vor fast 3000 Jahren verheißen worden ist, heute erfahrbar ist. Ein Bewährungshelfer, der zugleich an einer Wiedereingliederungsschule für straffällig gewordene Jugendliche arbeitet, schreibt: „Wir wissen aus schmerzlich erworbener Erfahrung, daß Eltern, die ihren Kindern zu Hause angemessene Strukturen bieten, die glücklichsten und sichersten Kinder haben. Sichere Kinder flippen nicht aus, rennen nicht weg, lehnen sich nicht gewalttätig auf oder widerstehen Autorität so sehr wie diejenigen, die niemals Regeln kennengelernt haben und nicht wissen, welche Konsequenzen ihr Verhalten hat."

Wenn all diese ermutigenden Gründe, Ihr Kind zurechtzuweisen, sie noch nicht motivieren, denken Sie an folgendes: Ja, es ist hart, Kinder zurechtzuweisen, aber es gibt etwas, was noch härter ist, nämlich: mit unerzogenen Kindern zusammenzuleben.

Dem Fehlverhalten vorbeugen

Konstruktive Zurechtweisung beginnt mit einer Offensive von seiten der Eltern – einer Offensive, die versucht, die Notwendigkeit disziplinarischer Maßnahmen wegen Fehlverhaltens des Kindes auf ein Minimum zu beschränken. Es ähnelt dem wachsenden Trend auf ökologischem Gebiet, der darauf abzielt, der Zerstörung vorzubeugen, sie zu verhindern. Das Schöne daran, der Verseuchung und Umweltzerstörung vorzubeugen ist, daß es für die Firmen viel einfacher und billiger ist, für saubere Verhältnisse zu sorgen. Und in dem Maß, wie Sie Fehlverhalten bei Ihren Kindern vermeiden helfen können, wird es viel leichter sein, diese zurechtzuweisen und Sie auch weniger kosten – ich meine weniger zerrüttete Nerven und weniger Energieaufwand.

Wir werden vier verschiedene offensive Strategien betrachten:

(1) Gutes Betragen vorleben, (2) auf das gutes Betragen von Kindern achten und es bestätigen, (3) faire und gut verständliche Regeln und Grenzen festsetzen, (4) Vorrechte und Freiheit von Verantwortungsbewußtsein abhängig machen.

1. Gutes Betragen vorleben

Wir beginnen mit dem Vorleben guten Betragens, da wir aus der Definition von Zurechtweisung am Anfang des Kapitels gelernt haben, daß sie eine Instruktion ist, die man an Lernende weitergibt. Wie kann man erreichen, daß Unterweisung diejenigen prägt, die mit uns zusammenleben? Die Methode dazu wird mit sehr beredten Worten von Dr. Bruno Bettelheim, dem hervorragendsten Kinderpsychologen unserer Zeit, beschrieben:

> Für die meisten von uns hängt der Begriff „Jünger, Schüler" mit den Jüngern Jesu Christi zusammen, die Letzteren sehr liebten und bewunderten. Sie waren beeindruckt von seiner Person, seinem Leben, seinen Lehren, so daß sie seinem Beispiel so gut wie möglich zu folgen versuchten. Ihr tiefster Wunsch war, ihn nachzuahmen, nicht nur, weil sie seinen Lehren glaubten, sondern auch weil sie ihn liebten und weil er sie liebte. Ohne diese gegenseitige Liebe wären die Lehren und das Beispiel des Meisters – so überzeugend sie in sich selbst waren – niemals in der Lage gewesen, das Leben und die Überzeugungen der Jünger so völlig umzukrempeln. Ihre Geschichte ist der Beweis, wie die Macht der Liebe und Achtung uns dazu führen können, die Wertmaßstäbe und Ideen einer anderen Person in unser eigenes Leben aufzunehmen und ihr Betragen nachzuahmen. Gleicherweise, nämlich durch die Kombination von Lehre, Beispiel und wechselseitiger Liebe werden wir am stärksten davon abgehalten, gegen die Wertmaßstäbe einer solchen Person zu handeln. Folgen wir diesem Gedankengang, so sehen wir, daß dies die zuverlässigste Methode ist, unseren Kindern wünschenswerte Wertmaßstäbe und Selbstdisziplin einzuflößen.[1]

So sollten wir also zunächst ein Leben führen, das es wert ist, von unseren Kindern nachgeahmt zu werden. Um dies tun zu können, müssen wir selbst klare Wertmaßstäbe haben und ihnen entsprechend leben. Dr. Joseph Novello hat jedoch den Eindruck, daß Eltern den Fehler machen, sich nicht die Zeit zu nehmen, ihre Wertmaßstäbe, denen sie als Ehepaar folgen wollen, festzulegen, bevor ihre Kinder auf die Welt kommen. Disziplin fängt deswegen, laut Novello, mit den Werten an, die Mann und Frau vor der Geburt ihres ersten Kindes, und vielleicht sogar vor der Hochzeit festlegen. Jeder Vater sollte in der Lage sein, aufzustehen und zu sagen: „Dies sind die Wertmaßstäbe, die in unserer Familie gelten."

Wie wichtig es ist, solche Werte zu haben und ihnen entsprechend zu leben, kommt deutlich in einer schwedischen Studie heraus, die besagt, daß Erwachsene mit guter Disziplin, die ihren Wertmaßstäben entsprechend leben, es kaum einmal nötig haben, ihren Kindern zu predigen, daß diese sich zusammennehmen sollen. Auch das Umgekehrte fand man heraus: nämlich, daß Eltern, die zwar ihren Kindern sagen, daß sie sich benehmen sollen, jedoch selbst ein undiszipliniertes Leben führen, mit ihrer Erziehung keinen Erfolg haben.

Das ist sehr grundsätzlich. Möchten Sie disziplinierte Kinder, seien Sie eine verantwortliche, aufrichtige Person, die Selbstdisziplin hat und ein lebendiges Beispiel der Wertmaßstäbe ist, an die sie sich hält.

Das ist wahr. Und es ist leicht, das zu sagen, jedoch sehr hart, es in die Tat umzusetzen. Mir kommt hier in den Sinn, was Robert Bly darüber sagt, was Kinder von viel zu vielen modernen Vätern bekommen. Er spricht darüber, daß Kinder früher durch den Vater unterwiesen wurden und sein Temperament zu spüren bekamen. Heutzutage, wenn sich der Vater um 18.00 Uhr oder gar erst um 20.00 Uhr aus dem Büro oder der Fabrik nach Hause schleppt, so bekommen die Kinder nur noch sein Temperament zu spüren: Vati ist müde, und wahrscheinlich hat er einen harten Tag hinter sich. Das ist die Realität. Und wer ein großartiger Vater sein und seine Kinder konstruktiv zurechtweisen möchte, muß darüber hinauswachsen.

2. *Auf das gute Betragen des Kindes achten*

Diese Strategie ist von grundlegender Wichtigkeit, aber wiederum wird sie nur allzuoft vernachlässigt: Achten Sie auf das gute Betragen Ihrer Kinder, erkennen Sie es an und bekräftigen Sie es.

Kinder aller Altersgruppen möchten Aufmerksamkeit. Sie sehnen sich so sehr danach, daß ein Großteil des schlechten Benehmens daher kommt, daß sie versuchen, ihre Eltern auf sich aufmerksam zu machen. Angesichts dieser grundlegenden Tatsachen wird klar, daß wir das Fehlverhalten minimieren können, indem wir auf das gute Betragen achten und es dadurch verstärken.

Als Väter schenken wir unseren Kindern Aufmerksamkeit, indem wir ihr gutes Benehmen bemerken und es loben. Auf diese Weise werden sie dazu angespornt, sich weiterhin gut zu benehmen, um noch mehr Aufmerksamkeit unsererseits zu bekommen. Bald schon kommt so ein positiver, sich selbst verstärkender Mechanismus in Gang, ein Zyklus des Vater-Kind-Verhaltens, durch den eine Beziehung entsteht, zu der die Kinder Vertrauen haben und die in ihnen den Wunsch bewirkt, das zu tun, was richtig ist.

Kinder verhalten sich so, wie es sich auszahlt. Ermutigen Sie das gute Betragen, indem Sie dafür sorgen, daß es reichlich belohnt wird.

3. Setzen Sie faire Regeln und Grenzen fest

Das Thema der Festsetzung von Regeln ist sehr umfangreich, es sind jedoch im Wesentlichen zwei Punkte, die man verstehen und anwenden muß. Der erste ist, daß alle Familien einen gut verständlichen Katalog von Regeln haben, die zu Hause gelten – einige Grenzen, damit die Kinder wissen, in welchen Bereichen sie sich risikolos und frei bewegen dürfen. Der zweite Punkt ist etwas, das Josh McDowell „Regel Nummer 1" für Eltern nennt, die gerne die Helden oder Vorbilder ihrer Kinder sein möchten:

> Regeln ohne Beziehungen führen zu Rebellion,
> Regeln mit Beziehungen werden akzeptiert,
> man geht auf sie ein.

Wie viele Väter haben gesagt, oder sagen gerade jetzt: „Bei uns zu Hause gibt es einige sehr klare Regeln, aber mein Kind scheint darauf aus zu sein, jede einzelne von ihnen zu brechen"? Weshalb ist das so? Weil in 99 von 100 Haushalten die Beziehungen fehlen. Es ist nun einmal so: Kinder reagieren nicht auf Regeln; sie reagieren auf Beziehungen.

Kehren wir wieder zum ersten Punkt zurück.

Regeln sind für Kinder nötig.

Viele Untersuchungen haben dokumentiert, daß Kinder feste und klare Grenzen brauchen, um mit einem gesunden Sinn für Sicherheit und Stabilität aufzuwachsen. Dieser Sinn gestattet es ihnen seinerseits, Erfahrungen zu machen, zu wachsen und sich zu entwickeln. Ohne Regeln und Grenzen gibt es nur Chaos und Konfusion. Daher kommen wir zu der paradoxen Schlußfolgerung: Feste und faire Regeln gewähren einem Kind Freiheit.

Die nachgiebige Theorie „Das Kind weiß am besten, was für es gut ist", die in den 1970er Jahren Popularität erlangte, führte in vielen Familien zu Anarchie und Entzweiung. Wo man im Zusammenhang mit liebevollen Beziehungen Regeln gibt und sie durchsetzt, hat das Kind viel mehr Freiheit als ein Kind, das ohne Einschränkungen lebt. Ich mag es, wie Noel Stookey, besser bekannt als Paul in dem bekannten Trio Peter, Paul and Mary, diesen Gedanken ausdrückt: „Wir verstehen das Paradox von Disziplin und Freiheit. Sie leisten einem Kind keinen Dienst, wenn Sie ihm keine Grenzen setzen. Wenn Sie ihm zeigen, wo die Begrenzungen liegen, wird es Wege finden, sich innerhalb derselben absolut frei zu bewegen."

Wenn Sie Regeln und Grenzen abstecken, denken Sie daran, daß es um eine Kombination von Flexibilität und Inflexibilität geht. Legen Sie die Regeln fest, über die es nichts zu diskutieren gibt. In unserer Familie ist „Lügen verboten" eine Regel, die nicht gebrochen werden darf. Die Kinder möchten eine Erklärung für eine Regel, die ein absolutes Muß ist, und sie verdienen diese Erklärung. Unsere „Lügen-verboten"-Regel habe ich ihnen schon von frühester Kindheit an erklärt und ihnen zu zeigen versucht, daß gegenseitiges Vertrauen zu den wesentlichsten Dingen in einer Familie gehört. Sobald die Lüge ins Spiel kommt, wird das Vertrauen gebrochen, und es ist sehr schwierig, es wieder zu reparieren. Beachten Sie, was Lincoln in seiner letzten öffentlichen Ansprache sagte: „Wichtige Prinzipien können und müssen inflexibel sein."

Als Väter müssen wir jedoch auch flexibel sein – unseren Kindern ein Stück weit entgegenkommen. Wir sollten unseren Kindern andererseits aber möglichst viel erlauben, wenn wir es mit unsern Wertmaßstäben vereinbaren können. Dann können wir, wenn es um etwas wirklich Wichtiges geht, eher auf unserem eindeutigen Nein bestehen.

Regeln und Grenzen festsetzen bedeutet tatsächlich, nachdrücklich nein zu sagen – ein Nein, das wirklich so gemeint ist und klar verstanden wird. Das scheint Initiativen von Kindern zu bremsen, trotzdem werden die Kinder das schätzen:

Ich werde nie die Zeit vergessen, es war als ich gerade ins Teenageralter gekommen war, als ich meiner Familie von einem wilden und phantastischen Plan erzählte. Mein Freund Bill French und ich wollten mit unseren Fahrrädern durch Seattle fahren und dann die Fähre über den Puget Sound nehmen. Anschließend hatten wir geplant, die 13 Meilen zum Panther Lake zu radeln, wo wir dann am Wochenende allein Camping machen wollten. Ich war damals erst 13, und all das schien mir sehr abenteuerlich zu sein. Meine Familie hörte aufmerksam zu, und als ich fertig war, sagten sie einfach „Nein!" Ich ging dann hinaus. Bill sagte zu mir: „Tim, du hast noch nicht einmal versucht, sie zu überreden. Komm, wir gehen nochmal zurück und erklären ihnen nochmal, was wir vorhaben. Wenn wir sie ein bißchen drängen, lassen sie uns ganz bestimmt ziehen."
Ich sagte Bill sicher und stolz, daß er die Sache nicht richtig sehe. Wir könnten bis zum Jüngsten Tag meine Eltern bestürmen und ihnen unsere Pläne erklären, sie würden immer mit dem gleichen „Nein!" antworten.
Dieses Wissen gab mir eine große Sicherheit, während ich heranwuchs. Ich kann es nicht weiter erklären, nur daß ich mir vorgenommen habe, meinen Kindern auch einmal solche Stärke, Festigkeit und Sicherheit zu vermitteln.

Nein ist ein sehr kurzes Wort, lehrt aber eine der größten Lektionen, die das Leben in sich schließt: Man kann (und sollte) nicht immer all das bekommen, was man will.

Folgende acht Richtlinien für die Festsetzung von wichtigen Regeln können Ihnen von Nutzen sein:

1. Halten Sie im Gedächtnis, daß jeder Mensch anders ist.
2. Diskutieren Sie die möglichen Grenzen mit Ihrem Teenager, bevor Sie eine Entscheidung treffen.

3. Unterscheiden Sie zwischen biblischen Absoluta und ihren persönlichen Vorlieben.
4. Seien Sie flexibel.
5. Vergleichen Sie Ihre Maßstäbe mit denen möglichst vieler anderer Eltern.
6. Arbeiten Sie an einer kooperativen Entwicklung von Richtlinien.
7. Geben Sie mit zunehmendem Alter Ihren Kindern mehr Freiheit und Verantwortung.
8. Setzen Sie nie ohne eine gute Begründung eine Grenze fest.

4. Vorrechte mit Verantwortungsbewußtsein verknüpfen

Ein vierter Weg dazu, Fehlverhalten bei Ihren Kindern zu vermeiden, ist, schon früh in deren Leben damit zu beginnen, Vorrechte an Verantwortlichkeit zu binden. Wir leben nicht in einer Welt, in der uns alles in den Schoß fällt, aber zu viele Kinder merken das nicht. Ihre Weltanschauung ist, daß Eltern (und andere Leute) für sie da sind, zu ihren Diensten, um alle ihre Wünsche zu erfüllen. Sie meinen, daß einem alles einfach nur so zufällt.

Tun Sie Ihren Kindern einen Gefallen: verknüpfen Sie Vorrechte und Belohnungen mit Verantwortung, damit sie lernen können, daß persönliche Befriedigung dadurch erreicht wird, daß man sich kleine und große Ziele steckt, kurzfristige und langfristige, und sie dann durch konsequente Anstrengung erreicht. Diese Regel wird die Kinder eine wichtige Lektion lehren, nämlich: „Wenn du dein Zimmer aufgeräumt hast, darfst du nach draußen gehen und spielen."

Kindern Aufgaben geben, ist eine der besten Möglichkeiten, sie zu lehren, verantwortlich und vertrauenswürdig zu handeln.

Wenn sie echte, hilfreiche Arbeit leisten, entwickeln sie wertvolle Qualitäten wie Beharrlichkeit und Fleiß, und sie werden durch Zufriedenheit belohnt. Wenn man Aufgaben in folgenden Zusammenhang rückt, wird das Kindern in der Regel bei ihrer Einstellung dazu helfen: „Mutti und ich arbeiten schwer, um das Geld zu verdienen, das nötig ist, damit wir dieses Haus haben, essen können, Kleidung kaufen können und Ferien machen. Wir tun dies, weil wir Euch liebhaben. Und wir schätzen es, wenn ihr einen Beitrag zum Wohlergehen der Familie leistet, indem ihr im Haushalt die Aufgaben übernehmt, die wir Euch zuteilen. Damit helft Ihr uns wirklich, alles geregelt zu kriegen. Danke.“

Umgang mit Fehlverhalten

In der Familie ist nicht jeder Tag so angenehm wie Eiscreme mit Pfirsichen. Es gibt Zeiten, wo unser Eingreifen gefragt ist, wenn wir gegen Fehlverhalten vorgehen müssen. Wir haben unser Bestes gegeben, um die oben erwähnten vier vorbeugenden Prinzipien zu praktizieren, aber Kinder bleiben trotzdem Menschen. Sie benehmen sich daneben und brechen Regeln. Wenn sie das tun, sollten sie die Konsequenzen zu spüren bekommen. Wir müssen handeln.

Wie können wir das anfangen? Wie setzen wir Strafmaßnahmen durch?

Ich habe aus persönlicher Erfahrung gelernt und auch von anderen Vätern bestätigt bekommen, was auch Experten sagen. Man sollte sich beim Vorgehen gegen Fehlverhalten an folgende fünf Regeln halten: (1) Übergehen Sie aus Liebe zu Ihrem Kind die Angelegenheit nicht, (2) fangen Sie früh damit an, Kinder zu korrigieren, (3) verurteilen Sie das Betragen, nicht die Person, (4) sagen Sie das Nötige in beherrschter Weise, (5) seien Sie konsequent.

1. Übergehen Sie das Fehlverhalten nicht

Zuneigung und Strafe scheinen Gegensätze zu sein. Trotzdem muß die Zurechtweisung damit beginnen.

Jedesmal, wenn ein Kind sich danebenbenimmt, haben Sie fünf Reaktionsmöglichkeiten: (1) „Den werde ich mir vornehmen“ ist die racherfüllte Reaktion im Sinne von „Ich werde gewinnen, du wirst verlieren, weil ich Recht habe und du Unrecht“. (2) „Ich mache mich aus dem Staub.“ Es ist mir unangenehm, deswegen ziehe ich mich aus dem Konflikt zurück. (3) „Ich gebe nach.“ Ich gebe nach und bin nett, weil ich deine Zuneigung brauche. (4) „Ich komme dir auf halbem Weg entgegen“, ist die tolerante Reaktion im Sinne von: Ich habe nur halb Recht und du solltest mir auch auf halbem Wege entgegenkommen. (5) Mir ist die Sache wichtig genug, daß ich durchgreife. Mir ist die Beziehung zu dir wichtig, deswegen nehme ich auch eine Haltung an, die meiner ehrlichen Integrität entspricht.

Am besten wird dies vielleicht illustriert, wenn wir einen Blick darauf werfen, wie es aussieht, wenn man Dinge nicht wichtig genug nimmt und deswegen nicht durchgreift. Hier ein tragisches Zugeständnis (eine Mischung aus „Den werde ich mir vornehmen" und „Ich halte mich raus"). Sparky Anderson, der damalige Manager der Weltmeister Cincinnati Reds hat folgende Begebenheit kurz vor der Weltmeisterschaft von 1975 berichtet:

> „Es war vor etwa zwei Jahren. Ich sagte meinem Sohn Lee, er solle sich die Haare schneiden lassen. Er hatte langes Haar, einen Pferdeschwanz und einen Pony. Ich sagte ihm, er müsse zum Friseur gehen, bevor ich wieder nach Hause käme. Ich kam nach Hause und sein Haar war nicht geschnitten. Er war draußen in der Garage, lag auf den Knien und reparierte sein Motorrad. Ich sagte ihm wieder, er solle sich die Haare schneiden lassen, und er sagte ‚Nein!'
> Ich konnte nicht gewinnen. Ich sah ein, daß ich ihn eigenhändig verprügeln müsse, um zu erreichen, daß er zum Friseur gehe. Das wollte ich nicht. Deswegen ließ ich ihn einfach stehen und ging weg. Ich wandte mich von ihm ab. Ein Jahr lang sprach ich kein Wort mit meinem Sohn. Er sprach zu seiner Mutter, aber zu mir nicht. Ich verlor meinen Jungen."

Indem Sie problematisches Verhalten Ihrer Kinder angehen, lassen Sie sie wissen, daß Sie eine gute Beziehung zu ihnen aufrechterhalten möchten. Ihre Kinder müssen wissen, daß sie die natürlichen Folgen von Fehlverhalten tragen müssen, wenn Ihre Kinder Ihnen wirklich wichtig sind.

2. Fangen Sie früh damit an

Wenn Sie gute Aussichten haben möchten, daß Ihr Teenager sich im allgemeinen an die Grenzen hält, die Sie ihm gesteckt haben, beginnen Sie früh damit, Ihr Kind zurechtzuweisen. Wenn ein vierjähriges Kind es nicht lernt, daß es seine Spielsachen nicht einfach so herumliegen lassen darf, oder nicht ungestraft seine Schwester schlagen darf, welche Hoffnung besteht dann, daß es sich mit 14 Jahren an die Spielregeln hält, die in der Familie gelten?

Wenn Sie an dieses Prinzip denken, erinnern Sie sich an das Beispiel des NASA-Weltraumfluges. Ein Apollo-Raumflug wird von seinem Start an jeden Augenblick bis zu seiner Landung auf dem Mond beobachtet. Wenn das Raumschiff vom Kurs abkommt, wird der Kurs korrigiert. Kleinere Korrekturen werden vorgenommen, damit es nicht zu größeren Problemen kommt. Und das Ergebnis: Ein 220 000 Meilen weiter Flug erzielt eine punktgenaue Landung.

Wenn Sie als Vater es möchten, daß Ihre 18jährigen Kinder auf dem richtigen Punkt landen, nachdem sie einen komplizierten Lebensabschnitt hinter sich gebracht haben, nehmen Sie die Korrekturen dann vor, wenn sie noch leicht zu bewerkstelligen sind. Lassen Sie Ihre Kinder nicht zu sehr vom Kurs abweichen, wenn diese zwei, sechs oder zehn Jahre alt sind. Achten Sie beständig und konsequent darauf, dann könnten Sie positive Überraschungen erleben, wenn Ihre Kinder Teenager sind.

3. Verurteilen Sie das Benehmen, nicht das Kind

Ziel hierbei ist, das Kind wissen zu lassen, daß Sie sein Verhalten nicht gutheißen oder akzeptieren können, daß Sie es aber trotzdem lieben. Wenn Ihr Kind das nächste Mal etwas wirklich Schlimmes tut, sagen Sie ihm zuerst, daß Sie es lieb haben und sagen Sie ihm dann, weswegen Sie von seinem Verhalten enttäuscht sind und welche Konsequenzen das für es hat. Das ist viel besser, als mit dem Satz „Was ist nur mit dir los?“ zu beginnen.

Achten Sie auf den Unterschied. Der erste Ansatz zeigt dem Kind, daß es nicht unter Angriff steht, daß Sie es trotz seines Benehmens lieben, obwohl Sie sein Benehmen absolut nicht gut finden. Der zweite Ansatz ist ein Frontalangriff: „Was ist nur mit dir los?“ Sofort fühlt sich das Kind hilflos, machtlos und klein, und dann wehrt es sich mit allen Kräften, weil es den Eindruck hat, es müsse seinen Wert verteidigen.

Ein Vater drückt das so aus: „Wenn ich meine Kinder strafe, möchte ich, daß ihnen ihr falsches Verhalten leid tut, daß sie selbst sich aber angenommen fühlen.“

4. Sagen Sie es in beherrschter Weise

Worum es hier geht, ist, Zorn und ärgerliche Worte wirklich auf ein Minimum zu beschränken. Ich spreche von einem Minimum, da ich weiß, daß kein Vater eine Engelsgeduld hat. Ich habe schon die Beherrschung verloren, aber es hat mir auch jedesmal leid getan, wenn mir das passiert ist.

Ziel ist also, um Fassung zu ringen, wenn Sie Fehlverhalten bei Ihren Kindern feststellen. Versuchen Sie, ruhig zu bleiben, selbst wenn es noch so hoch hergeht:

> Es war an einem kalten Wintertag vor zwanzig Jahren, als ich in einem unserer Häuser mitten in einen Aufruhr geriet. Ich kann mich nicht an alle Einzelheiten des Vorfalls erinnern, werde aber nie vergessen, wie diese Sache geregelt wurde. Allie, eine Pflegemutter, war allein im Haus. Sie war sehr klein und wog wohl nicht mehr als 50 kg. Über ihr türmte sich Sid, der Barbare, auf und brüllte sie an. Sidney hatte zerzaustes blondes Haar und hellblaue Augen und war in unser Programm aufge-nommen worden, weil er äußerst unbeherrscht war. Er war sehr groß und wog 120 kg. Seine breiten Schultern und sein vorspringendes Kinn schüchterten selbst ausgewachsene Männer ein. Allie hatte Sid gesagt, daß er an diesem Abend nicht ausgehen dürfe, weil er seine Hausaufgaben nicht gemacht und seine Hausarbeiten nicht erledigt hätte. Er schrie ihr Beleidigungen ins Gesicht und zeigte mit dem Finger auf sie. Allie stand da, schaute ihn an und sprach in ruhigem, gemäßigtem Ton langsam auf ihn ein. Er schrie sie an, daß er dorthin gehen werde, wohin er wolle. Sie entgegnete ihm: „Nein, Sid, du wirst hier zu Hause bleiben und deine Hausaufgaben machen."
>
> Das ging etwa 20 Minuten lang so weiter, während ich zusah. Ihr ruhiger Ton ließ keinen Widerspruch zu, ihr Gesichtsausdruck war beruhigend und besänftigend wie ihre Stimme. Es war ein Kunststück, was sie da vollbrachte. Sid wurde ruhig und ging in sein Zimmer und lernte. Bis die Sache vorbei war, hatte niemand von beiden bemerkt, daß ich sie beobachtet hatte. Seitdem habe ich mir gemerkt, daß gute Pflegeeltern selten schreien, daß ihre Anweisungen bestimmt, aber nicht feindselig sind.
>
> Sidney schaffte den Highschool-Abschluß und schloß sich dann

der Armee an. Ich war in dem besagten Haus, als er zum ersten Urlaub dorthin zurückkehrte. Inzwischen war er ein gutaussehender und mit einer netten Frau verheirateter junger Mann geworden. Wir alle waren stolz auf ihn. Ich sah die Tränen in seinen Augen, als Allie in die Küche kam. Als er sie in den Arm nahm, hob er sie vom Boden hoch.

Ich habe das noch nicht erlebt, kann mir aber gut vorstellen, daß es eine der schwierigsten Situationen ist, nicht die Beherrschung zu verlieren, wenn Ihr Teenager anstatt wie vereinbart um Mitternacht erst um 1.15 Uhr nach Hause kommt. Die Sorgen und Befürchtungen, die sich in Ihnen angestaut haben, sind da. Dann sehen Sie Ihr Kind vorfahren und sind erleichtert, daß es wohlbehalten wieder zu Hause angekommen ist. Was hat die Befürchtungen ausgelöst? Liebe zu Ihrem Kind. Was bekommt es jedoch in dem Moment zu spüren, wenn es die Tür öffnet? – Wut.

Wie ich schon sagte, ich habe das noch nicht erlebt, hoffe jedoch, daß ich, wenn es passieren wird, die Beherrschung finde, zu meinem Kind zu sagen: „Hey, ich habe dich lieb. Ich bin vor Sorgen um dich richtig krank gewesen. Sag mir, was passiert ist.“

Ein einfacher Weg, nicht die Beherrschung zu verlieren, ist,- wenn man einen Moment wartet, bevor man reagiert.

Geben Sie Ihrem Kind klar zu verstehen, daß sein Verhalten ein Nachspiel haben wird. Das gleiche gilt für Entscheidungen, die zu treffen sind. Es ist oft besser, mit der Festsetzung des Strafmaßes zu warten statt das Kind anzubrüllen: „Du hast einen Monat Hausarrest!“ Wenn etwas Zeit dazwischenliegt, so wird Ihnen das oft helfen, eine angemessene Strafe zu bestimmen.

Was ich damit sagen will, kommt noch viel besser in den Worten Salomos zum Ausdruck, wenn er sagt: „Wer Streit anfängt, gleicht dem, der dem Wasser den Damm aufreißt. Laß ab vom Streit, ehe er losbricht!“ Wenn ein Damm zu brechen droht, sollte man nicht noch mehr Wasser nachschütten; das sollte dem gesunden Menschenverstand klar sein.

„Durch Geduld wird ein Fürst überredet, und eine linde Zunge zerbricht Knochen“ (Spr. 25,15).

5. Seien Sie konsequent und beständig

Halten Sie sich beständig an die Regeln. Ziehen Sie diese durch, selbst wenn Sie müde sind. Wenn Sie schon früh damit beginnen, werden Ihre Kinder schon bald merken, daß Regeln wirklich dazu da sind, daß man sie beachtet und daß es Konsequenzen hat, wenn man sich nicht nach ihnen richtet. Ein Vater, der in der Umfrage America's Happiest Families (Amerikas glücklichste Familien) über den wichtigsten Aspekt bei allen Bestrafungen befragt wurde, drückte es wie folgt aus: „Konsequenz. Wenn etwas schlecht ist, ist es immer schlecht. Handeln Sie entsprechend."

Seien Sie bei der Bestrafung Ihrer Kinder konsequent.

Konsequente Bestrafung bedeutet nicht ständige Bestrafung. Das schöne an der konsequenten Bestrafung ist vielmehr, daß sie dazu führt, daß häufige Bestrafung immer seltener nötig wird. Wenn Sie faire, klare und feste sowie gut verständliche Regeln einführen und diese dadurch unterstützen, daß es vorhersagbare Konsequenzen hat, wenn man sie bricht, wird Ihnen die Rolle des vollzeitlichen Bewachers und Bestrafers erspart bleiben. Es geht darum, daß die Kinder es selbst lernen, sich zu disziplinieren.

Ein Gebiet, auf dem das in unserer Familie funktioniert hat, ist das Fernsehen. Carol und ich erklären die Prinzipien, an die wir uns halten, um zu entscheiden, wann eine Sendung gut oder schlecht ist, und schon bald haben unsere Kinder sie ebenfalls angewandt, ohne sich dagegen aufzulehnen. Mit welchem Ergebnis? Daß es zu wenigen Konflikten oder Diskussionen über Fernsehsendungen bei uns kam. Seien Sie also konsequent und bestrafen Sie weniger.

Was Sharon, eine Universitätsstudentin im ersten Semester, sagt, faßt so ziemlich all das, was in diesem Kapitel angesprochen worden ist, gut zusammen und ist deswegen ein nützlicher Überblick darüber, wie man gegen Fehlverhalten vorgehen sollte:

Die Ergebnisse, die meine Eltern erzielten, hatten meiner Ansicht nach sehr viel mit ihrer Konsequenz zu tun. Sie haben mich sehr selten körperlich bestraft; nur wenn ich etwas ganz Schlimmes getan hatte. Diese Lektionen waren eindrücklich; was eine solche Strafe einbrachte, tat ich nicht ein zweites Mal. Die körperliche Strafe war nie ein Ventil, durch das meine Eltern ihre Wut an mir ausließen; vielmehr wurde mir sofort und notwendigerweise deutlich gezeigt, daß mein Verhalten falsch war. Ich lernte in jenen Augenblicken, daß ich etwas Falsches getan hatte, etwas, was immer falsch sein würde (da die Strafe nie eine Folge der Frustration oder des Zornes meiner Eltern war), und daß man von mir erwartete, daß ich so etwas nie wieder tun würde. All dies war eingebunden in unsere gegenseitige Liebe: ich wußte, daß meine Eltern es haßten, mich zu bestrafen, und ich haßte es, sie zu enttäuschen. Ich persönlich habe auch in solchen Situationen immer deutlich gespürt, daß sie mich lieben.

Vergebung

Nichts ist auf dem Gebiet der Bestrafung und Zurechtweisung eindrücklicher oder schwerer zu praktizieren als Vergebung. Sie ist einducksvoll, weil sie die Sprache der bedingungslosen Liebe spricht. Sie ist schwierig zu praktizieren, weil wir dabei unseren Stolz beseite legen und unser aufgeblasenes Ego überwinden müssen.

Väter, es ist unsere Aufgabe, in unseren Familien eine Atmosphäre der Vergebung zu schaffen. Wenn wir das erreichen können, werden unsere heranwachsenden Kinder und Teenager sich frei fühlen, zu uns (und zu ihren Müttern) zu kommen, selbst mit ihren schlimmsten Problemen, weil sie nicht befürchten müssen, beschuldigt oder abgelehnt zu werden.

„Moment mal. Gibt es da etwa nicht das Problem, daß Kinder nicht einfach so zu ihrem Vater oder zu ihrer Mutter kommen und diese um Vergebung bitten?"

Das stimmt. Wie lernen Kinder es also, Vergebung zu suchen?

Durch das Beispiel der Eltern. Wiederum müssen wir es ihnen vorleben und ihnen diesen empfindlichsten und grundlegendsten Aspekt menschlicher Beziehungen nahebringen. Das kann bedeuten, daß Sie vor Ihren Kindern Ihre Frau um Vergebung bitten müssen. Es kann auch bedeuten – und das gehört mit zum Schwersten – daß Sie Ihre Kinder um Vergebung bitten müssen, wenn Sie etwas Falsches getan haben.

Das ist weder leicht noch angenehm. Die sofortige Reinigung und Heilung der Beziehung, die oft daraus folgen – und langfristig das Entstehen einer Atmosphäre der Vergebung in Ihrer Familie – machen es jedoch der Mühe wert, das zu praktizieren.

Möchten Sie zu Ihrer Ermutigung ein Vorbild der Vergebungsbereitschaft anschauen? Denken Sie an die biblische Geschichte vom verlorenen Sohn. Er forderte sein Erbe, nahm es und verließ das Haus seines Vaters, verprasste alles, was er hatte und kam schließlich zurück nach Hause, als er am Ende war. Sein Vater sah ihn die Straße hinaufkommen, wahrscheinlich war der Sohn unrasiert und hatte zerrissene Kleider an. Er verbreitete einen üblen Geruch, weil er Schweine gehütet und sich von ihrem Fraß ernährt hatte.

Wie reagierte sein Vater? Wie würden Sie reagieren? Wären Sie nicht versucht, ihn noch mehr herabzusetzen und ihm zu sagen: „Was habe ich dir gesagt. Aber du mußtest ja alle meine Worte in den Wind schlagen. Hast du denn nicht gemerkt, welch einen gefährlichen und unsinnigen Weg du eingeschlagen hast?"

Statt dessen lesen wir:

> „Als er aber noch weit entfernt war, sah ihn sein Vater, und es jammerte ihn; er lief und fiel ihm um den Hals und küßte ihn. Der Sohn aber sprach zu ihm: Vater, ich habe gesündigt gegen den Himmel und vor dir, ich bin hinfort nicht mehr wert, daß ich dein Sohn heiße. Aber der Vater sprach zu seinen Knechten: Bringt schnell das beste Gewand her und zieht es ihm an und gebt ihm einen Ring an seine Hand und Schuhe an seine Füße und bringt das gemästete Kalb und schlachtet's; laßt uns essen und fröhlich sein! Denn dieser mein Sohn war tot und ist wieder lebendig geworden; er war verloren und ist gefunden worden. Und sie fingen an, fröhlich zu sein." (Lukas 15, 20-24).

Das verdeutlicht die Macht der Vergebung.

Zusammenfassung

1. Wir Väter sollten unseren Kindern Prinzipien und Wertmaßstäbe vermitteln, die ihnen helfen, eine Art inneres Leitsystem zu entwickeln, damit sie eigenverantwortlich handeln können.
2. Da Zurechtweisung etwas mit Jüngerschaft und Lehre zu tun hat, geht es auch um Leitung.
3. Kinder wissen in ihrem Inneren, daß Eltern, die sie angemessen zurechtweisen – fair und weise – Eltern sind, die sich wirklich um sie kümmern und sie lieben.

4. Es fällt schwer, Kinder zu bestrafen. Noch schwieriger ist es jedoch, mit undisziplinierten Kindern zusammenzuleben.
5. Konstruktive Zurechtweisung beginnt mit einer Initiative von seiten der Eltern. Sie ergreifen die Offensive und versuchen, bei ihren Kindern die Zahl von Verhaltensweisen, die Bestrafung erfordern, zu minimieren.
6. Möchten Sie wohlerzogene Kinder, so seien Sie selbst eine verantwortungsbewußte, aufrichtige und disziplinierte Persönlichkeit – ein lebendiges Beispiel der Werte, an die zu glauben Sie vorgeben.
7. Achten Sie auf gutes Benehmen Ihrer Kinder und erkennen Sie es an.
8. Regeln ohne Beziehungen führen zu Rebellion, Regeln mit Beziehungen führen dazu, daß Regeln beachtet werden.
9. Feste und faire Regeln geben dem Kind Freiheit.
10. Ein Weg, um Fehlverhalten bei Ihren Kindern zu vermeiden, ist der, früh damit zu beginnen in ihrem Leben Zugeständnisse mit Verantwortlichkeit zu verbinden.
11. Fünf Dinge sollten beim Vorgehen gegen Fehlverhalten beachtet werden: (1) Nehmen Sie es so wichtig, daß Sie dagegen vorgehen, (2) beginnen Sie früh damit, (3) verurteilen Sie das Betragen, nicht die Person, (4) sagen Sie alles Nötige in beherrschter Weise, und (5) seien Sie konsequent.
12. Im ganzen Bereich der Bestrafung ist nichts beeindruckender oder schwerer zu praktizieren als die Vergebung. Unsere Aufgabe ist es, eine Atmosphäre der Vergebung in unseren Familien zu schaffen.
13. „Laßt uns essen und fröhlich sein! Denn dieser mein Sohn war tot und ist wieder lebendig geworden; er war verloren und ist gefunden worden. Und sie fingen an, fröhlich zu sein."

11. Grundlegende moralische Werte festlegen und fördern

Das Beste für das Wachstum unserer Kinder und der größte Beitrag zu ihrem Wachsen durch andere Maßnahmen ist die Stärke eines Wertsystems, das sie durch das Leben geleitet.

Joe Batten

Auf der gesellschaftlichen Prioritätenliste in Amerika ist die Entwicklung persönlicher moralischer Wertmaßstäbe in Rückstand geraten. Unsere Gesellschaft, die Familien und die Individuen haben gemerkt, daß man nicht sehr gut ohne sie auskommen kann. Es ist eine grundlegende Wahrheit, daß wir die traditionellen moralischen Werte, die in früheren Generationen in den Familien und von Individuen praktiziert wurden, und die Amerika nicht nur zu einer starken Nation, sondern auch zu einem großartigen Land machten, in den letzten 25 Jahren aus den Augen verloren haben. Es ist Zeit, sie wieder aufzubauen, unsere Gesellschaft und unsere Familien zu stärken, indem wir diese zeitlosen Kriterien für unser Verhalten, wie z. B. ehrlich, gerecht und freundlich zu sein, treu lehren und praktizieren.

Geben wir diese grundlegende Tatsache zu und bekräftigen wir sie: Moralische Wertmaßstäbe funktionieren! Sie sind stark und wirksam!

Die Wichtigkeit solcher Grundwerte wird instinktiv von allen Eltern verstanden, die möchten, daß ihre Kinder zu moralisch einwandfreien, verantwortlichen Menschen heranwachsen. Ein wunderbares jiddisches Wort nennt das Ziel, das wir alle anstreben: Mensch. In seinem einsichtsvollen Buch „Raising Your Child to Be a Mensch“ (Wie Sie Ihr Kind zu einem Menschen erziehen) definiert Neil Kurshan, was es bedeutet, Mensch zu sein:

> Menschlichkeit bedeutet Verantwortlichkeit gepaart mit Mitgefühl, einem Gespür dafür, daß die eigenen persönlichen Bedürfnisse in den Bedürfnissen und Wünschen anderer Menschen ihre Begrenzungen haben. Ein Mensch handelt mit Selbstzurückhaltung und Demut, ist immer sensibel für die Gefühle und Gedanken anderer. Als Menschen haben wir eine echte Leidenschaft, die Schmerzen und Leiden der anderen um uns herum zu lindern.[1]

Schauen Sie sich in Amerika um. Sie werden bald feststellen, daß es an Anstand, Verantwortlichkeit und Freundlichkeit im persönlichen Leben der Menschen fehlt. Jugendliche, die die neue Moral der 1970er und 1980er Jahre geerbt haben oder sich ihr angeschlossen haben – sie sagt im wesentlichen: Vergiß die traditionellen Werte und mach dir deine eigenen Regeln – haben keinen neuen Sinn für ihr Leben gefunden. Vielmehr leiden sie zutiefst unter einem Gefühl der Leere. Als Ergebnis davon sehen wir den steigenden Drogenkonsum, Alkoholmißbrauch, Schwangerschaften bei Teenagern und – als neuesten Ausdruck der moralischen Leere – eine zunehmende Zahl von Selbstmorden unter Teenagern und Morde, die aus einer Laune heraus begangen werden. Das Leben ohne eine moralische Grundlage wird billig und zur Wegwerfware.

Die Probleme der amerikanischen Jugendlichen spiegeln uns den Zusammenbruch der Wertmaßstäbe wider, die dem Leben Sinn, Ordnung und einen grundlegenden Wert geben.

Genug zu dem Problem, denn die Lösung liegt bereit. Eine deutlich wahrnehmbare Bewegung zur Wiederaufrichtung und Neueinführung der traditionellen moralischen Wertmaßstabe in den Familien und in der Gesellschaft ist zu beobachten.

> Vielfach ist schon eine gewaltige Unterströmung des Glaubens an viele der traditionellen amerikanischen Wertmaßstäbe zu spüren, wie: persönliche Freiheit gepaart mit Verantwortlichkeit, die Familie als Grundlage des persönlichen Glücks, Selbstmotivation und Eigeninitiative, Arbeitsethik, die Wichtigkeit religiöser Überzeugungen, Selbstdisziplin und einen Sinn für Ehrlichkeit und Anstand.

Jeane Westins Beschreibung ihrer persönlichen Veränderung ist ein Hinweis auf das, was heute unter vielen Menschen mittleren Alters, die zur Generation der Baby Boomer zählen, geschieht:

> Ich hatte meine eigenen Ängste, wenn es um moralische Erziehung ging. Was ist mit mir in jenen Jahren passiert, seitdem meine Tochter geboren wurde? Wahrscheinlich bin ich alt geworden. Es gab Morde, den Vietnamkrieg, Korruption in höchsten Ämtern – Enttäuschung. Die alte traditionelle Moral hatte nicht funktioniert, dachte ich. Ich beschuldigte die Gesetze statt die Gesetzesbrecher, wie es in den 1970ern üblich war. Heute jedoch stelle ich die Lehre in Frage, die ich früher für eine Befreiung hielt. Ich meine die Lehre,die sagt, daß Wertmaßstäbe etwas völlig Persönliches sind, und daß die Maßstäbe, die jeder persönlich hat, genau soviel wert sind wie die eines jeden anderen. Ich habe mir das Recht genommen, meine eigenen Bewertungen von Verhalten im öffentlichen und privaten Bereich vorzunehmen. Obwohl ich das individuelle Recht verteidigen würde, sich nach Maßstäben zu richten, die ich nicht für gut halte, nehme ich mir das Recht, mein Kind zu lehren: „In unserer Familie glauben wir, daß dies oder jenes falsch ist."

Viele Erwachsene dieser Generation kehren in die Kirchen und Gemeinden zurück. Ein Artikel in Newsweek unterstreicht den phänomenalen Anstieg des Gemeindebesuchs, besonders unter den Baby Boomern: „Vor allem wird die Rückkehr zur Religion bei den Baby Boomern dadurch bestärkt, daß sie Eltern werden und zu der Erkenntnis kommen, daß Kinder einen Raum brauchen, wo sie gültige Wertmaßstäbe lernen und Freunde gewinnen können, die sich ebenfalls daran halten." Kurz gesagt: Viele Erwachsene merken, daß diese Wertmaßstäbe für ihre Kinder eine sichere Grundlage sind, auf der diese stehen können.

Kinder möchten eine solche Grundlage. „Eines der Hauptbedürfnisse von Jugendlichen heutzutage ist, daß die Eltern ihnen ein ethisches und moralisches Wertsystem vermitteln, das sie leiten kann" beobachtet Dr. Ross Campbell in seinem Bestseller *Teenager brauchen mehr Liebe.* Teenager, so fand er heraus, drücken dies auf vielerlei Weise aus: Einer sagt, daß er einen Regelkatalog haben möchte, an den er sich halten kann, ein anderer sucht „einen Sinn für sein Leben", und wieder andere sehnen sich nach etwas „was ihnen zeigen kann, wie sie leben sollen", oder „etwas,an das sie sich halten können."

Woher bekommt ein Kind dies am besten, wie kann es etwas finden, was ihm zeigt, wie es leben soll? Die Antwort liegt auf der Hand: in der Familie.

Eine Umfrage fand heraus, daß acht von zehn Amerikanern ihre

Grundüberzeugungen in der Familie vermittelt bekamen. Zwei Drittel aus dieser Gruppe von Befragten sagten jedoch auch, daß die Kinder heutzutage ihre Wertmaßstäbe aus dem Fernsehen, aus Filmen, durch Musiker und Musikvideos erhalten.

Moralische Wertmaßstäbe helfen unseren Kindern, anständige, verantwortliche und freundliche Menschen zu werden. Außerdem sind sie grundlegend für ein erfolgreiches Leben

Beachten Sie die Schlußfolgerung, zu der Dr. Robert Coles von der Harvard Universität nach 20jährigen Untersuchungen kommt: Eltern, die ihren Kindern beste Chancen für ein glückliches Leben mitgeben möchten, werden ihnen klare und feste Wertmaßstäbe vermitteln. Der bekannte Psychologe Erik Erickson stellt fest: „Ein Kind kann kein starkes und gut funktionierendes Gewissen entwickeln, ohne durch Erwachsene angeleitet zu werden, die sich an einen überzeugenden Konsenz ethischer Wertmaßstäbe halten.“

Wenn Sie in Ihrem Zuhause grundlegende moralische Wertmaßstäbe festschreiben möchten, so sollten Sie wissen, daß Sie bei diesem Entschluß in sehr guter Gesellschaft sind. Jeane Westin hat beobachtet, daß, obwohl 96 % der von ihr befragten Eltern meinen, daß die amerikanische Gesellschaft einen starken moralischen Verfall erlebt, viele meinen, daß erneuerte und starke Familien bei Kindern und in der Gesellschaft einen großen Unterschied bewirken könnten. Und eine überwältigende Mehrheit der Eltern denken, daß es ihre wichtigste Aufgabe ist, die Traditionen, moralischen Wertmaßstäbe und ihr Wissen – die Fingerabdrücke der Zivilisation – an ihre Kinder weiterzugeben.

Und raten Sie einmal, wie es ein Kind zum ersten Mal lernt, zwischen falsch und richtig zu unterscheiden und Mensch zu werden? Durch die Unterweisung und Anleitung durch den Vater.

Die starke Rolle des Vaters

Väter spielen eine starke Rolle – entweder im positiven oder im negativen Sinn und prägen die grundlegenden moralischen Überzeugungen ihrer Kinder. Wie gut sind die heutigen amerikanischen Männer darin?

In meiner Sammlung von Zeitungsausschnitten gibt es zwei Artikel, die die Übergangsperiode beschreiben, die amerikanische Väter durchmachen. Der eine enthält ein zum Nachdenken anregendes Zitat von David Blackenham, dem Präsidenten des Institute for American Values (Institut für amerikanische Werte):

> Viele Baby Boomer-Väter beglückwünschen sich selbst, wenn sie sich mit den Vätern der 1950er Jahre vergleichen, denen es nie eingefallen wäre, einem Baby die Windel zu wechseln. Dennoch, obwohl diese Väter der 50er Jahre gefühlsmäßig von ihren Kindern distanziert waren, waren sie nicht moralisch von ihnen distanziert. Sie waren jeden Abend zu Hause. Von den heutigen Vätern sind die meisten nicht oft genug anwesend, um für ihre Kinder eine moralische Instanz zu sein.

Das charakterisiert wahrscheinlich die große Mehrzahl der Väter. Dennoch zeigt eine wachsende Zahl von ihnen aktives Interesse daran, bei der Prägung der Wertmaßstäbe ihrer Kinder eine konkrete Rolle zu spielen. Ein Vater sagt aus, er ermutige seine Kinder dazu, freundlich und nett zu sein und sich anderen mitzuteilen, ein anderer möchte, daß seine Kinder freundlich, hilfreich und eigenverantwortlich sind, und wieder ein anderer spricht davon, Kindern Verantwortung zu übertragen. Rosey Grier, der enorm große, ruppige und spektakuläre Verteidiger der New York Giants, der später einer der „Fearsome foursome" (gefürchteten Vier) der Los Angeles Rams wurde, ist ein aufgeweckter Vater, der sagt, er hoffe, seinen Kindern die Wertmaßstäbe der Ehrlichkeit, des Mitgefühls, des Vertrauens auf seinen Glauben und die Fähigkeit, andere zu lieben und sich um sie zu kümmern, einflößen zu können.

Was ist dazu nötig, wenn wir unseren Kindern grundlegende moralische Werte vermitteln wollen?

Erkennen Sie die Werte, die Sie leiten

Wir müssen dabei ansetzen, unsere eigenen moralischen Wertmaßstäbe zu erkennen und zu verstehen.

> „Mein Sohn hat überhaupt keine Maßstäbe", beklagte sich Herr Johnson, ein Washingtoner Rechtsanwalt.
> „Nun, Herr Johnson", fragte ich, „welche Wertmaßstäbe gelten denn in Ihrer Familie?"

„Hm, nun, äh ...“ begann er zu stottern. Ich hatte ihn überrascht. Über diese Frage hatte er noch nie nachgedacht.
„Was bedeutet es, ein Johnson zu sein?“ fragte ich weiter.
„Ich muß zugeben, darüber habe ich noch niemals nachgedacht“, gab er zu.

Wenn Sie noch nie darüber nachgedacht haben, was es bedeutet ein „...“ (setzen Sie hier Ihren Familiennamen ein) zu sein, dann ist es nun an der Zeit, das zu tun.

Leben Sie Ihren Wertmaßstäben gemäß

Wir können soviel predigen und lehren, wie wir nur wollen, wenn wir nicht unseren Wertmaßstäben gemäß leben, werden unsere Kinder das durchschauen. Wenn die Kinder bemerken, daß es eine scheinheilige Kluft zwischen unseren Worten und Taten gibt, werden sie wahrscheinlich unsere wohlgemeinten Worte überhören.

Leben Sie Ihre Wertmaßstäbe vor. Leben Sie Ihren Überzeugungen entsprechend. Diesen Punkt kann man nicht genug betonen. Er ist grundlegend dafür, welche Art von Wertmaßstäben Ihre Kinder annehmen werden, um sich daran zu halten, während sie heranwachsen. Zwei extreme Einflüsse im negativen und positiven Sinn, die Väter dabei haben können, werden im folgenden deutlich. Frank McKinney Hubbard sagt: „Der Grund dafür, daß Eltern ihre Kinder nicht mehr in die richtige Richtung führen, ist die Tatsache, daß sie selbst nicht mehr in diese Richtung gehen.“ Robert Baylis sagt über seinen Vater:

> *Ein weiterer Charakterzug meines Vaters, der einen unauslöschlichen Eindruck bei mir hinterlassen hat, ist seine ethische Aufrichtigkeit. Ganz abgesehen davon, wie unattraktiv seine Art von Christsein für mich als Teenager war, konnte ich nicht umhin, zu erkennen, wie gut er war. Ich erinnere mich daran, mich mit einem Kind aus der Nachbarschaft gestritten zu haben, das versuchte, mich herunterzumachen. Ich sagte ihm, es solle mir doch irgend etwas Schlimmes im Leben meines Vaters zeigen, wenn es das könne. Durch seine Erziehung und sein Temperament hatte mein Vater anscheinend keine großen Probleme damit, die üblichen Sünden, die in unserer Wohngegend vorherrschten – eheliche*

Untreue, Gemeinheit und Trunksucht – zu vermeiden. Er war ehrlich bis ins Kleinste. Er kümmerte sich wirklich um die Leute, die um uns herum lebten und mit denen er zusammenarbeitete. Er tat alles, was er konnte, um ihnen zu helfen.

Die Herausforderung, unseren Überzeugungen entsprechend zu leben, läßt sich nicht ganz in dem Ausspruch zusammenfassen: „Taten sprechen lauter als Worte." Diese Herausforderung geht über gute Taten hinaus und reicht bis ins tiefste Innere, bis zu dem, was Sie wirklich sind. Hören Sie auf die Worte eines erwachsenen Sohnes in einem Brief an seinen Vater, der ein landesweit bekannter Autor, Redner, Pastor und Professor war:

„Was du bist" war deine Schlußfolgerung, „ist viel wichtiger als was du tust." Das war eine gute Predigt, Vater. Ich wünschte, du wärest hier gewesen, um sie zu hören.
Von all den Menschen, die ich kenne, leitest du dein Wertsystem mehr als jeder andere von dem ab, was du tust. Wie sonst ist es zu erklären, daß du dich an einen so lächerlichen Terminkalender hältst, der dich davon abhält, normale Freundschaften zu entwikkeln, gesund zu bleiben, oder gar deinen lieben Sohn oft genug zu sehen, so oft, wie das nötig wäre? Allen anderen predigst du, daß du eine enge Beziehung zu Gott hast und daß diese das Wichtigste auf der Welt ist, trotzdem treibst du dich so an, als ob Gott es lieber sähe, daß du für ihn arbeitest als daß du Zeit für ihn hast. Du sagst manchmal, daß du dich wunderst, weshalb du nicht dazu kommst, dich öfter mal zurückzuziehen. Aber du kennst die Antwort schon – du bist zu beschäftigt, hast zuviel zu tun. Du hast keine Zeit für deine Bibelgruppe, keine Zeit für deine Familie, keine Zeit, um Sport zu treiben, keine Zeit, um Freundschaften mit Nichtchristen zu entwickeln, keine Zeit, um junge Gläubige anzuleiten, und, wie du selbst zugibst, keine Zeit, um einen ganzen Tag in der Stille mit Gott zu verbringen. Du bist so in Taten für Gott verwickelt, daß du keine Zeit für ihn hast.

Mißverstehen Sie mich nicht. Es geht hier nicht um ein Entweder – Oder. Die Priorität liegt darauf, wer Sie sind. Wichtig ist, daß Sie eine integre Persönlichkeit sind. Dann folgt die Forderung, durch Ihr Tun eine lebendige Demonstration dessen zu geben, was Sie sind.

Um nochmals auf Rabbi Kurshan und sein Ziel, Mensch zu sein, zurückzukommen. Er weist darauf hin, daß sich Menschlichkeit nicht automatisch entwickelt:

> Kinder lernen nicht auf zauberhafte Weise, moralisch gesund, freundlich oder anständig zu sein, ebensowenig wie sie automatisch Rechnen, Englisch oder andere Wissenschaften lernen. Sie reifen zu anständigen und verantwortlichen Wesen heran, indem sie Erwachsenen nacheifern, die ihnen Beispiele und Modelle sind, darunter besonders die Eltern, die Prinzipien und Wertmaßstäbe haben und ihnen entsprechend handeln.

Von Anfang bis Ende

Wenn es um das Lehren und Vorleben von Wertmaßstäben geht, ist die Aufgabe des Vaters nie beendet. Ein Autor traf den Nagel auf den Kopf, indem er davon sprach, daß ich die Verantwortung habe, meinen Kindern einen enormen Lehrplan von Lebenserfahrung zu bieten. Hier einige Fächer, die wir unsere Kinder lehren sollten:

1. Wie wertvoll bin ich?
2. Was ist der Mann?
3. Was ist die Frau?
4. Wie steht es mit den Beziehungen zwischen Mann und Frau?
5. Wie kann man Bedürfnisse stillen?
6. Wie steht es um die Sicherheit in der Welt?
7. Wie hält man Verpflichtungen ein?
8. Wie wartet man auf die Dinge, die man wirklich möchte?
9. Wcm kann man vertrauen?
10. Wie kompetent bin ich?

Einige moralische Schlüsselwerte

Welches sind die grundlegenden moralischen Werte, die Väter ihren Kindern vermitteln sollten? Offensichtlich existiert keine Standardliste. Jeder Vater sollte, möglichst in Absprache mit seiner Frau, seine eigene Liste erstellen. Ich versuche, folgende drei grundlegende moralische Werte für meine Kinder festzulegen: (1) Integrität/Güte, (2) sich um andere kümmern/Verantwortung, (3) Lernen durch Versagen/Überwinden von Schwierigkeiten. Außerdem habe ich von Männern erfahren, mit denen ich gesprochen habe, und Büchern und Artikeln, die ich gelesen habe, entnommen, daß diese drei Wertmaßstäbe auch vielen anderen Vätern wichtig sind.

Integrität/Güte

Eine meiner tiefsten Hoffnungen für meine Kinder ist, daß jedes von ihnen eine integre Persönlichkeit wird, jemand, der in soliden Prinzipien verwurzelt ist und sich an sie hält, ganz gleich, wie die Umstände sind oder wie sich die Menge verhält.

Ein Grundelement der Integrität ist die Ehrlichkeit. Ich möchte, daß meine Kinder sich der Wahrheit verpflichtet fühlen und Gewissensmenschen sind. Ich möchte, daß sie sich so der Wahrheit verpflichtet fühlen, wie es Charles Colson durch seinen Vater beigebracht wurde. Er wich auch in den schwierigsten Tagen nicht davon ab.

> *„Eines mußt du dir merken", fügte er immer wieder hinzu, „es gibt nichts Wichtigeres, als die Wahrheit zu sagen. Sage immer die Wahrheit."*
>
> *Diese Worte und das überzeugende Vorbild meines Vaters über die Jahre hin haben mich während des gesamten Erwachsenwerdens begleitet, waren auch in den Auseinandersetzungen im Weißen Haus gegenwärtig, wie ich mir das als Kind nie hätte vorstellen können. Das war auch an dem Tag so, als ich vor Gericht Rede und Antwort stehen mußte. Ich atmete tief durch, setzte mich aufrecht auf meinen Stuhl und gab Antworten, die der Wahrheit entsprachen. Das tat ich alle 44 mal, die ich im Rahmen von Watergate aufgefordert wurde, unter Eid auszusagen. Ich war am Ende die einzige wichtige Person im Watergate-Skandal, der man keine Falschaussage vorwerfen konnte.*

Ein Hinweis, wie man diesen Wert Kindern vermitteln kann, ist, daß man sie immer dann lobt, wenn sie die Wahrheit sagen, selbst wenn es darum geht, ein Fehlverhalten einzugestehen, vielleicht sogar besonders dann. Wenn sie zu ihren Prinzipien stehen, so loben Sie Ihre Kinder dafür. Sie brauchen diese Art von Bestätigung, wenn sie in der heutigen Welt zu integren Persönlichkeiten heranreifen sollen.

Integrität ist eng verwandt mit Güte. Güte bedeutet nicht, daß Kinder gut sein sollen und sich so verhalten sollen, wie man es ihnen sagt.

Ich meine vielmehr die Güte des Charakters: das Festhalten an grundlegenden moralischen Prinzipien, eine freundliche Natur, ein reines Herz.

Die ersten Verse der Sprüche Salomos weisen auf die Art der Güte hin, die ich für meine Kinder erstrebe:

„Dies sind die Sprüche Salomos, des Sohnes Davids, des Königs von Israel, um zu lernen Weisheit und Zucht und zu verstehen verständige Rede, daß man annehme Zucht, die da klug macht, Gerechtigkeit, Recht und Redlichkeit, daß die Unverständigen klug werden und die Jünglinge vernünftig und besonnen."

Wenn sie diese Art von Güte haben, werden die Kinder nicht dies oder jenes tun, weil sie damit viel Geld verdienen können, oder weil es leicht ist, sondern weil es das ist, was man tun sollte. Sie werden sich so verhalten, wie es ihrer inneren Einstellung entspricht.

2. Sich um andere kümmern/Verantwortung

Ein zweiter Wert ist das Sich-um-andere-Kümmern/Verantwortung. Unsere Kinder – und jedes erwachsene menschliche Wesen – sollte die Fähigkeit und einen inneren Sinn für Verantwortung haben, die über seine eigenen Bedürfnisse und Wünsche hinausgeht und die Bedürfnisse anderer mit berücksichtigt.

Dieses Hinausschauen über den eigenen Horizont sollte in der Familie beginnen. Helfen Sie den Kindern, einzusehen daß sie nicht nur von ihren Eltern geliebt werden, sondern daß sie auch einen Beitrag leisten können, um der Familie zu helfen und diese zu stärken. Kinder sollten sehen, daß sie für das Funktionieren der Familie wichtig sind.

Kurz gesagt, lassen Sie nicht zu, daß der Satz „Das ist nicht mein Bier" in Ihrer Familie oft gesagt wird. Denken Sie an folgende Geschichte und erzählen Sie sie Ihren Kindern:

> Da waren vier Leute, die hießen jeder, jemand, niemand und keiner. Eine wichtige Sache mußte erledigt werden. Jeder war sicher, daß jemand sie tun würde. Jeder hätte sie tun können, aber niemand hat sie getan. Jemand wurde deswegen wütend, weil jeder es hätte tun können. Jeder dachte, daß jeder andere es hätte tun können und hatte angenommen, daß jemand es tun würde. Aber niemand hatte gemerkt, daß jeder gedacht hatte, daß jemand anders es tun würde. So kam es dazu, daß jeder jemanden beschuldigte, weil niemand getan hatte, was jeder hätte tun können.

Machen Sie nicht Halt an den Grenzen Ihrer eigenen vier Wände. Lehren Sie Ihre Kinder, sich um andere Menschen zu kümmern. Helfen Sie ihnen, zu verstehen, daß es viel Leid auf der Welt gibt, vielleicht sogar in Ihrer unmittelbaren Nachbarschaft. Dieses Verständnis kann dadurch geweckt werden, daß Sie Ihren Kindern kurze Artikel über Obdachlose in Amerika oder über den Hunger in der Welt zu lesen geben. Sie können sie auch dazu ermutigen, einige Fernsehprogramme anzuschauen, die über die Menschen in unserer Gesellschaft berichten, die durch das soziale Netz gefallen sind.

Seien Sie selbst zudem vorbildlich in der Fürsorge und im Mitleid mit anderen. Hier folgt, wie ein Vater das praktiziert hat:

> *Eines nachts kam mein Vater von einer Geschäftsreise nach Hause. Am Flughafen fiel ihm ein älteres Ehepaar auf, das anscheinend Hilfe brauchte. Er sprach die Leute an und erfuhr, daß sie von Estland nach Kanada reisten und in unserer Stadt steckengeblieben waren. Sie hatten nur einige wenige Dollar in der Tasche und wußten nicht, wo sie eine Unterkunft bis zu ihrem Weiterflug finden könnten. So lud mein Vater diese gestrandeten Fremden ein, zum Abendessen mit zu uns nach Hause zu kommen und die Nacht bei uns zu verbringen. Am nächsten Morgen fuhr er sie zum Flughafen zurück und half ihnen, ihren Anschlußflug zu bekommen.*
> *Sie können sich denken, daß mich diese Begebenheit gelehrt hat, freundlich und hilfsbereit zu sein. Heute schreibe ich mein Mitleid mit anderen dem Vorbild meines Vaters zu.*

Dieser Vater hat vorgelebt, daß es Freude macht, anderen zu dienen, und diese Freude ist auf seine Tochter übergesprungen. Ein altes Sprichwort sagt „Wir lieben diejenigen, denen wir dienen." Und raten Sie einmal, was passiert: je mehr Kinder anderen Menschen auf diese oder ähnliche Weise dienen, desto mehr werden sie sich selbst und andere lieben. Der Dienst am Nächsten ist eine dynamische Quelle des Selbstwertgefühls. Helfen Sie Ihren Kindern, das zu erkennen, zu sehen, daß Sie unsere Welt gestalten helfen können.

3. Lernen aus Fehlern / Versagen überwinden

Ein anderer Wert, den ich meinen Kindern vermitteln möchte, ist, daß obwohl Fehler und Versagen unvermeidlich sind, wir doch aus ihnen lernen und sie überwinden können. Kinder müssen lernen, daß gelegentliches Versagen wichtig ist für das persönliche Wachstum.

Erzählen Sie Ihren Kindern folgende kleine Geschichte:

> Ein sehr angesehener und kompetenter Ausbilder wurde einmal von einem Lehrling gefragt: „Wie sind Sie so erfolgreich geworden?"
> „Gute Entscheidungen", war die kurze Antwort, die der ältere Herr gab.
> „Aber wie haben Sie es gelernt, so viele gute Entscheidungen zu treffen?" hakte der junge Mann nach. „Erfahrung", war die kurze Antwort des Ausbilders.
> „Wo aber haben Sie die richtige Art von Erfahrungen gewonnen?" fragte der junge Mann weiter.
> „Schlechte Entscheidungen", war die Antwort des erfahrenen Alten.

Das Leben ist hart. Allzuviele Kinder wachsen auf und denken, alles sollte so laufen, wie sie es gerne möchten oder ihnen in den Schoß fällt. Aber so ist das Leben nicht, und je eher die Kinder das lernen, desto besser. Abgesehen davon, daß das Leben hart ist, halten Sie an der Tatsache fest, daß man die Schwierigkeiten mit der richtigen Einstellung und Ausdauer überwinden kann. Dies sind die Zutaten, die nötig sind.

Hier eine weitere Geschichte, die Sie Ihren Kindern erzählen können:

Ein junger Mann hatte den starken Wunsch, es im Baseball zu etwas zu bringen. Als Kind war er unbeholfen und tolpatschig gewesen, und trotzdem wurde er einer der größten Baseballspieler aller Zeiten. Als er jünger war, war er scheu und leicht verletzbar. Außerdem war er überall nur durchschnittlich. Er war klein für sein Alter und auch nicht gerade intelligent. Andere Jungen warfen mit Steinen nach ihm und riefen ihm Spottnamen nach. Weil er weder gut schlagen noch werfen konnte, wollte ihn niemand in der Mannschaft haben. Er war aber beharrlich, weil er nichts lieber machte als Baseball spielen. Durch seine starke Willenskraft und lange Übungsstunden wurde er immer besser, und schließlich überragend, bis er einer der größten Baseballspieler geworden war. Er trug viele Verletzungen davon, war auch oft krank, aber ob es ihm gut oder schlecht ging, nie verpaßte er ein Spiel. Selbst spät in seiner Karriere, als er nicht mehr gerade gehen konnte, traf er noch gut. Einmal wurde er bewußtlos durch einen Schlag, den er abbekam und trug eine Gehirnerschütterung davon. Am nächsten Tag spielte er und traf viermal. Am Ende seiner Karriere wurden seine Finger geröntgt. Die Ärzte stellten fest, daß jeder Finger an beiden Händen schon einmal gebrochen gewesen war, manche sogar zweimal. Aber er hatte es nie jemandem gesagt. Das Erstaunliche ist, daß er trotz all der Schmerzen, die ihm diese Brüche verursachten, trotz Muskelrissen und anderer Verletzungen immer so gut spielte, als hätte ihm gar nichts gefehlt. Als es ihm dann durch eine sich rapide verschlimmernde Krankheit immer schlechter ging, arbeitete er noch härter an sich, um seine Mannschaft nicht zu beeinträchtigen.

Dieser Mann hieß Lou Gehrig und ist ein wirkliches Zeugnis dafür, wie man Schwierigkeiten überwinden kann.

Zusammenfassung

1. „Das Beste für die Entwicklung von Kindern, und der größte Beitrag zu ihrem Heranwachsen durch andere Erfahrungen, ist die Stärke eines Wertsystems, das sie durch dieses Leben führt."
2. Geben wir zu, daß moralische Werte effektiv sind und unterstützen wir sie!

3. Ich habe mir das Recht vorbehalten, moralische Bewertungen vorzunehmen, sowohl im öffentlichen wie im privaten Bereich. Ich behalte mir das Recht vor, meinem Kind beizubringen: „In dieser Familie glauben wir, daß dieses gut und jenes falsch ist."
4. Eines der Hauptbedürfnisse von Heranwachsenden ist heutzutage, daß die Eltern ihnen ein ethisches und moralisches Wertsystem vermitteln, das sie leiten kann.
5. Eltern, die ihren Kindern beste Chancen für ein erfolgreiches Leben mitgeben möchten, sollten ihren Kindern starke Werte vermitteln.
6. Die überwältigende Mehrzahl der Eltern ist überzeugt davon, daß es ihre wichtigste Aufgabe ist, die traditionellen Werte, moralische Prinzipien und ihr Wissen – die Fingerabdrücke der Zivilisation – an ihre Kinder weiterzugeben.
7. Ein Kind lernt vor allem durch die Unterweisung und das Vorbild des Vaters, zwischen falsch und richtig zu unterscheiden.
8. Leben Sie Ihre Überzeugungen vor. Leben Sie Ihren Wertmaßstäben gemäß. Dies ist von grundlegender Wichtigkeit für die Art der Wertmaßstäbe, an die Ihre Kinder sich halten und nach denen sie handeln werden, wenn sie erwachsen werden.
9. „Was Sie sind, ist viel wichtiger als das, was Sie tun. Das war eine gute Predigt, Vater. Ich wünschte, du wärst hier gewesen, um sie zu hören."
10. Eine Person von Integrität ist jemand, der in soliden Prinzipien verwurzelt ist und sich an sie hält, ganz gleich, wie die Umstände sind oder wie die Menge sich verhält.
11. Unsere Kinder sollten die Fähigkeit haben, über ihren eigenen Horizont hinauszuschauen und die Bedürfnisse und Wünsche anderer zu sehen und auf sie einzugehen.
12. Ermutigen Sie Ihre Kinder, daran festzuhalten, daß – obwohl Fehler und Schwierigkeiten unvermeidlich sind – man aus ihnen lernen und sie überwinden kann.

12. Geistliche Werte vermitteln

Große Männer sind diejenigen, die erkannt haben,
daß die Macht geistlicher Werte stärker ist als die materieller Werte.
Ralph Waldo Emerson

Die zentrale Rolle geistlicher Werte

Große Teile des Alltagslebens spielen sich in der Welt des Materiellen ab. Die Mächte, die in der materiellen Welt am Werk sind – Rockmusik, Drogen, Sex, Alkohol und viele andere mehr – können einen sehr starken Einfluß auf Kinder aller Altersstufen ausüben, besonders aber auf Teenager.

Vielleicht stimmen Sie nicht mit Emerson überein. Vielleicht stößt Religiöses Sie ab, oder Sie haben einfach schon lange nicht mehr darüber nachgedacht. Wenn das der Fall ist, so lesen Sie bitte trotzdem dieses Kapitel mit innerer Offenheit, da die Erkenntnisse der letzten Jahre deutlich auf die kritische Wichtigkeit geistlicher Werte für die Entwicklung von Kindern hinweisen.

Beobachten Sie Ihre Kinder eingehend, entweder tatsächlich, oder indem Sie sich in Gedanken vorstellen, wie es ihnen geht. Was fällt Ihnen auf? Sind sie etwa nur körperliche Wesen? Gewiß nicht, denn Ihre Kinder können denken. Folglich müssen wir die geistige Dimension zu ihren Kennzeichen hinzufügen. Außerdem zeigen Ihre Kinder Gefühle. Folglich ist auch die psychologische Komponente zu ergänzen. Diese drei kann man leicht erkennen, und die meisten Väter halten hier inne.

Schauen Sie bitte noch einmal hin, und Sie werden bemerken, daß Ihre Kinder (oder Jugendlichen) fragen: Was ist der Sinn des Lebens? Weswegen bin ich da? Diese Fragen sind universal – sie werden überall und zu allen Zeiten gestellt und sind ein Beweis dafür, daß jeder Mensch auch ein geistliches Wesen ist.

Zusammengefaßt erkennen Sie also das, was auch die meisten Kinderexperten betonen, nämlich: daß jedes Kind eine Kombination physischer, mentaler, psychologischer und geistlicher Komponenten ist. Für uns Väter bedeutet dies, daß wir uns darum zu kümmern haben, wie sich unsere Kinder auf jedem dieser Gebiete entwickeln.

Die körperliche wie auch die mentale Entwicklung beherrschen natürlicherweise das Bild, da sie in hohem Maße sichtbar sind und die Gesellschaft sehr viel Wert auf sie legt. Trotzdem stoßen wir hier auf eine ironische und letzten Endes unangenehme Realität.

Als Vater sind Sie dazu verpflichtet, Ihren Kindern die bestmögliche Erziehung zukommen zu lassen, Ihre Kinder während der ersten 13 Jahre ihrer Schulausbildung zu ermutigen und wahrscheinlich Hunderte von Stunden zu investieren, um ihnen bei ihren Hausaufgaben und bei wissenschaftlichen Experimenten zu helfen. Dazu investieren Sie bis zu 100 000 Dollar für ihre Collegeausbildung. So sieht es aus mit der Verpflichtung, ihre geistige oder mentale Entwicklung zu fördern.

Das ist großartig, jedoch nicht zureichend. Außerdem ist es ziemlich wahrscheinlich, daß die Kinder entdecken werden, daß dies nicht ausreicht. St. Augustinus, anerkanntermaßen einer der größten Denker der Menschheitsgeschichte, machte folgende Beobachtung über die Aufmerksamkeit, die ihm sein Vater zukommen ließ:

> *Im Hinblick auf meinen Vater waren alle des Lobes voll, denn trotz seiner geringfügigen Mittel war er bereit, seinen Sohn mit all dem auszustatten, was dieser brauchte, um zu Studienzwecken sehr weite Reisen zu unternehmen. Viele der Menschen in unserer Stadt, die sehr viel reicher waren als mein Vater, nahmen nicht solche Opfer zugunsten ihrer Kinder auf sich. Es kümmerte ihn allerdings nicht im geringsten, ob ich seiner Ansicht nach wuchs, oder ob ich sittlich war oder nicht. Ihm ging es nur darum, daß ich weise zu reden verstünde, obgleich mein Herz, oh mein Gott, keine deiner Früchte zeigte, obwohl du mein einziger wahrer und guter Meister bist, dem es zugetan sein sollte.*[1]

Machen Sie also eine Bestandsaufnahme und fragen Sie sich: „Was tue ich und wie setze ich mich dafür ein, daß meine Kinder sich geistlich entwikkeln?“ Habe ich ihnen dabei geholfen, Antworten auf die großen Lebensfragen zu finden: Wer bin ich? Wozu bin ich da? Was ist der Sinn des

Lebens? Traurigerweise gibt es nur allzu viele, tragisch viele, Väter, deren Bestand hier eine Null aufweist.

Ob Sie bisher nichts, oder vielleicht nur einige zögerliche Anläufe dazu unternommen haben, Sie können heute neu beginnen. Wenn Sie sich dazu verpflichten, sich um die geistliche Entwicklung Ihrer Kinder zu kümmern, kann ich Ihnen garantieren, daß der potentielle Erfolg dieser Bemühungen die höchsten Renditen hat, die man bekommen kann. Dazu zählt, daß Ihre Kinder

* das Leben wirklich sinnvoll finden;
* feste Wertmaßstäbe entwickeln, an die sie sich halten;
* sicherer werden im Hinblick auf ihre Identität;
* sich vertrauensvoll den Herausforderungen einer feindlichen Welt stellen.

Glücklicherweise müssen Sie sich nicht nur auf Emersons oder meine Worte stützen, was die Bedeutung des Geistlichen im Leben von Menschen angeht. Diese Tatsache wird zunehmend von Amerikanern aller Gesellschaftsschichten erkannt. Magazine und Bücher betonen die Macht des Geistlichen im Leben von Menschen und in der Familie. Das Buch „The Secrets of Strong Families“ (Die Geheimnisse starker Familien), das von den führenden Familienforschern Nick Stinnett und John De Frain geschrieben worden ist, identifiziert das geistliche Wohlbefinden als eine der sechs Schlüsselstärken starker Familien. Und geistliches Wohlbefinden definieren die Autoren wie folgt: „Ob solche Menschen zu formalen Gottesdiensten gehen oder nicht, starke Familienmitglieder haben einen Sinn für ein höheres Wesen oder eine höhere Macht im Leben, und der Glaube daran gibt ihnen Stärke und Sinn.“

In einer Studie über die hundert glücklichsten Familien Amerikas waren die Ergebnisse erstaunlich ähnlich:

> Ein starkes Familienleben hat viele Komponenten. Erfolgreiche Familien weisen keine völligen Übereinstimmungen im Hinblick auf relative Wichtigkeiten auf, noch im Hinblick auf die Rangordnung derselben. Es gibt also keine narrensicheren Formeln für das Familienglück. Vielmehr ist es so, daß gewisse Themen in gesunden Familien vorherrschen, wie z. B. das Vertrauen auf den gesunden Menschenverstand, das Lehren durch das eigene Vorbild, eine Kommunikation, die durch Geben und Nehmen gekennzeichnet ist, die Bereitschaft zur Zurechtwei-

sung, um nur einige wenige zu nennen. Ein Thema, das sich am deutlichsten hervortat, ist der geistliche Aspekt, bzw. der Glaube an einen Schöpfer und das Leben nach seiner Führung. Beinahe 99 % der Familien wiesen darauf hin, daß der geistliche Aspekt wichtig, wenn nicht gar dominierend ist und beschrieben ihn als die leitende Kraft ihres Lebens. Obwohl die Worte variierten – Glaube, religiöse Überzeugungen, christliche Prinzipien, moralische Grundlagen, Eingebundensein in die Gemeinde – war die Aussage gleich. Geistlichkeit ist der Schirm, der alles überdacht und eine liebevollere, engverbundene Familie ermöglicht.

Unter den befragten Familien gab es eine große Vielfalt im Hinblick auf die religiösen Traditionen. Trotz der Vielfalt betonten Eltern und Kinder fast einmütig, daß der Geist der Glaubensüberzeugungen – mehr als deren Einzelheiten – am wichtigsten ist für den Zusammenhalt und das Wohlergehen der Familie.

Auch namhafte Pädagogen räumen dem Geistlichen Priorität ein. Sie heben hervor, daß das Fernsehen und die Wissenschaften uns viel von dem geistlichen Gefüge geraubt haben, das früher die amerikanische Gesellschaft und die amerikanischen Familien prägte. Es fällt auf, daß in den meisten Teilen der Welt der Materialismus durch geistliche Werte ausgeglichen wird, daß jedoch in Amerika Kinder ihre Wertmaßstäbe aus dem Fernsehen beziehen, und das sind vor allem Konsumdenken und Wettbewerb. Die Wissenschaften scheinen viel von der Autorität übernommen zu haben, die vormals Gott eingeräumt wurde, im Gegensatz zur Vergangenheit, wo sehr viel in diesem Universum als geheimnisvoll und nur Gott bekannt angesehen wurde und viele von uns ein starkes Bewußtsein hatten, nach dem Ebenbild Gottes geschaffen zu sein und jeden Tag und jede Stunde unter seiner Fürsorge zu leben. Und das Ergebnis? Wir haben einen großen Teil des Sinns für unsere Würde als Individuen verloren. Wir haben keine Seelen mehr. Deswegen ist es so wichtig, daß Eltern dazu ermutigt werden, Kindern in ihrer Kinder- und Jugendzeit geistliche Werte zu vermitteln.

Dies ist also, was einige Experten herausgefunden haben und wovon sie überzeugt sind. Wie steht es mit den heutigen Kindern? Sehen sie wirklich die Wichtigkeit religiöser oder geistlicher Werte? Glauben sie, daß das Geistliche stärker ist als das Materielle?

Anscheinend ja. Eine umfassende Befragung kam im Hinblick auf das, was Teenagern wichtig ist, zu Schlußfolgerungen, die die meisten Erwachsenen überraschen: Wir Erwachsene tendieren dazu, das Interesse von Teenagern am Glauben, an Wertmaßstäben und an Lebenszielen zu unterschätzen.

Stimmen von Jugendlichen sprechen, wie üblich, deutlicher als Umfrageergebnisse:

> *Ich denke nicht, daß es die Religion war, die uns zu einer erfolgreichen Familie gemacht hat, wohl aber hat sie uns zu erfolgreichen Einzelpersonen gemacht. Und wenn man es als Einzelperson schafft, kann man auch in der Familie erfolgreich sein.*
>
> *Katy, 15 Jahre*

> *Unser starker religiöser Rückhalt ist das Zentrum unserer Familie, denn, wenn Sie auf Gott vertrauen, findet alles andere seinen Platz. Unsere Eltern glauben wirklich, daß Gott derjenige ist, der uns durchs Leben bringt und daß wir ihm unser ganzes Leben lang vertrauen und herausfinden sollen, was er mit uns vorhat.*
>
> *Kimberley, 18, und Chip, 16 Jahre alt*

> *Wenn Sie sich die Zehn Gebote anschauen, so sind das die Wertmaßstäbe, an die meine Eltern sich halten und die sie betonen. Wenn wir uns immer daran halten, ist das Leben leichter.*
>
> *David, 13 Jahre*

> *Meine Eltern haben viel Wert auf eine starke religiöse Erziehung gelegt. Wir haben morgens immer eine Andacht gehalten, und wir hatten Freude an unseren Aktivitäten in der Gemeinde. Am wichtigsten war jedoch, daß wir es gelernt haben, all unsere Sorgen in Gottes Hand zu legen und uns daran zu erinnern, daß alles seinen Sinn hat – „dein Wille geschehe."*
>
> *Jacob, 16 Jahre*

Dies sind feine und klare Worte. Manchmal jedoch kommen die größten Einsichten und Weisheiten aus dem Mund der ganz Kleinen. So sagt zum Beispiel der zehnjährige Tyler: „Ich glaube, es ist der Herr, der diese Familie zusammenhält." Diejenigen, die die o.e. Studie durchgeführt hatten, fanden diese wenigen Worte am besten, um das zusammenzufassen, wovon die meisten der befragten Familien überzeugt waren.

Trotz der beinahe universalen Anerkennung der Wichtigkeit geistlicher Werte, haben jedoch viele Eltern den Eindruck, daß es nicht richtig ist, ihren Kindern geistliche Wertmaßstäbe aufzuerlegen oder nahezubringen. „Laßt sie selbst entdecken, was sie für sich annehmen möchten", ist ihre leitende Philosophie. Das Hauptproblem eines solchen Ansatzes ist, daß er zu einer großen Zahl geistlicher Bettler unter jungen Leuten führt. Da die Natur sich gegen ein Vakuum wehrt, wird dieses Vakuum in Kindern und Jugendlichen durch irgend etwas gefüllt werden, sei es durch die „Philosophie" von Rockmusikern oder die Diktate einer Kultfigur, oder die narzistische Anschauung, daß das Leben einzig aus Vergnügungssuche besteht.

Dieses Problem trifft auf alle heutigen Generationen zu, nicht nur auf die Jugendlichen. Newsweek hat hervorgehoben, daß die Männerbewegung, die sich damit befaßt, einen Blick ins Innere des Menschen zu werfen, versucht, die geistliche Krise der amerikanischen Männer zu lösen.

Wäre es nicht wunderbar, wenn die Väter in Amerika sich dazu verpflichten würden, ihren Kindern eine solche Krise zu ersparen, indem sie ihnen zumindest die im Laufe der Jahrhunderte bewährten traditionellen geistlichen Werte vermittelten? Wie kann man das tun? Ich würde vorschlagen, den Schwerpunkt auf lediglich zwei Bereiche zu legen: Ihren Kindern Gott und das Gebet nahebringen.

Ihren Kindern Gott nahebringen

Als Vater können Sie Ihren Kindern viel geben, jedoch keine Beziehung zu Gott. Dazu müssen sich die Kinder letzten Endes selbst entscheiden. Sie können Ihren Kindern jedoch Gott nahebringen. Wie Sie das tun – und mit welchem Nachdruck – hängt von Ihrer eigenen Beziehung zu Gott ab.

Deswegen habe ich diesen Abschnitt in zwei Teile unterteilt: der erste ist für Väter, die einen soliden und lebendigen Glauben an Gott haben, den sie gerne an ihre Kinder weitergeben möchten, und der zweite ist für Väter, die nicht sicher sind, ob Gott wirklich existiert, oder ob sie eine Beziehung zu ihm haben, die aber trotzdem möchten, daß ihre Kinder Gott kennenlernen und ihre eigene Entscheidung treffen können. Ganz gleich, zu welcher Gruppe Sie gehören, lesen Sie bitte beide Teile durch, da Sie in jedem Abschnitt auf Hinweise treffen werden, die Sie anwenden können.

Für einen Vater, der einen starken Glauben an Gott hat, ist es die erste und wichtigste Pflicht, seine Kinder über Gott zu lehren und ein Leben zu führen, das mit seinen religiösen Überzeugungen in Einklang steht. Weniger als das, bedeutet zu verleugnen, was Sie glauben und was Sie sind.

Der wichtigste Bibelabschnitt für Väter steht in 5. Mose 6, 4-9:

> Höre, Israel, der Herr ist unser Gott, der Herr allein. Und du sollst den Herrn, deinen Gott, liebhaben von ganzem Herzen, von ganzer Seele und mit all deiner Kraft. Und diese Worte, die ich dir heute gebiete, sollst du zu Herzen nehmen und sollst sie deinen Kindern einschärfen und davon reden, wenn du in deinem Hause sitzt oder unterwegs bist, wenn du dich niederlegst oder aufstehst. Und du sollst sie binden zum Zeichen auf deine Hand, und sie sollen dir ein Merkzeichen zwischen deinen Augen sein, und du sollst sie schreiben auf die Pfosten deines Hauses und an die Tore.

Das System besteht aus lehren und reden. Schauen wir zuerst das Lehren an. Der Wurzelbegriff für „lehren" beinhaltet Wiederholung, etwas immer wieder sagen und auch das Vorleben einer beständigen Botschaft. Weiterhin sollen wir „fleißig" lehren, was von einer Begriffswurzel abgeleitet ist, die ein Verb ist und „(ein)schärfen" bedeutet. Wir sollen also unseren Kindern etwas einschärfen. Das sind Befehle an uns, unserer Rolle im Hinblick auf die geistliche Entwicklung unserer Kinder nachzukommen.

Die Hauptanweisung des Neuen Testaments an Väter ist ähnlich gelagert. Paulus stellt fest, daß es die Verantwortung der Väter ist, ihre Kinder „in der Zucht und Vermahnung des Herrn" (Epheser 6, 4) zu erziehen. „Zucht" kann man auch mit „Training" übersetzen, was vom griechischen Verb für „erziehen" abgeleitet ist. Seine Bedeutung umfaßt ein weites Spektrum von Methoden, die zur guten Erziehung eines Kindes führen. Diese Methoden umfassen: Zuwendung, Zurechtweisung und Strafe, zusammengefaßt in dem Wort Disziplin. „Ermahnung" bezieht sich auf eine Erziehung, die auf Prinzipien beruht, auf das Einbringen von Prinzipien in den Charakter einer Person.

So ist es also die Verantwortung eines Vaters, daß seine Kinder Disziplin lernen und in Prinzipien unterwiesen werden. Das ist Charakterbildung erster Güte.

Der Schlüssel dabei ist, früh damit zu beginnen. Kleine Kinder sind sehr offen für geistliche Belange. Fragen Sie sie, wer Gott ist oder wie

Gott ist. Solche Fragen zeigen, daß Sie Gott für einen wichtigen Gesprächsstoff halten und regen Ihre Kinder zum Nachdenken an. Natürlich sollte man ihre Antwort nicht verurteilen.

Sie können sagen: „Das Wichtigste ist zu wissen, daß Gott Liebe ist, daß er dich und mich liebt und daß seine Liebe nie aufhört."

Als ich darüber nachdachte, fiel mir auf, daß dies wirklich eine gute Vorstellung Gottes für Kinder jeden Alters ist – die Zusicherung, daß der Himmlische Vater sie liebt und sich immer um sie kümmert.

Bringt solche Unterweisung Erfolg? Salomo, der den Ruf hat, einer der weisesten Männer zu sein, die je gelebt haben, gibt eine bestätigende Antwort:

> Mein Sohn, bewahre das Gebot deines Vaters und laß nicht fahren die Weisung deiner Mutter. Binde sie dir aufs Herz allezeit und hänge sie um deinen Hals, daß sie dich geleiten,wenn du gehst; daß sie dich bewachen, wenn du dich legst; daß sie zu dir sprechen, wenn du aufwachst. Denn das Gebot ist eine Leuchte und die Weisung ein Licht, und die Vermahnung ist der Weg des Lebens. (Sprüche 6, 20-23)

Dies ist eine Herausforderung an uns Väter: Wir lehren, und uns wird zugesagt, daß unsere Kinder Leitung haben werden, wenn sie gehen, Schutz, wenn sie schlafen und Ermutigung, wenn sie erwachen.

Die zweite Häfte des Systems, das im 5. Buch Mose dargestellt wird, ist das Reden. „Sprich von ihnen, wenn du in deinem Haus sitzt, wenn du auf dem Weg gehst, wenn du dich niederlegst und wenn du aufstehst. Sitzen, gehen, niederlegen und aufstehen. Kurz gesagt: Leben Sie das Gebot. Seien Sie ein Modell der Liebe Gottes. Ich mag Gordon MacDonalds Hinweis auf die Elemente der Leitungsfunktion: (1) Gott lieben, (2) diese Liebe zu einer hohen Priorität im Leben machen, (3) jeden Augenblick der Beziehung zu den Kindern mit dieser Realität umgeben.

Ich kann nicht genug betonen, daß Männer des Glaubens ihren Glauben auch vorleben müssen, wenn sie ihre Kinder erfolgreich lehren und zu ihnen über den Glauben reden möchten. Weshalb?

Für kleine Kinder (die etwa fünf Jahre alt sind) sind Sie das Ebenbild Gottes. Was sie über Gott verstehen und empfinden, hängt in großem Maße davon ab, wie sie Sie als Vater erleben. Das ist eine heilige Verantwortung, die uns da auferlegt ist. Für Ihre kleinen Kinder gilt: „Gott hat es so gefügt, daß Sie auf die Kinder projizieren, wer und wie er ist."

Der achtjährige Zac Hansel stellt diese Wahrheit, mit Kinderaugen betrachtet, dar:

Nachdem Zac „Amen" gesagt hatte, hob er still seinen Kopf empor. Er schaute uns alle an und richtete seinen Blick dann auf Joshua.
„Josh, wir können wissen, wie Jesus aussieht."
„Wie denn, Zac?" fragte sein kleiner Bruder aufgeregt.
„Genau deswegen hat Gott die Familie geschaffen, Josh", war Zacs einfache Antwort.

Wenn die Kinder älter werden, brauchen sie mehr vorgelebtes Christsein Ihrerseits. Sie werden Sie fragen: Existiert Gott wirklich? Kümmert er sich wirklich um mich? Kann er mir in meinen Problemen und Krisen helfen? Und sie werden danach Ausschau halten, wie es im Leben ihres Vaters mit Antworten auf diese Fragen aussieht. Sie müssen also vorleben, wie Gott in Ihrem Leben am Werk ist, und Sie müssen Ihren Kindern bei Gelegenheit davon sagen, wie Sie Gott in Ihrem Leben erfahren. Halten Sie dabei im Auge, daß Teenager durch Scheinheiligkeit schnell enttäuscht sind. Sie haben den Eindruck, daß Glaube echt sein muß, daß keine Kluft zwischen dem bestehen darf, was gelehrt und was gelebt wird. Sie müssen beobachten können, daß Ihr Glaube nicht nur etwas für christliche Feiertage ist.

Sie sollten in Ihrer Familie viele „geistliche Augenblicke" haben. Das müssen nicht unbedingt Gebetszeiten oder Familienandachten sein, obwohl auch diese zweifellos nötig sind. Ich meine vielmehr die Augenblicke, wenn Sie nach einem Zornesausbruch oder nach einigen gedankenlosen Worten zu Ihrer Frau oder zu Ihrem Kind sagen: „Es tut mir leid. Das war falsch. Bitte vergib mir." Teenager und auch kleinere Kinder und Erwachsene sehen in solchen geistlichen Momenten Gott am Werk.

Hat es eine Wirkung auf das Leben der Kinder, wenn man seinen Glauben vorlebt? In der Folge bezeugt der Gitarrist Dan Huff, wie das in seinem Leben war:

Meine Eltern nahmen ihren Glauben sehr ernst, und sie versuchten, ihn auch in unserem Leben bedeutsam zu machen. Das brauchte Zeit, führte zu vielen Gesprächen, aber durch all das sind wir in das Bewußtsein hineingewachsen, daß der Glauben an Gott nicht etwas ist, was auf einen Sonntag oder einen besonderen Feiertag beschränkt wäre – vielmehr ist er ein Lebensstil. Ich kann es an meinen Brüdern und an mir selbst sehen (obwohl es schwieriger ist, es in sich selbst zu sehen), daß wir wahres Mitgefühl und Liebe zu anderen Menschen haben und daß wir das unseren Eltern verdanken. So waren sie und sind sie, und durch die viele Zeit, die sie damit verbracht haben, zu uns von ihrem Glauben zu reden und durch ihr Beispiel, das wir gesehen haben, sind wir so weit gekommen. Ich meine, ich habe aus den Familiengesprächen viel mehr über ein Leben gelernt, das Gott gefällt, als aus irgendwelchen Unterweisungen in der Gemeinde. Ich habe gesehen, daß meine Familie ihren Glauben lebte.

Es ist nun Zeit, zum zweiten Teil zu kommen – wie ein Vater, der nicht ganz sicher ist, wie es mit seinen Glaubensüberzeugungen steht, seinem Kind Gott nahebringen kann. Das klingt wie ein Widerspruch in sich, ist aber trotzdem angemessen:

> Mit den Kindern über Religion zu reden, ist in den vergangenen 100 Jahren durch die sich verändernden religiösen Einstellungen und den sich abschwächenden Glauben vieler Menschen immer schwieriger geworden. Die Vorstellung vom Universum als von einem rein physikalischen System, und die vom Menschen als von einer bloßen Zusammenmischung von Zellen und Chemikalien, entwickelt durch den Prozeß der Evolution, läßt viele von uns, die wir Agnostiker oder nur geringfügig religiös sind, unbefriedigt zurück. Wir suchen nach mehr Sinn für unsere Existenz. Wir empfinden sehr stark eine geistliche Kraft in uns und um uns. Wir möchten dieser einen Namen geben, sie identifizieren und unsere persönliche Beziehung zu ihr definieren ...
> Ich denke, daß Fragen wie „Kann ich Gott sehen?“ oder „Weshalb kann ich Gott nicht sehen?“, die uns ein drei-, vier- oder fünfjähriges Kind stellt, selbst für Eltern schwer zu beantworten sind, die gute Kirchgänger sind, weil ein Geist eben nicht tastbar

ist. Eltern können dem Kind helfen, indem sie ihm zeigen, daß nicht nur es allein dieses Problem hat und ihm sagen: „Niemand kann Gott sehen." Weiter können Eltern versuchen, das Wort „Geist" durch ein Beispiel zu erklären. „Gott ist Geist. Das bedeutet: Gott hat keinen Körper wie du und ich. Wir glauben, daß Gott überall ist, daß er über uns wacht, auf unsere Gebete hört und uns liebt. Du kannst doch auch den Wind nicht sehen, aber du kannst ihn fühlen und wissen, daß er da ist."

Nicht religiöse Eltern können diese gleiche Erklärung geben, jedoch anstatt sie als ihre eigene Erklärung auszugeben, den Satz vorausschicken: „Menschen, die an Gott glauben, sind überzeugt, daß Gott keinen Körper hat wie du und ich ihn haben. Gott ist Geist. Das bedeutet, daß Gott überall ist, usw."

Fragt ein Kind Sie: „Glaubst du an Gott?", so können Eltern sagen: „Das tun wir, aber wir wissen einfach nicht, wie Gott ist." Oder: „Wir glauben nicht an ihn, haben aber viele Freunde, die an ihn glauben. Wir glauben an einige der Dinge, die Jesus gelehrt hat." Oder: „Wir glauben nicht an ihn. Aber vielleicht möchtest du an ihn glauben, wenn du älter bist."

Menschen, die relativ wenig Glauben haben und Eltern, die nicht zur Gemeinde gehören bzw. nicht in die Kirche gehen, können Fragen über Gott und die Bibel anhand der folgenden Richtlinien beantworten: „Die Bibel ist ein Buch, das vor Tausenden von Jahren geschrieben worden ist. Sie berichtet davon, wie Gott am Anfang die Welt erschaffen hat. Sie berichtet davon, wie er die Sonne, den Mond, die Sterne, die Berge und die Ozeane gemacht hat. In ihr steht, wie er die Tiere, die Vögel und die Fische und schließlich auch die Menschen gemacht hat. Viele Menschen gehen sonntags in die Kirche und singen Lieder, danken Gott für alles Gute, was er ihnen gegeben hat, z. B. für gutes Essen und ein schönes Haus und warme Kleidung. Diese Leute gehen auch in die Kirche, um Gott zu bitten, daß er ihnen hilft, ein gutes Leben zu führen. Die Bibel sagt, daß Gott im Himmel ist, aber wir wissen nicht, wo dieser Himmel ist. Einige sagen, daß er im All zu finden ist. Die Menschen, die in die Kirche gehen, können Gott nicht dort sehen. Aber sie spüren, daß er dort ist, nicht körperlich, aber im Geist ..."

Außer einigen wenigen materialistisch eingestellten Menschen halten wir uns alle an starke geistliche Wertmaßstäbe und Überzeugungen, selbst wenn wir nie darüber sprechen. Unsere Kinder nehmen sie durch das Zusammenleben nach und nach still in sich auf. Wenn wir jedoch mit den Kindern darüber reden und mit ihnen darüber diskutieren, so hilft ihnen das, ihre eigenen Überzeugungen und Wertmaßstäbe zu definieren und die Aspekte auszuwählen, die ihnen so bedeutsam sind, daß sie sie sich zu eigen machen möchten.

Lehren Sie Ihre Kinder beten

Die folgende Geschichte ist wichtig für Sie, wenn es darum geht, Ihren Kindern das Beten beizubringen. Es ist die Geschichte von Ruby Bridges, einem sechsjährigen Afroamerikanermädchen, in New Orleans in den Tagen, als die Rassentrennung in den Schulen des Südens zum ersten Mal aufgehoben wurde. Monatelang war Ruby an spottenden Gruppen von Menschen zur Schule und von der Schule zurück nach Hause gegangen. Die Leute beleidigten sie ständig, schrien oder spuckten sie an.

Wie würden Sie in solch einer Situation reagiert haben? Zunächst ist da der unsagbar wichtige Faktor der Beharrlichkeit. Ich wäre sehr stark versucht gewesen, aufzugeben und mir so viel Kummer zu ersparen. Umso unglaublicher ist Rubys Reaktion und Einstellung im Blick auf die Spötter und Spucker. Eine Lehrerin beschreibt, als sie Ruby eines Tages durchs Fenster beobachtete, wie sie zur Schule kam.

> Die Menge stand wieder dort und schrie die üblichen Beleidigungen. Eine Frau spuckte Ruby an, traf aber nicht. Ruby lächelte sie an. Ein Mann ballte seine Faust gegen sie; Ruby lächelte auch ihn an. Dann ging sie die Treppen hinauf, hielt inne, drehte sich um und lächelte noch einmal. Wissen Sie, was sie einem der Wütenden in der Menge sagte? Daß sie jeden Abend vor dem Zubettgehen für die wütenden Leute in der Menge betet.

Ruby sagte später zu einem Psychoanalytiker, der zur Beratung der Lehrer herangezogen worden war:

> Sie kommen immer wieder und schreien böse Worte, meine Mutter sagt jedoch, daß sie es nach einer Weile müde werden und nicht mehr kommen werden. Sie werden zu Hause bleiben ... Die Geistlichen sagen, wenn ich Leuten vergebe und sie anlä-

chele und für sie bete, dann wird Gott alles zum Guten wenden, und er ist unser Schutz. Ich bin sicher, Gott weiß, was hier passiert, und er muß einfach darauf achten. Vielleicht eilt er nicht schnell herbei, um zu helfen. Es kommt aber der Tag, an dem er helfen wird, wie sie es uns in der Gemeinde lehren.

Genau deswegen hört man so oft von der Macht des Gebets. Ich kann mir keine andere Macht vorstellen, die Ruby mit der Einstellung, die sie hatte, durch diese Augenblicke hätte tragen können. Und ich möchte, daß jedes meiner Kinder diese Macht kennenlernt. Ein Vater kann wahrscheinlich nichts Wichtigeres für seine Kinder tun, als für sie zu beten.

Das trifft besonders für Teenager zu, die viel mehr außerhalb unserer Reichweite und Kontrolle sind als kleinere Kinder. Wenn ich an Gebet und Teenager denke, fällt mir das Beispiel ein, daß Joe White ihm Hinblick auf seine eigenen Kinder gegeben hat:

> Mit einem Teenager als Kind merkte ich von neuem, daß der Job der Elternschaft meine Fähigkeiten bei weitem überforderte. Das hieß, daß ich viel beten mußte.
>
> Der Herr sagt: „Ihr habt nichts, weil ihr nicht bittet“, und „Bittet, so wird euch gegeben, daß eure Freude vollkommen sei.“
>
> Ein Gebet ist gut, tausend Gebete sind wunderbar. Bei dieser für die Erziehung von Teenagern wichtigen Angelegenheit möchte ich der Anweisung des Apostels Paulus so nahe wie möglich kommen: „Betet ohne Unterlaß.“
>
> Wir können erwarten, daß Jamie nur sechs Jahre ihrer Teenagerzeit bei uns zu Hause sein wird. Diese sechs Jahre lang werde ich mich also darauf konzentrieren, für sie zu beten ... Gott zu bitten, daß er diese Jahre zu sechs goldenen Jahren machen möchte.
>
> Wir beten glaubensvoll. Gott kann das tun. Wie es in Römer 8, 32 steht, hat Gott uns so geliebt, daß er uns seinen Sohn geschenkt hat. Wie sollte er uns mit ihm nicht alles schenken – auch die Weisheit, Kraft und Liebe, um das beste aus dieser Zeit im Leben unserer Tochter zu machen.
>
> Deswegen beten wir. Wir beten für alle Menschen, die sie kennt: für ihre Freunde, ihre Kameraden, ihre Lehrer und Trainer, für ihren zukünftigen Mann. Wir beten für sie um die Fähigkeit, Druck auszuhalten und sich gegen falschen Meinungsdruck zu

wehren. Wir beten für ihr Selbstvertrauen. Wir beten darum, daß sie es sich wünscht, uns zu ehren und uns zu gehorchen. Wir beten um Weisheit, sie anzuleiten. Und wir beten, daß das Beispiel unseres Lebens beständig gut ist.

Der zweite Punkt heißt: zusammen mit den Kindern beten. Unsere Familiengebetszeiten haben mir als Vater viel Freude eingebracht. Jeden Sonntagabend haben wir im vergangenen Jahr unsere Zeit des Gedankenaustausches und Gebets innerhalb der Familie mit einer fünf bis zehnminütigen Gebetszeit beschlossen. Sie war weder formal noch künstlich noch befremdend. Wir haben ganz natürlich zu Gott geredet über die Leute und Situationen, über die wir zuvor gesprochen hatten. Ich kann aufrichtig sagen, daß die drei faszinierendsten Aspekte meiner Vaterschaft waren, (1) als ich hörte, wie jedes meiner Kinder nicht nur für Mutti und Vati, für andere Familienmitglieder und Weltereignisse betete, sondern auch für seine Geschwister, und (2) daß wir als Familie Antworten auf ganz spezifische Gebete erlebt haben.

Es ist ein altes Sprichwort, daß die Familie, die zusammen betet, auch zusammenhält und zusammenbleibt, aber es ist absolut wahr.

Verwurzeltsein in einem Zeitalter der Instabilität und Unsicherheit

In diesem Kapitel ging es darum, unseren Kindern geistliche Werte nahezubringen. Ich habe vorgeschlagen, dies auf zwei Gebieten zu tun: indem man ihnen Gott nahebringt und indem man sie mit dem Gebet vertraut macht.

Zuvor habe ich schon einige der Hauptvorteile erwähnt, die es für Ihre Kinder mit sich bringt, wenn Sie ihnen helfen, Antworten auf die großen Lebensfragen zu finden, feste Wertmaßstäbe zu entwickeln und sich an diese zu halten, ihrer eigenen Identität sicherer zu werden und vertrauensvoll in einer zuweilen feindlichen Welt zu leben.

Ich finde, diese vier Vorteile kann man in dem Begriff „geistliche Wurzeln“ zusammenfassen. Wenn wir uns darum bemühen, unseren Kindern geistliche Werte zu vermitteln, arbeiten wir an ihrer geistlichen Verwurzelung in einem Zeitalter rapider Veränderungen, das durch Unsicherheit gekennzeichnet ist. Die geistliche Verwurzelung gibt ihnen innere Beständigkeit in ihren Herzen und Seelen, die ihre Wurzeln darin hat, daß sie wissen, daß Gott alles unter seiner Kontrolle hat.

Es hat mich fasziniert zu sehen, daß meine Tochter Krista schon im zarten Alter von zehn Jahren diese geistlichen Wurzeln gespürt hat, als sie schrieb:

> *Vati könnte nicht so liebevoll und geduldig sein ohne Gottes nie endende Liebe und Vergebung in seinem Herzen und Sinn. Stille Zeiten halten, mit Gott reden und die Bibel lesen und beten haben meine Kindheit und auch mein Leben jetzt weniger problembeladen und zuversichtlicher gemacht ... Ich danke Vati auch dafür, daß er es zu einem Teil unseres Tages- und Wochenplans gemacht hat, daß wir vor dem Essen beten und Familienabende abhalten, an denen wir uns alle treffen, zusammen lesen und mehr über die Bibel erfahren und füreinander und für andere Menschen beten, die unsere Gebete brauchen.*

In der Bibel wird diese geistliche Verwurzelung anschaulich dargestellt: „Diese Hoffnung haben wir als einen sicheren Anker unserer Seele." Ein Anker für unsere Seele! Welch ein wunderbares Geschenk für Kinder!

Zusammenfassung

1. „Großartige Väter sind die, die sich darum kümmern, daß für ihre Kinder die geistlichen Beweggründe stärker sind als die materiellen."
2. Sie müssen eine Bestandsaufnahme machen und sich fragen: Was tue ich, und wie setze ich mich dafür ein, daß meine Kinder sich auf geistlichem Gebiet entwickeln? Habe ich ihnen dabei geholfen, Antworten auf die großen Lebensfragen zu finden: Wer bin ich? Wozu lebe ich? Was ist der Sinn des Lebens?
3. „Ein Thema, das vorherrschend war, ist das geistliche Gebiet, oder der Glaube an einen Schöpfer und an ein Leben nach seinen Richtlinien. Fast 90 % der Familien wiesen darauf hin, daß eine geistliche Grundeinstellung in ihrem Leben ein wichtiger, manchmal sogar vorherrschender Faktor ist, die leitende Kraft ihres Lebens."
4. „Es ist der Herr, der unsere Familie zusammenhält."
5. Als Vater können Sie Ihren Kindern viele Dinge mitgeben, nicht aber eine Beziehung zu Gott.
6. Für einen Vater, der einen starken Glauben an Gott hat, ist es die

erste und vornehmste Pflicht, seine Kinder über Gott zu lehren und ein Leben zu führen, das mit seinen religiösen Überzeugungen in Einklang steht.

7. Die Verantwortung eines Vaters ist es, seine Kinder Disziplin zu lehren und sie in den Prinzipien des Glaubens zu unterweisen. Das ist Charakterbildung erster Güte.
8. Die folgende Verheißung ist erregend für uns Väter: Wenn wir unsere Kinder unterweisen, so ist uns zugesagt, daß unsere Kinder Leitung erfahren werden, wenn sie gehen, Schutz, wenn sie schlafen und Ermutigung, wenn sie aufwachen.
9. Männer des Glaubens müssen ihren Glauben ihren Kindern vorleben, wenn ihre Lehre und ihre Worte von den Kindern akzeptiert werden sollen.
10. Sie müssen in Ihrer Familie viele geistliche Momente haben – Momente, in denen Sie nach einem Zornesausbruch oder nach einigen unbedachten Worten zu Ihrem Kind oder zu Ihrer Frau sagen: „Es tut mir leid. Das war falsch. Bitte vergib mir."
11. „Sie sagte ihm, daß sie für diese Leute bete, für diese Leute in der wütenden Menge, und daß sie das jeden Abend vor dem Schlafengehen tue."
12. Wahrscheinlich gibt es nichts Wichtigeres, was ein Vater für seine Kinder tun kann, als für sie zu beten.
13. „Wir können damit rechnen, Jamie während ihrer Teenagerzeit nur sechs Jahre lang bei uns zu Hause zu haben. Diese sechs Jahre lang möchte ich mich darauf konzentrieren, für sie zu beten und Gott zu bitten, daß er diese Jahre zu sechs goldenen Jahren für sie machen möchte."
14. Beten Sie mit Ihren Kindern. Unsere Familiengebetszeiten haben mir Freude in meine Vaterschaft gebracht.
15. „Stille Zeiten halten und mit Gott zu reden, die Bibel zu lesen und zu beten haben meine Kindheit und auch mein Leben jetzt weniger problembeladen und zuversichtlicher gemacht."

16. „Ein Anker für die Seele" – welch ein wunderbares Geschenk für Kinder!

Schlußwort

Auf ihre wesentlichen Elemente beschränkt, besteht erfolgreiche Elternschaft aus bedingungsloser Liebe, Zuwendung, Anleitung durch die eigene Vorbildfunktion und der Bereitschaft zur Zurechtweisung.
Dr. Ray Guarendi

Ich habe die Zuversicht, daß Sie den Eindruck gewinnen konnten, daß dieses Buch nicht so sehr auf Kopfwissen wie auf den Erfahrungen des Herzens basiert. Ich bin ein Mann, der leidenschaftlich gerne Vater ist, und ich möchte, daß dies bei so vielen Männern wie nur möglich ebenfalls so wird.

Ich hoffe, daß Sie, nachdem Sie dieses Buch nun fast zu Ende gelesen haben, ebenso fasziniert sind wie ich, und zwar im Blick auf die Tage und Monate, die vor Ihnen liegen – daß Sie diese als ein Abenteuer im Hinblick auf die Entdeckung der Freuden der Vaterschaft sehen können. Während ich dieses Buch schrieb, war ich, wie Sie, ein Lernender. Ich freue mich darauf, in den kommenden Jahren weitere Anregungen, die ich angeführt habe, in die Praxis umzusetzen, besonders im Hinblick auf meine beiden Töchter, die erst begonnen haben, die Junior Highschool zu besuchen.

Wichtigste Kennzeichen einer starken Familie

Die folgenden Worte darüber, was ein Zuhause ist, haben mich sehr angesprochen:

> Was man auch immer über das Zuhause sagen mag, es ist die Grundlinie des Lebens, der Amboß, auf dem Einstellungen und

Mein zweiter Tip für Väter ist, jemanden zu finden, dem sie Rede und Antwort stehen müssen. Oft hören oder lesen Väter etwas und begeistern sich dafür, es zu praktizieren. Dann schaffen sie es aber nicht, es in die Tat umzusetzen. Hier kann ein guter Freund helfen. Vertrauen Sie ihm Ihre Ziele an und bitten Sie ihn darum, Sie danach zu fragen. Ich habe das Vorrecht, in den vergangenen 15 Jahren einen solchen Freund gehabt zu haben. Sein Rat und sein bloßes Zuhören, seine beständige Unterstützung und Ermutigung sind unschätzbar wertvoll für meine geistliche Entwicklung und für meine Rolle als Ehemann und Vater.

Der dritte Tip ist eine Ermutigung. Wenn Sie sich darauf einstellen, Zeit für das Wohlergehen Ihrer Familie zu investieren, werden Sie zurückerhalten, was Sie investiert haben. Nach allem, was man darüber weiß, wird die Zeit, die Sie in Ihre Kinder investieren, denen zu einem gesunderen Selbstwertgefühl, zu größerer Selbstachtung, zu größerem Selbstvertrauen im persönlichen Bereich und im gesellschaftlichen Zusammenleben und zu größerer moralischer Reife verhelfen. Das Risiko der Teenagerschwangerschaften sinkt, die Kinder haben mehr Selbstkontrolle und streben beruflich nach höheren Zielen.

Was ist Ihnen auf dieser Welt am wertvollsten? Die Mitglieder Ihrer Familie. Dies sollten Sie nie aus dem Blickfeld verlieren, immer daran denken, für wen Sie so viel von Ihrer Zeit und Kraft einsetzen. Um es in Ihren Gedanken zu verankern, möchte ich mit einer persönlichen Geschichte von J. Allan Petersen über den wahren Wert von Familienbeziehungen schließen:

> Die große Boeing 747 war voll besetzt. Sie startete mitten in der Nacht in Brasilien, wo ich Vorträge gehalten hatte. Während sie die Nacht durchflog, begann ich zu dösen. Ich weiß nicht, wie lange ich geschlafen hatte, wachte aber langsam auf, als eine laute Stimme ansagte: „Wir haben ein schwieriges Problem." Drei der Triebwerke waren durch Verunreinigungen im Treibstoff ausgefallen, und das letzte Triebwerk konnte jeden Augenblick auch noch versagen.
>
> Der Steward sagte auf Englisch: „Sie müssen sich jetzt genau so verhalten, wie ich es Ihnen sage. Bitte kommen Sie nicht auf die Idee, irgendetwas zu tun, was wir Ihnen nicht raten. Ihr Leben hängt jetzt von uns ab. Wir sind dazu ausgebildet worden, für Ihre Sicherheit zu sorgen; deswegen müssen Sie jetzt genau das tun, was wir Ihnen sagen."

Dann wiederholt er das gleiche im schnellen Redefluß des Portugiesischen. Alle schauen einander mit besorgten Mienen an. Der Steward fährt fort: „Ziehen Sie die Verdunklungen an den Fenstern hinunter; in einigen Minuten werden wir alle Lichter abstellen."
In Gedanken rief ich aus: „Oh, Herr!"
Das Flugzeug schwankte und schaukelte, während die Mannschaft versuchte, es zum Flughafen zurückzubringen. Der Steward rannte den Gang auf und ab und schrie seine Anweisungen: „Nehmen Sie jetzt die Karte aus den Taschen an Ihren Sitzen und schauen Sie die Zeichnung an, die Sie darauf sehen." Ich hatte schon Millionen von Flugkilometern in der ganzen Welt hinter mir und dachte, ich hätte längst im Gedächtnis, was auf dieser Karte zu sehen war, geriet aber in Panik, weil ich diese Karte nicht finden konnte. Alle starrten wortlos vor sich hin, während wir merkten, wie das Flugzeug absackte.
Schließlich sagte der Steward: „Legen Sie jetzt Ihre Gurte an, ziehen Sie sie so fest an wie nur möglich, ziehen Sie Ihre Beine hoch und schützen Sie Ihren Kopf, indem Sie ihn in Ihren Schoß senken." Wir konnten nicht nach draußen schauen, um zu sehen, wie hoch wir noch waren – oder wie tief wir schon waren.
Ich schaute umher – die Portugiesen bekreuzigten sich, und ich dachte: „Es ist also ernst. Ich kann das nicht glauben. Ich wußte nicht, daß das heute abend passieren würde. Ich denke, das ist das Ende." Ich hatte ein merkwürdiges Gefühl.
Dann durchdrang die Stimme des Stewards wieder meine Gedanken. Mit der Intensität eines Maschinengewehrs rief er aus: „Bereiten Sie sich auf den Aufschlag vor." Ehrlich gesagt, ich dachte nicht an mein Fotokopiergerät. Ich machte mir auch keine Gedanken um das Öl in meinem Auto. In Augenblicken wie diesen kommt ganz unfreiwillig aus unserem tiefsten Inneren etwas, was wir nie strukturieren, planen oder üben konnten. Alles, was ich tun konnte, war beten. Alle fingen an zu beten. Ich ertappte mich dabei zu beten, wie mir noch nie zuvor eingefallen war zu beten. Während ich meinen Kopf in meinem Schoß verbarg und meine Knie hochzog, war ich überzeugt, daß dies das Ende sei. Ich sagte: „Oh Gott, ich danke dir. Danke für das unglaubliche Vorrecht, dich zu kennen. Das Leben war wunderbar." Und als das Flugzeug aufsetzte, war mein letzter

Gedanke und mein letzter Schrei: „Oh Gott, meine Frau! Meine Kinder!“
Ich habe die Notlandung überlebt. Als ich mitten in der Nacht mit einem Knoten im Magen und trockenem Hals durch den Flughafen ging, konnte ich nicht reden. Mir tat alles weh.
Ich dachte: „Was habe ich getan? Was habe ich gesagt? Was waren meine letzten Gedanken? Weswegen habe ich das gedacht? Was war der Schlußstrich?“
Der Schlußstrich war: *Beziehungen.*
Als ich meine Frau am Flughafen sah, schaute ich sie an und rannte auf sie zu, um ihre Hand zu halten. Ich schaute sie einen Moment lang an, dann nahm ich sie in den Arm und sagte: „Wenn du wüßtest, wie wertvoll du für mich bist.“ Dann schaute ich sie mit Tränen in den Augen noch einmal an und sagte: „Ich mag dich so sehr. Ich wußte nicht, ob ich dich noch einmal wiedersehen würde. Ich liebe dich.“
Als ich nach Hause kam, sah ich meine drei Söhne und sagte auch zu ihnen: „Ich habe euch lieb. Ich kann euch kaum sagen, wie glücklich ich bin, daß ihr zu meiner Familie gehört und daß ich zu euch gehöre.“
Ich bin nur ein Mensch. Sie sind auch nur ein Mensch. Weil wir jedoch zu einer Familie gehören, haben wir einen Teil des Puzzles unter unserer eigenen Regie. Und das, was wir tun können, sollten wir tun. Ich bin zuversichtlich, daß Sie zusammen mit mir sagen: „Durch die Gnade Gottes will ich in meiner Familie tun, was ich tun kann.“

Literaturnachweis

Kapitel 5

[1] Ross Campbell, Teenager brauchen mehr Liebe (Verlag der Francke-Buchhandlung GmbH, Marburg), S. 73.
[2] Ibd., S. 27.
[3] Campbell, S. 73

Kapitel 6

[1] Theodore Roosevelt in einer Ansprache vor dem Ersten Internationalen Kongreß in Amerika über das Wohl von Kindern im März 1908.

Kapitel 7

[1] Ross Campbell, Teenager brauchen mehr Liebe (Verlag der Francke-Buchhandlung GmbH, Marburg), S. 12-13.

Kapitel 10

[1] Bruno Bettelheim, A Good Enough Parent (New York: Knopf, 1987), S. 89.

Kapitel 11

[1] Neil Kurshan, Raising Your Child to Be a Mensch (New York: Atheneum, 1987), S. 11.

Kapitel 12

[1] Aus Augustin, Bekenntnisse